교육사회학

Sociology of Education

교육사회학

강유정 · 김영훈 · 최성열 공저

동문사

머/리/말

인간은 사회라는 테두리 안에서 사람들과 서로 영향을 주며 살아간다. 특히 자신들이 속한 사회에서 질서를 통제하기 위한 규칙과 제도를 만들게 된다. 더 나아가 인간은 사회 속에서 끊임없이 만들어내는 각종 도구와 예술 등 인간의 문화를 전달하기 위한 과정에서 사회의 기본이 되는 지식을 가르치는 행위는 자연스럽게 형성되었으며, 이러한 교육은 한 사회에서 구성원들에게 전수를 위한 기능을 담당하게 되었다. 따라서 사회란 이미 교육이라는 가르치는 행위를 담보하는 것임을 알 수 있다. 사회와 그 속에서 살아가는 인간을 교육하는 행위는 불가분의 관계가 있으며, 한 사회 속에서 인간이 살아갈 때 교육이란 사회의 존속(存續)을 위한 행위임을 알 수 있다.

사회학이 한 세대로부터 다음 세대로 문화와 사회질서, 규범 등이 전달되면서 사회가 어떻게 유지되며 어떠한 영향을 받으며 어떻게 변화하는지에 대한 연구라고 한다면, 교육사회학은 교육현상을 사회체계와의 관련성 속에서 이해할 필요성에 의해 성립된 학문이다. 교육현상을 사회적 관계 속에서 파악하여 그것을 규명하려고 하며, 그 사회와 연관된 학교나 집단 등에서 일어나는 교육의 양상을 연구하는 학문이다. 그렇기 때문에 학교에서 교육을 담당하는 교사들이 교육사회학을 잘 이해하면 교육현상들을 잘 이해하게 될 뿐만 아니라 다양한 문화를 가진 학생들을 사회현상이나 집단적인 현상 속에서 더 잘 이해할 수 있게 된다. 즉 교육현상들을 사회적 관계 속에서 이해하며, 이와 관련된 집단, 집단 간의 이해관계, 집단체제의 영향력, 교육과정, 교사와 학생과의 관계와 기능을 이론적 · 경험적으로 파악하는 학문이다.

사회의 구성원은 인간으로 형성되어 있기 때문에 당연히 교육사회학 자체가 인간에 대한 연구라고 할 수 있다. 이러한 인간에 대한 흥미를 바탕으로 교육과 사회에 대한 관계를 탐구하고 인간이 사회 속에서 적응하며 살아가기 위해 인간이 만들어 놓은 규칙과 제도, 문화 등의 지식을 교육시키는 사회화에 관심을 둔다. 이러한 교육과 사회에 대한 관계성을 통하여 학교에서 일어나는 여러 가지 현상에 관심을 두게 되는데, 학교에서 일어나고 있는 여러 가지 문제들과 교사와 학생의 관계에서 일어나는 제반 문제점들에 대해 탐구하는 것이 교육사회학의 주된 관심사이다.

이 책은 교육과 사회의 관계를 다루는 교육학의 영역인 교육사회학을 교직과정에서 사용할 수 있도록 집필되었다. 교육사회학의 학문적 이해를 위한 이론과 실제들을 12장에 걸쳐 소개하고 있는데, 제1장은 교육사회학의 이해, 제2장은 거시적 관점의 교육사회학 이론, 제3장은 미시적 관점의 교육사회학 이론, 제4장은 사회화와 교육, 제5장은 문화와 교육, 제6장은 사회변화와 교육, 제7장은 사회계층과 교육, 제8장은 가정과 교육, 제9장은 학교조직과 교육, 제10장은 청소년의 비행과 교육, 제11장은 교사와 교육, 제12장은 평생학습사회와 교육으로 구성하였다.

이 책은 12개의 장을 세 명의 저자 강유정, 김영훈, 최성열이 공동으로 나누어 집필하여 교육사회학의 교재로 유용하게 활용될 수 있도록 노력하였다.

이 책의 집필을 마무리하면서 교육사회학이라는 학문에 대해 더욱 많은 이해와 연구가 필요함을 느끼면서, 저서의 부족한 부분들은 계속 수정, 보완하여 한층 깊어진 내용으로 독자들의 성원에 보답할 것을 약속한다. 끝으로 이 책을 완성하기까지 많은 수고를 하신 도서출판 동문사의 임직원 여러분께 감사의 마음을 전한다.

2018년 2월

저자 일동

차/례

CHAPTER 01

Sociology of Education

교육사회학의 이해

사회학(sociology)이란 인간이 속해 있는 사회와 사회 속에서 인간의 행위를 연구학문이다. 인간이 살아가는 사회 속에서 수많은 사회 현상들이 생겨난다. 그러한 사회적인 현상을 과학적으로 규명 및 예측을 해주며, 그에 대한 이론을 발전시켜 나가는 학문이 사회학이다. 이 장에서는 사회와 교육의 관계성과 사회학과 교육사회학의 관계성을 알아보고, 교육사회학(educational sociology)의 성격과 발달 및 연구영역 등을 알아보고자 한다.

1 사회와 교육

인간이 지구상에 존재하면서부터 사람들은 특정한 지역에 자신들만의 고유한 집단을 만들어 생존해 왔다. 인간은 이 집단 속에서 자신들끼리 공유하는 기호나 언어 혹은 문화를 만들고 사회를 이루었으며 사회 통제를 위하여 갖가지 규칙과 제도를 만들었다. 고대 그리스의 철학자 아리스토텔레스(Aristoteles)는 인간을 사회적 동물이라고 말했다. 이 말이 의미하는 것은 사람이 태어나서 개인으로 존재하지만, 그 존재가 홀로 존재하는 것이 아니라 끊임없이 사회 속에서 다른 사람들과의 관계를 맺으며 살아간다는 것이다. 인간이 살고 있는 사회는 인간이 구성원으로 이루어지며 가르치는 행위를 통하여 구성원들에게 필요한 지식을 전달한다. 원시시대에도 인간은 여러 명이 모인 집단 속에서 생존을 위하여 자신이 가지고 터득했던 사냥이나 지식 및 기술을 서로의 관계 속에서 상대에게 전수했다. 이와 같이 인간은 사회라는 테두리 안에서 사람들과 서로 영향을 주며 살아간다. 특히 자신들이 속한 사회에서 질서를 통제하기 위한 규칙과 제도를 만들게 된다. 더 나아가 인간은 사회 속에서 끊임없이 만들어내는 각종 도구와 예술 등 인간의 문화를 전달하기 위한 과정에서 사회의 기본이 되는 지식을 가르치는 행위는 자연스럽게 형성되었으며, 이러한 교육은 한 사회에서 구성원들에게 전수를 위한 기능을 담당하게 되었다. 그렇기에 사회란 이미 교육이라는 가르치는 행위를 담보하는 것임을 알 수 있다.

서양 철학의 대표자라 할 수 있는 소크라테스(Socrates)와 그의 제자 플라톤(Plato)은 아테네 사람들에게 진정한 진리를 가르치는 것이 사회 정의를 위한 일임을 믿었고, 평생을 사회 정의를 위하여 사람들을 가르치기 위한 교육에 집중하였다. 또한 유교의 창시자인 공자도 춘추전국시대에 혼돈스럽고 어지러운 사회질서를 바로잡기 위하여 평생을 나라의 인재를 만들기 위하여 가르치는 일에 매진하였다. 인간이 사회 속에서 인간답게 정의와 평화를 누리기 위하여 교육은 필요하였고 고대의 철학자이며 교육자인 현인(賢人)들은 교육을 통하여 좀 더 사회에 덕(德)을 끼칠 수 있는 인간을 만들어내는 데 노력하였던 인물들이다. 그들은 교육을 통하여 인간과 사회가 변화될 수 있다고 믿었다. 사실 우리가 알고 있는 성인식을 통해 사회구성원으로 인정받는 행위도 교육을 통해 사회에서 온전하게 살아갈 수 있는 의식이었음을 알 수 있다. 이렇게 볼 때 사회와 그 속에서 살아가는 인간을 교육하는 행위는 불가분의 관계가 있으며, 한 사회 속에서 인간이 살아갈 때 교육이란 사회의 존속(存續)을 위한 행위임을 알 수 있다.

2 교육사회학의 성격

Auguste Comte
(1798~1857)

사회학의 창시자라고 알려진 프랑스 태생의 사회학자인 콩트(Comte)는 사회학이란 인간의 사회적 행동을 연구하는 학문으로 자연학문과 마찬가지로 사회도 과학적인 방법으로 연구할 수 있다고 보았다.

이렇듯 과학적인 방법을 통한 사회학을 바탕으로 교육현상을 사회학적으로 연구하는 학문을 교육사회학이라고 한다. 교육사회학은 개인의 행동을 규명하는 심리학과는 다르게 사회구조적인 측면에서 교육의 문제점들을 해결하려는 접근을 시도한다.

사회학과 교육사회학의 관련성을 알아보기 위하여 먼저 사회학이 우리 인간에게 도움을 주는 기능에 대해서 알아보면 다음과 같다.

첫째, 사회학은 사람들로 하여금 여러 가지 관점에서 이해할 수 있도록 도와준다. 다른 언어와 지역에 사는 사람들에 대해 사회학은 그 차이점을 알 수 있도록 도와주어 사람들의 다른 행동들을 좀 더 이해할 수 있도록 한다.

Charles W. Mills
(1916~1962)

둘째, 사회학은 다른 사람들의 사회적 행동을 규명해주어 여러 가지 행태와 좀 더 넓은 영역 안에서 상상력을 가질 수 있도록 도와준다. 미국의 사회학자인 밀스(Mills)는 그의 저서 『사회학적 상상력』에서 그는 개인의 행동으로부터 형성되는 사회적 관계에 대한 이론을 설명한다. 개인의 사소한 행동이나 습관적인 행동이 그 사람이 속한 사회나 혹은 다른 곳에서 독특한 사회현상을 형성하는 데, 이러한 현상을 상상력을 통하여 인지할 수 있다. 그의 주장으로부터 알 수 있는 것은 사회적인 행동은 한 사람의 행동으로 추측 가능하며 상상력을 통하여 알 수 있다는 것이다.

셋째, 사회학은 사회 속에서 우리가 행동하는 이유에 대해서 알 수 있게 한다. 사회학은 개인과 사회에 있는 집단들이 왜 그러한 행동을 하는지 예측을 가능하게 하여 효과적인 대응을 할 수 있는 기회를 갖게 한다. 그렇기에 한 인간이 사회학을 통하여 자신의 행동에 대해서 스스로 성찰할 수 있게 만든다.

사회학의 기능을 바탕으로 하는 교육사회학은 사회학의 원리를 기본으로 교육에 대한 문제들을 해결하려고 한다. 비록 교육사회학이 사회학의 이론을 가지고 도움을 받지만 교육학의 이론을 더 적용시키는 학문이라고 볼 수 있다.

교육사회학의 주요 관심 분야는 사회 속에서 인간과 교육에 대한 관계성이다. 교육사회학의 탐구영역을 살펴보면 다음과 같다.

첫째, 교육사회학은 인간 자체에 대한 탐구를 바탕으로 한다. 사회의 구성원은 인간으로 형성되어 있기 때문에 당연히 교육사회학 자체가 인간에 대한 연구임을 부정할 수 없다. 교육사회학은 이러한 인간에 대한 흥미를 바탕으로 교육과 사회에 대한 관계를 탐구하는 것에 관심을 둔다.

둘째, 교육사회학은 사회화에 관심을 둔다. 인간이 사회 속에서 적응하며 살아가기 위해서는 인간이 만들어 놓은 규칙과 제도, 문화 등의 지식을 교육시켜야 한다. 이러한 부분이 사회화 과정이며 교육사회학은 당연히 사회화에 관심을 둔다.

셋째, 교육사회학은 교육과 사회에 대한 관계성을 통하여 학교에서 일어나는 여러 가지 현상에 관심을 둔다. 학교에서 일어나고 있는 여러 가지 문제들과 교사와 학생의 관계에서 일어나는 제반 문제점들에 대해 탐구하는 것이 교육사회학의 주된 관심사다.

사회학은 한 세대로부터 다음 세대로 문화와 사회질서, 규범 등이 전달되면서 사회가 어떻게 유지되며 어떠한 영향을 받으며 어떻게 변화하는지에 대한 연구라고 한다면, 교육사회학은 학교에서 교육을 시키는 교육자들에게 학생 개개인의 문제를 사회현상이나 집단적인 현상 속에서 이해할 수 있게 한다. 교육사회학에 대한 학자들의 정의를 간단히 알아보면 다음과 같다.

> 교육사회학이란 사회학의 과학적 연구방법을 통하여 교육현상을 연구하는 학문이다(A. P. Parelius & R. J. Parelius, 1978). 이것은 사회학적인 방법을 통하여 교육적인 문제들을 파악하려는 것이다.
> 교육사회학은 교육과 사회학의 관계 및 학교를 사회학적 이론과 원리를 통하여 연구하는 사회과학의 하나이다(석태종, 1996).
> 교육사회학은 사회학에서 이루어진 원리나 연구방법 등을 통하여 교육과정이나 교육현상분석을 하는 학문으로 볼 수 있다(안병환, 2012). 즉, 교육사회학이란 교육의 사회적 현상들을 과학적인 방법으로 연구하는 학문을 말한다.
> 교육사회학은 교육현상들을 사회적 관계 속에서 이해하며, 이와 관련된 집단, 집단 간의 이해관계, 집단체제의 영향력, 교육과정, 교사와 학생과의 관계와 기능을 이론적·경험적으로 파악하는 학문이다(한준상, 1996).
> 교육사회학이란 '교육이란 무엇인가'라는 질문에 대한 답을 교육의 사회성에 맞추는 지적활동이다(김신일, 2000). 이것은 교육의 문제들을 사회학적인 기술 및 이론을 통하여 이해하려는 활동을 말한다.

이렇게 볼 때 교육사회학이란 교육현상을 사회적 관계 속에서 파악하여 그것을 규명하려고 하며 그 사회와 연관된 학교나 집단 등에서 일어나는 교육의 양상을 연구하는 학문이다. 그렇기 때문에 학교에서 교육을 담당하는 교수자들이 교육사회학을 잘 이해하게 되면 교육현상들을 잘 이해하게 될 뿐만 아니라 다양한 문화를 가진 학생들을 더 잘 이해할 수 있게 된다. 다음은 학교에서 교사들에 대한 교육사회학의 필요성을 언급한 것이다(성낙돈 외, 2013 재인용).

① 오늘날 교사들은 그 어느 때보다도 개념의 도구와 사회적 기술을 갖추고 있어야 한다. 왜냐하면 교사는 다양한 사회계층과 각기 다른 환경을 가진 가정의 학생들을 대하고 가르쳐야 하기 때문이다.

② 학교나 지역사회 또는 학생을 이해하는 데 있어서는 교육심리학, 교육철학 또는 교육사 등의 단독연구보다는 교육사회학적 이해를 함으로써 이들에 대한 보다 총괄적인 개념을 전달해 주어야 한다.

③ 교육사회학은 과학적 지식과 연구의 방법 및 기술을 가지고 집단행동을 다루고 있는 주요 과목의 하나이다.

④ 교육사회학은 교육자의 교수행위와 태도에 있어서 편견을 피하도록 하는 데 도움을 준다. 왜냐하면 교육사회학은 다양한 문화를 이해하는 데 초점을 두기 때문이다.

⑤ 정책 수립에 관여하는 교육자들은 교육사회학 연구를 통해서 교육에 영향을 주고 있는 사회적 압박과 사회체제에 영향을 주는 방법에 대한 지식을 얻을 수 있다. 지역사회 내에 어떤 집단 성원들의 행위와 태도에 대한 지식은 학교체제를 통하여 사회로 이행되는 사회변동의 과정을 원활히 이끄는 데 도움을 준다.

⑥ 모든 교육자들은 교육사회학 연구를 통해서 수행되고 있는 각각 다른 역할에 대하여 보다 나은 견해를 얻을 수 있다.

⑦ 교육사회학은 교육심리학 및 교육철학과 더불어 교육자에게 어떤 집단에는 적용이 가능하고 또 어떤 집단에는 적용이 가능하지 않다는 정책적 판단의 준거를 마련하여 준다. 정책수립에 있어서 교육사회학은 학교와 지역사회가 성취하려는 목적과 목표를 판단하는 데 도움이 된다. 또한 이 분야는 학교프로그램의 결과로 생기는 사회적 행위를 결정하는 데 도움을 준다. 교육심리학은 어떤 교육적 프로그램에 포함되는 집단행동의 목표를 결정하는 데 도움을 준다.

3 교육사회학의 발달

Emile Durkheim
(1858~1917)

교육사회학은 19세기 말까지는 학문적으로 정립이 되지 않았다. 20세기에 들어서 교육사회학의 아버지라고 불리는 프랑스의 뒤르켐(Durkheim)에 의해 처음으로 생겨난 것으로 여긴다.

그는 소르본대학과 보르도대학 그리고 파리대학에서 교수로 활동하였으며 『교육과 사회』, 『도덕교육론』 등 교육사회학에 관련된 책을 저술하였다. 그는 그의 책에서 교육사회학의 이론에 대해서 언급하였고, 이것을 통하여 교육사회학의 개척자로 알려지게 되었다. 그는 인간이 사회적 존재가 되는 것에 대해 교육의 목표와 과정을 설명하였다. 또한 "교육과학"이란 용어를 처음으로 사용하면서 교육을 과학적 차원으로 연구할 수 있는 계기를 만들었으며, 교육의 기능을 사회적인 것으로 보았다. 또한 교육은 아동을 사회화시키는 것이라고 주장하였다. 그러나 다른 한편으로 학자들 사이에서 다른 의견이 존재하는데, 1883년 워드(Ward)의 『역동적 사회학(Dynamic Sociology)』으로부터 처음 교육사회학이 발달이 되었다고 말하기도 한다. 그는 교육에 대해 인간진보와 사회변화에 중점을 두고 설명하였다.

John Dewey
(1859~1952)

미국의 로스(Rose)는 1898년 스탠포드대학에서 "교사를 위한 사회"라는 강의를 하면서 미국의 교육사회학의 시조로 알려지게 되었다. 이후 듀이(Dewey)는 그의 저서인 『학교와 사회(The School and Society)』를 통해서 교육사회학 발달에 활력을 불어넣게 되었다.

1902년 질레트(Gillette)는 미국 North Dakota에 있는 사범학교에서 교육사회학(Educational Sociology)의 명칭으로

Henry Suzzallo
(1875~1933)

처음 강의를 하게 되었다. 그러나 공식적으로 교육사회학이 학문으로 주목받기 시작했던 것은 수잘로(Suzzallo)가 콜롬비아대학에서 처음 강의를 개설했을 때부터이다.

1917년 크로아티아 출신인 스미스(Smith)에 의해서 교육사회학 개론서인 『교육과 사회학 입문』이라는 책이 처음으로 출판되었으며, 1923년에는 미국에서 교육사회학회(National Society for the Study of Educational Sociology)가 발족되었고, 1927년 『교육적 사회학 저널(Journal of Educational Sociology)』이 발행이 되었다.

그런데 초기발달과정에서 명칭에 대한 논란이 있었다. 그것은 교육적 사회학(Educational Sociology)과 교육의 사회학(Sociology of Educational)의 용어에 대한 논쟁이었다. 젠센(Jensen)은 이 두 개의 용어 문제에 대해서 다음과 같이 정리하였다. 교육적 사회학이란 교육학 분야의 일종으로 보고 교육적인 문제를 해결할 수 있는 내용으로 되어 있으며, 반면에 교육의 사회학은 사회학의 한 부류로 보며 과학적인 방법으로 교육연구를 달성하려고 한다.

표 1-1 교육적 사회학과 교육의 사회학

교육적 사회학	교육의 사회학
교육학의 영역	사회학의 영역
실천지향	학문지향
도덕 · 철학적	경험 · 과학적
교육문제강조	사회문제강조

교육사회학의 초기에는 학문적 토대가 빈약하여 현실문제에 관심을 가지고 해결하려는 성격이 강했다. 이때 교육사회학을 교육적 사회학이라고 하였으며 사회 전반적인 문제에 관심을 가지고 접근하였으며, 교

육철학과 도덕성을 중심으로 연구를 하였다. 제2차 세계 대전 후에는 과학적인 탐구가 교육사회학에 영향을 주게 되었으며, 1950년도 이후부터는 교육에 대한 과학적 접근으로 경험 과학적 이론을 중심으로 연구를 하게 되었다. 이러한 교육사회학을 교육의 사회학이라고 한다.

1971년 영(Young)에 의하여 발표된 『Knowledge and control』을 통하여 신교육사회학이 대두되었다. 그것의 내용은 학교에서의 불평등의 원인을 오직 사회적 틀 안에 한정하였고 교실 수업에서 일어나는 미시적 관점을 등한시 하였다. 1980년대 이후에 나타난 포스트모더니즘은 교육사회학에서 새로운 사회학적 접근을 요구하게 되었으며, 그것은 신자유주의 시장경쟁원리를 기반으로 한 새로운 접근방법이 생겨나게 되었다.

한국에서의 교육사회학의 발달은 1952년 9월 한국전쟁 중에 부산에서 서울대학교 사범대학에 교육사회학이 선택과목으로 개설되면서부터 교육사회학에 대한 관심이 생겨났다. 해방 후에 사회가 매우 불안정한 상태에서 1955년 교직과목인 『교육의 사회적 기초』가 개설되면서부터 제도화되었다. 1967년에는 최초로 "교육사회연구회"가 창립되면서 학문적인 이론의 발전을 보였다.

1960년 5.16 군사정부가 들어서면서 새마을운동을 통한 지역개발 사업을 추진하게 되었는데, 그와 연관성을 가지고 교육사회학의 발전이 있었다. 교직과목으로서 교육사회학은 "학교와 지역사회"라는 이름으로 개설되어 매우 중요한 과목으로 자리매김하였다. 1970년대는 박정희 정권의 반공이데올로기와 근대화 속에서 사회구조적 불평등에 대한 학문적인 발전을 하였다.

1980년대 김신일에 의해 소개된 갈등주의 이론은 사회 전반적인 구조적 모순에 대한 교육사회학적인 이론으로 실천적인 근거를 제공하면서 많은 발전을 이루게 되었다. 또한 1980년대 중반부터 나타나기 시작한 상대주의를 내세우는 포스트모더니즘과 시장경쟁원리를 강조하는 신자유주의 원리는 교육사회학을 새로운 관점에서 연구할 수 있는 계기를 마련해 주었다.

4 교육사회학의 연구영역

교육사회학의 연구영역은 대략적으로 두 가지로 나눌 수 있다. 첫째로 사회적인 요인으로부터 영향을 받는 교육학에 중점을 두고 연구를 하는 경우이며, 둘째는 교육이 사회에 미치는 영향을 중점으로 연구하는 경우이다.

다음은 1980년대 외국의 교육사회학 학술에 많이 등장하는 주제에 대한 것이다(성낙돈 외, 2013 재인용).

① 학교교육의 효과연구
② 과제, 학업성취에 관한 학생들의 노력
③ 교육과정과 중류층
④ 학생들에 대한 교사들의 기대
⑤ 교육적 성취의 분석
⑥ 과잉교육과 실업
⑦ 인간화로서의 사회화
⑧ 중등학교에서의 대인관계에 미치는 영향
⑨ 자녀의 학교적응에 관한 어머니의 전략
⑩ 학교팽창과 교육의 질
⑪ 능력별 집단화의 효과
⑫ 문화 및 재정이 성취도에 미치는 영향

1990년도 학술지에 나타난 주요 연구주제들은 다음과 같다.

① 조직과 불평등
② 교육, 직업, 수입관계
③ 흑인 청소년의 태도 형성에 미치는 영향
④ 학생의 특성과 또래집단 형성과정

⑤ 또래와 부모가 학생의 지속성에 미치는 영향
⑥ 학급에서의 일탈행위
⑦ 교육과정통계와 학급수업
⑧ 교과서 내용 평가
⑨ 전문가(교사, 교수), 행정가, 부모관계
⑩ 학교가 고등학생의 초기 직업의 미치는 영향
⑪ 교육, 사회계층, 집단 활동에의 참여
⑫ 학교조직이 교사의 능률성과 만족도에 미치는 영향
⑬ 교육과정에 대한 사회학적 해석
⑭ 잠재적 교육과정(언어)에 관한 연구
⑮ 이웃이 교육적 성취에 미치는 영향
⑯ 학교수업을 위한 학생조직
⑰ 고등학교 교사들의 자기지각에 미치는 영향
⑱ 대중교육의 세계적 동향

한국 교육사회학의 연구영역은 대중성보다도 교과서 위주의 연구 주제로 저술되는 경우가 대부분이다. 다음은 한국 교육사회학 연구논문 주제들이다(김병희 외, 2010 재인용).

① 교육과 평등
② 학교사회와 학업성취
③ 교육정책과 제도
④ 공교육의 문제, 교육개혁
⑤ 교육사회학 이론
⑥ 교육열
⑦ 청소년문제
⑧ 페미니스트
⑨ 교사교육
⑩ 진로교육
⑪ 정보와 사회
⑫ 평생교육
⑬ 가족구조, 관계
⑭ 교육과정사회학
⑮ 민주시민 교육
⑯ 문화, 환경교육
⑰ 통일교육

5 교육사회학의 연구방법

교육사회학에 대한 연구방법은 크게 두 가지로 나눌 수 있다. 첫 번째, 질적 혹은 양적 연구이다. 두 번째는 구조중심 연구와 행위중심 연구이다.

각각의 연구방법들을 구체적으로 살펴보면 다음과 같다. 질적 연구는 인간 행동 이해를 위한 사례중심적인 연구이다. 이에 대한 연구의 예로는 현상학, 민속방법론, 교육인류학 등이 있다. 이러한 연구들은 주로 귀납적인 연구방법을 취한다.

양적 연구는 통계적인 방법을 주로 이용하며 수량화가 가능한 경험적 자료들을 가지고 분석하며, 이것은 사회적인 법칙과 관련이 있다. 이 연구 방법은 연역적인 방법을 취한다.

구조중심 연구방법은 인간이 살아가고 있는 이 사회를 특정 사회로 보고, 인간을 그 특정 사회에 적응하는 존재로 보는 연구 방법이다. 여기에는 구조주의나 갈등주의 연구방법 등이 있다.

행위중심 연구방법은 사회 전체를 연구하기보다는 개인이 자율적으로 행위를 할 수 있다는 개인중심적인 행위에 초점을 두고 있다. 따라서 이러한 이 연구방법은 미시적인 접근이라고 할 수 있다.

이외에 교육사회학 연구방법에는 비교연구, 역사연구, 횡단적 연구, 종단적 연구 등이 있다.

02 CHAPTER

Sociology of Education

거시적 관점의 교육사회학 이론

교육현상에 대한 사회학적 연구는 여러 가지 교육사회학 이론을 만들었으며, 이 이론들을 다시 교육현상을 분석하는 데 이용하고 있다. 교육사회학 이론들 중에서 유사한 관점들을 묶어서 교육사회학의 이론적 틀 또는 사고의 틀, 교육사회학 패러다임(paradigm)이라고 한다(김병희 외, 2011).

교육사회학의 패러다임은 크게 거시적 관점과 미시적 관점으로 형성되어 왔다. 거시적 관점은 교육의 본질과 성격을 탐구할 때 사회, 구조, 전체에 초점을 두어 사회체제와 교육의 관계를 분석하며, 사회체제와의 관련성 속에서 교육현상을 파악하기 위해 투입-산출모형에 근거를 둔다. 나무를 보는 것보다는 숲을 보는 것에 비유할 수 있으며, 이러한 관점에서는 개인을 사회, 구조로부터 영향을 받아 움직이는 수동적인 존재로 파악한다. 반면에 미시적 관점에서는 학교에서 가르치는 교육내용으로 어떤 지식이 중요시 되고 있으며, 교사와 학생의 구체적인 경험이나 상호작용 등 주로 학교 및 교실에서 일어나는 교육의 내적 측면에 관심을 두는 관점으로서 숲 전체보다는 그 안에 있는 나무를 보는 것에 비유할 수 있다.

교육사회학에 있어서 기능주의 이론과 갈등주의 이론은 거시적 접근, 상호작용론과 신교육사회학 등은 미시적 접근에 해당할 것이다(안병환, 2012). 이 장에서는 먼저 교육현상에 대한 거시적 관점에 해당하는 기능주의와 갈등주의 이론을 살펴보고자 한다.

1 기능주의 이론

19세기 서구사회는 혁명과 전쟁, 농촌의 붕괴와 도시화, 분업화, 전문화, 이질화 등으로 표현되는 사회의 변동으로 사회는 혼란스럽고 많은 새로운 사회문제를 안고 있었다. 이러한 사회변동 속에서 사회유지나 사회질서 등에 관심을 가지는 학문이 생겨나게 되었는데 대표적인 관점이 기능주의 사회학이라고 할 수 있다(김병희 외, 2010).

1) 기능주의 사회관

기능주의(functionalism)는 사회학의 대부로 불리는 콩트(Comte)와 유기체설을 제시한 스펜서(Spencer)까지 거슬러 올라가는 오랜 전통을 가지고 있다. 이후 뒤르켐(Durkheim)과 파슨즈(Parsons)를 거쳐 사회학 이론으로 정립되었다.

기능주의는 한 사회를 부분들의 총체 또는 유기체로 간주하는 관점으로서 사회는 신체와 같은 '구조'이고, 이 구조는 각각 맡은 '기능'을 수행하는 개인이나 집단 등의 구성요소로 이루어져 있다고 본다. 이러한 이유로 기능론을 구조기능론(structural functionalism)이라고 부르기도 한다(김병욱, 2009).

모든 생명체는 유기체로서 생존하기 위해서는 유기체를 이루는 각 부분들이 각각의 기능을 잘 수행해야 한다. 그리고 이런 각 부분들의 기능은 전체와 뗄 수 없는 필연적 관계에 있다. 인간의 인체는 호흡기관, 소화기관, 순환기관 등 여러 기관이 인체를 유지하기 위하여 각각의 맡은 바 기능을 수행함으로써 인체의 생존과 활동을 가능하게 한다(성낙돈 외, 2010). 유기체의 활동은 항상 생존과 건강한 활동을 지향하며, 부분의 기능이 약화되면 이를 회복하기 위한 모든 노력을 기울인다(김신일, 2009). 사회도 유기체와 같아서 정치, 경제, 사회, 문화, 교육, 종교 등의 부분들이 각각 맡고 있는 기능을 순조롭게 수행함으로써 전체 사회는 질서, 안정, 균형, 통합을 유지하게 된다고 본다. 만약 각자가 맡은 기능을 제대로 수행하지 못하면 다른 부분에도 영향을 미쳐 사회가 안정적으로 유지되지 못한다고 본다. 그러나 유기체로서의 사회는 항상 안정을 유지하려는 속성을 지니고 있으므로 어떤 압력이나 충격에 의해서 안정이 깨뜨려지면 이를 회복하기 위한 노력을 강구한다.

한편, 사회를 구성하는 각 요소나 부분에는 우열이 있을 수 없으며, 각기 수행하는 역할에 따른 기능상의 차이만 있다. 다른 사람에 비하여 재산이나 권력을 더 가진 사람이 있는 것은 다른 사람에 비하여 더 힘들고 중요한 기능을 맡기 때문에 사회적 보상을 더 많이 받고, 그 기능을 수행하는 데 필요한 권한을 사회로부터 부여받기 때문이다. 이러한 의미에서 계층은 기능상의 차이에 바탕을 둔 차등적 보상체계의 결과일 뿐이라고 본다.

기능주의에서 보는 사회에 대한 관점은 모든 개인들에게 공정한 기회를 제공하며, 개인의 노력과 능력에 따라 보상이 결정되는 자유경쟁사회로 본다. 따라서 사회구성원들은 이러한 사회구조에 대하여 합의하고 긍정적으로 수용하고 있다고 본다. 사회는 직업적으로 훈련된 인력과 전문가를 필요로 하는 사회이고 교육받은 사람이 사회 전체의 경제발전에 기여한다고 보며, 따라서 계급불평등은 사회적으로 그리고 기능적으로 긍정적이라고 본다.

이와 같은 기능주의의 특징을 핵심 용어를 중심으로 살펴보면 다음과 같다(Parelius & Parelius, 1978).

첫째, 구조(structure)와 기능(function)이다. 기능주의자들은 사회란 많은 부분들로 구성되어 있는 것으로 간주한다. 이러한 부분들은 그 사회의 구조를 이루며, 어느 정도 불일치한 면이 있으나 전체의 생존에 공헌한다는 입장을 취한다. 사회의 생존욕구가 그 사회의 제도, 규범 및 사회적 역할에 의해 어떻게 충족되는가를 보여 주는 데 관심이 있다.

둘째, 통합(integration)이다. 기능주의자들은 사회의 다양한 부분들은 서로 통합된다는 것을 강조한다. 사회의 한부분에서 일어나는 변화는 모든 다른 부분에 영향을 미치게 될 것이다. 그러나 이러한 부분들이 바로 상호의존적으로 되지는 않지만 그들은 조정되고 보완된다. 그들은 다른 것들과 거의 반대되거나 갈등적인 위치에 있는 것이 아니라 각 부분은 대체로 사회뿐만 아니라 다른 것들의 활동을 지원한다.

셋째, 안정(stability)이다. 어떠한 사회도 완전히 정적인 사회는 없다. 기능주의자들은 사회변화는 점진적이고 누적적으로 이루어진다고 본다. 따라서 급진적이고 갑작스런 변화를 강요하는 것이라기보다는 상대적으로 사회가 안정을 유지하도록 한다는 점을 강조한다.

넷째, 합의(consensus)이다. 기능주의자들은 중요한 지각, 감정, 가치 및 신념에 대한 합의를 강조한다. 사회적 합의를 이루어가기 위해서는 모든 구성원들의 지지가 우선적으로 필요하며, 이러한 합의는 사회화를 통해서 이루어진다고 본다. 현대사회에 있어서 사회화의 기능은 주로 가정과 학교에 의해서 수행된다. 그러나 이러한 합의이론은 사람들 사이의 유사성을 지나치게 강조하고 복합적이고 다원화된 사회에서 존재하는 관심, 가치 및 신념을 무시하고 있다는 점에서 비판을 받고 있다.

오랫동안 기능주의는 미국의 사회학에서 지배적 이론으로 확고했지만, 1960년대 이후 한계가 명백해짐에 따라 위상이 약해지기 시작하였다. 기능이론에 대한 비판으로는 첫째, 무엇보다도 이론이 객관적·과학적이지 못하다. 둘째, 기존의 사회제도를 정당화시켜 주는 이데올로기이다. 셋째, 개인 간 또는 집단 간의 대립이나 갈등을 정면으로 다루지 않았다. 넷째, 변화와 개혁보다는 현상유지를 옹호한다는 등의 비판을 받는다(김신일, 2009; 김천기, 2008).

2) 기능주의 교육관

기능주의는 교육과 사회관계를 긍정적으로 파악하고 교육의 순기능적 측면을 강조한다. 기능론적 관점에서 볼 때, 교육제도는 안정된 사회를 유지하기 위해 문화유산전달, 사회통합, 사회이동 및 선발, 사회충원 등에 긍정적 기여를 하며 지적·정치적·경제적·사회적 목적을 추구한다(Bennett & LeCompte, 1990)고 본다. 또한 학교가 수행하고 있는 기능들 중에서 어린아이들을 사회로 인도하는 사회화와 유능한 인재를 선발하는 기능이 가장 중요하다고 본다(이종각, 2012).

기능주의 관점에서의 학교교육의 특징을 자세히 제시하면 다음과 같다(송병순 외, 2002).

첫째, 교육의 목적을 공민성 계발에 둔다.

둘째, 학교에서의 학생선발은 재능 있는 사람을 분류, 선발하는 합리적 방법이다.

셋째, 교육내용 구성의 과학성과 객관성 및 조직성을 강조하며 교육내용, 교육평가, 교육목표의 보편성 및 학업성취도의 측정을 강조한다.

넷째, 학업성취 정도에 따른 직업분배(능력주의 원칙) 강조 및 학교 졸업장이 노동시장의 신용장이라는 입장이다.

다섯째, 학교사회에 대하여 중앙집권적 교육체제는 의무교육의 연장과 교육기회의 확대에 기여하며 현행 학교는 민주사회의 가치에 적합하다. 뿐만 아니라 학교의 관료주의 체계는 교사의 평가, 선발, 승진의 보편적 기준을 제시하며, 학교의 관료주의적 조직이 중시하는 권위는 학생들로 하여금 객관적이고 합리적인 권위관계를 학습하게 한다. 그리고 학교교육과정의 보편성에 대한 강조는 교육기회 균등화의 이념을 교육과정에 반영시키려는 노력이라고 볼 수 있다.

이상과 같은 기능주의의 교육관에서 학교는 사회의 안정과 질서에 기여하는 제도라고 보며, 학교는 사회가 질서를 갖고 안정적으로 유지할 수 있도록 사회의 규범과 가치관, 태도 등을 습득하도록 사회화시키며 사회가 요구하는 기술, 지식 등을 전수한다고 볼 수 있다(허은주 외, 2015).

한편 기능론적 교육관은 다음과 같은 한계점으로 인해 비판을 받고 있다.

첫째, 기능론은 학교교육을 종속변수로 취급한다. 학교는 사회의 안정과 질서유지 및 결속을 위해 기여할 수 있도록 기능해야 하고, 사회의 요구를 그 안에 반영해야 한다고 본다. 즉, 학교는 정치, 경제, 사회 등의 외적인 요인의 영향 속에서 움직일 수밖에 없는 사회에 종속된 제도라는 것이다. 그러나 학교는 학교 나름대로 능동적 역할을 수행하고 교사와 학생도 학교가 정한 목표에 자율적으로 임하거나 때로는 그것을 수정하기도 한다(김신일, 2005).

둘째, 기능주의는 수동적인 아동관을 갖고 있으며 특정한 시기에만, 즉 주로 학교에 다니는 기간에만 사회화가 일어난다는 전제를 갖는 데에 문제가 있다. 그러나 개인의 사회화는 일생에 걸쳐서 일어나며, 학교에 다니는 학생만이 사회화 대상은 아니라는 것이다(허은주 외, 2015).

셋째, 학교교육을 통한 사회이동을 과신한 나머지 과잉교육현상이 나타난다. 과잉교육(overeducation)이란 고학력 실업이나 저고용 현상을 빚어내는 교육적 부작용이다. 교육을 통한 사회적 지위의 상승이동을 기대하다 보니 과잉교육현상이 생긴다. 한국 사회의 학력 인플레이션이 그 대표적인 예다.

넷째, 교육선발에서 기회균등과 업적주의의 관점을 가지고 있지만 출발선상의 어린이들이 모두 동일선상에서 교육을 시작하는 것이 아니라는 것을 간과하고 있다. 교육을 받기 시작하는 단계에서 이미 계급적 차이가 존재하며 평등, 공정, 기회 등에서 차이가 있다는 점을 과소평가하고 있다(Blackledge & Hunt, 1985).

다섯째, 학교교육과정이 동질성과 합의를 지향하기 때문에 부작용도 나타난다. 사회적 갈등의 요소를 담고 있는 지식과 가치관을 교육과정에서 제외시키는 경향 때문에 반드시 공부해야 할 중요한 내용이 교육에서 누락되어(Ravitch, 2004), 교육과정의 공정성 확보과정에 대한 의문을 남긴다.

여섯째, 학교교육에 대한 투입-산출을 중시한 나머지 결과의 측정에만 초점을 둔다는 비판을 받고 있다.

3) 기능주의 교육사회학자들

(1) 뒤르켐의 보편적 사회화, 특수사회화

뒤르켐(Durkheim)은 보수적인 기능주의적 입장을 취하면서 교육을 사회학적으로 연구하기 시작한 최초의 학자로 꼽힌다. 프랑스 파리에 있는 소르본느대학의 교수였던 뒤르켐은 사회학이 그 대학에서 정식과목으로 인정되기 전에 교육은 사회학적으로 연구되어야 한다는 강의를 했다.

그는 전생애를 통해 교육의 사회학적 연구에 관한 주제들을 강의하였는데, 『교육과 사회학(Education and Sociology)』, 『도덕교육론(Moral Education)』, 『교육사상의 발전(The Evolution of Education Thought)』 등이 바로 그러한 것들이다.

이러한 저서들에서 그는 사회와 교육의 관계, 특히 교육의 본질에 대한 정의 등을 명확하게 하려고 노력했다. "첫째, 교육의 본질에 대해서 교육은 아직 사회생활의 준비가 되어 있지 않은 청소년들에게 성인세대가 행사하는 영향력이다. 둘째, 교육의 목적은 어린이들에게 정치적 사회일반과 그 어린이가 지향하고 있는 특수한 환경이 요청하는 육체적·지적·도덕적 상태를 발달시키는 것이다."(Durkheim, 1956)라고 함으로써 교육을 사회화와 동일시하였다.

사람은 비사회적 존재로 태어나므로 이를 사회적 존재로 길러야 하는데, 교육이 바로 이 기능을 수행한다는 것이다. 사회화를 위한 교육의 기능은 두 가지 내용으로 구성된다고 보았는데, 하나는 "보편적 사회화"이고, 다른 하나는 "특수 사회화"이다. 보편적 사회화는 전체로서의 사회가 요구하는 신체적·지적·도덕적 특성을 함양하여 내면화하는 것이다. 교육의 이러한 과정을 통해 사회는 동질성 확보를 위한 집합의식을 형성하고, 보편적 가치를 강조하여 사회구성원의 결속력과 사회의 안정을 유지할 수 있다(강창동, 2015; 이종각, 2012). 특수 사회화는 개인이 속하게 되는 특정 직업세계에 필요한 다양한 기능을 전수하는 과정을 말한다. 어릴수록 보편적 사회화가 우세하고, 청소년기로 진입할수록 사회의 분화에 따라 직업도 다양해져 직업교육의 차원에서 특수사회화를 더 강조할 수밖에 없을 것이다(이훈병 · 황성원, 2014).

교육과 사회의 관계를 중요시하는 뒤르켐은 교육은 시간과 장소에 따라서 다르다고 하면서 교육을 사회와 분리시켜 고찰하는 것은 커다란 잘못이라고 했다. 『교육사상의 발전』에서 그는 프랑스의 교육기관을 역사적 · 사회학적으로 분석하면서, 교육기관은 사회의 다른 제도 및 기관과 밀접하게 연결되어 있으며, 또한 사회의 가치나 신념을 떠나서 존재할 수 없다는 것을 강조하였다.

또한 『도덕교육론』에서는 사회의 가치나 제도의 유지, 발전을 위해서 학교에 요구되는 기능이 무엇인지를 서술하고 있다. 그에 의하면 도덕적 가치는 사회질서의 근본이며, 사회질서는 교육기관에 의해서 유지된다고 보았기 때문에 사회에 대한 교육의 능동적인 역할을 인정했다. 그러나 사회마다 요구하는 가치, 규범, 신념 등이 다르기 때문에 도덕적 가치는 달라지게 된다. 그러나 기준은 다르지만 도덕이 한 사회를 유지하는 가치이며, 사회적 행위를 결정하는 기준에 영향을 준다는 점에서 중요하다.

그러나 뒤르켐은 한 사회를 구성하고 있는 서로 다른 집단 간의 갈등과 불일치를 과소평가하고, 모든 사회가 각기 항상 하나의 합의된 이념과 질서를 지향하는 것처럼 상정하였다는 비판을 받고 있다. 뿐만 아니라 교육에 있어서도 여러 집단의 교육을 둘러싼 갈등, 즉 교육의 방향과 내용에 관한 국가 · 교육자 · 학습자 간의 갈등의 가능성을 언급하지 않음으로써 교육현상의 정확한 이해를 어렵게 만들었다.

(2) 파슨스의 학교체제론

기능이론을 체계화하는 데 가장 공헌한 사람이 파슨스(Parsons)이다. 그는 뒤르켐과 마찬가지로 학교교육의 사회화 기능을 강조하는 동시에 산업사회에서의 인력배치 기능을 부각시킴으로써 사회적 선발기능도 강조하였다. 즉, 사회화와 사회적 선발을 사회체제로서의 학교의 기본기능으로 파악한 것이다(Morrow & Torres, 1995).

파슨스는 현실을 하나의 사회체제로 보고, 그 사회체제는 부분이 전체에 연결되며, 부분은 전체를 위한 기능의 관점에서 설명하였다. 이러한 사회체제는 사회를 구성하는 각 요소가 일정한 형태의 질서를 유지하고 있고, 각 요소가 보다 전문화된 업무를 담당하면서 균형적으로 상호 간 작용과 반작용을 하면서 동적인 의존상태에 있다고 본다(이종각, 2012).

예를 들면, 학급은 학교를 위한 기능의 관점에서 설명되고, 학교는 교육체제의 견지에서 그리고 교육체제는 사회를 위한 기능의 견지에서 설명될 수 있다. 이러한 사회가 갖는 특성 중 하나가 불평등 또는 계층이 존재한다는 것이지만 그로 인한 갈등이 사회현상을 해명하는 본질적인 요인이 될 수 없다고 보았으며, 사회질서, 즉 규칙과 규범은 사회성원들의 의식과 의무감이 내면화됨으로써 가능하다고 보았다.

한편, 모든 체계와 하위체계들은 적응(A: adaptation)의 기능, 목표달성(G: goal-attainment)의 기능, 통합(I: integration)의 기능, 잠재성(L: latency)의 기능이라는 네 가지의 기능이 원활하게 수행되어야 한다고 한다. 비록 작은 조직일지라도 이러한 네 가지 기능이 원활하게 작동될 때 사회가 안정적으로 유지될 수 있는 것이다. 학교사회 또는 조직도 이러한 네 가지 기능을 가지고 있으며, 전체 사회에 대한 하나의 하위체제로서 이 기능들을 모두 제대로 수행하여야 한다. 특히 학교체제는 잠재성 유형유지의 기능, 즉 사회화의 기능을 주로 담당하고 있다고 할 수 있다.

사회의 안정과 질서를 추구한 뒤르켐과 마찬가지로 학교교육의 사회화 기능을 강조했으며, 동시에 기능주의에서 강조하는 능력주의에 따라 역할을 담당할 인재를 선발하여 적재적소에 배치시키는 사회적 지위 배분은 학교의 주요한 기능임을 강조했다. 즉, 공정한 교육의 기회에서 교육적 성취수준에 따른 계열분류와 입시제도 등에 바탕을 둔 여과장치를 거쳐 사회적 지위가 배분된다는 것이다.

교육기회로의 접근이 공정하면, 성취수준의 차이에 따라 학력수준이 달라지고, 학력수준에 따라 사회적 지위의 수준이 달라지므로 교육선발은 공정하다는 것이다. 파슨스가 보기에 산업사회의 학교는 이러한 기능을 무리 없이 수행하고 있다는 것이다(김신일, 2009).

파슨스의 이러한 주장은 학교에서의 선발과정이 실제로 공정하게 이루어지고 있는 것처럼 보이게 만든다는 비판을 받고 있다. 영국의 1959년 크라우더 보고서(Crowther Report), 1963년 로빈슨 보고서(Robbins Report) 등은 사회계층이 좋은 가정환경의 아이들이 더 많은 교육기회를 가진다는 사실을 말해 주며, 미국의 1966년 콜맨 보고서(Coleman Report)와 1972년 젠크스(Jencks) 연구 등은 가정 배경요인이 학생의 학업성취에 가장 중요한 영향을 미친다는 사실을 말해 주고 있다.

(3) 드리벤의 학교규범론

뒤르켐과 파슨스가 발전시킨 기능주의적 교육사회학의 전통은 드리벤(Dreeben, R.)에 의해 보다 구체화되었다. 드리벤은 학교가 무엇보다 중시해야 할 일은 학생들을 산업사회에서 요청되는 사회인으로 만드는 것이라고 보고, 학교에서 습득하는 가치에 주목하여 규범학습을 강조하였다.

그에 의하면, 학교는 다른 기관 특히 가정과 구별되는 구조적 특징을 가지고 있어 사회적 규범을 습득시키는 데 효과적이다. 첫째, 학교와 학급의 통제는 학생들과 혈연관계가 없는 성인의 손에 달려 있다. 둘째, 학생들은 아침에 학교에 등교하여 저녁에 귀가한다. 셋째, 초등학교와 중등학교에 따라 구조적으로 다른 특성을 지니고 있다. 넷째, 단계화된 한 학년씩 진급한다. 다섯째, 동일 연령집단으로 구성되어 생활한다. 여섯째, 성인과 청소년들로 구성되어 있기는 하나, 청소년 구성원들이 훨씬 많다는 점이다. 이러한 구조적 특징 안에서 학생들은 사회규범과 행동원칙 및 그것들을 행하는 방식을 배우게 된다(김신일, 2009).

드리벤은 사회화의 내용을 좀 더 구체적으로 표현하여 사회적 규범이라고 규정하였고, 여기서 그가 강조하는 사회규범은 독립성, 성취지향성, 보편성, 특수성의 규범으로 기능주의가 강조하는 사회질서를 위해서 사회구성원들이 내면화하여야 할 것들이다. 미국의 학교는 산업사회의 존속을 위해 이러한 규범교육의 기능을 충실히 수행하고 있다고 보았다. 학교에서 배우는 산업사회가 요구하는 네 가지의 규범을 구체적으로 논의하면 다음과 같다.

첫째, 독립성의 규범은 특히 학문적 학습활동에 적용되는 규범이다. 이 규범은 현대교육의 개인주의적 특성과 관련된 것으로 학교에서 과제를 스스로 처리하도록 요구하고, 자신의 행위에 대하여 스스로 책임을 져야 한다는 것을 배움으로써 습득된다. 특히 교육과 직업의 관계에서 살펴보면 학교가 학생에게 제공해 주는 경험을 크게 보면 직업을 위한 준비라 할 수 있다. 직업세계를 위한 준비에 있어서 독립심을 길러주는 일은 학생들이 독립적으로 무엇을 해내려는 심리적 성향을 개발하는 것이라 할 수 있다(이종각, 2013).

둘째, 성취지향성의 규범은 학생들이 자신의 능력과 실력을 충분히 발휘하여 생산성을 향상시키는 것으로, 사람이란 자기의 노력이나 의향에 의해서보다는 성과에 따라 대우받는다는 것을 배우는 것이다. 즉 최선을 다하여 높은 성적을 받는 것이 가치로운 것이라는 이 규범은 교수-학습-평가 체계 속에서 형성되는데, 공동으로 수행하는 활동에도 적용된다.

셋째, 보편성의 규범은 개인이 특별히 예외적으로 대우받지 않고 누구에게나 공통적으로 적용되고 따라야 하는 사회적 규범의 적용을 받는다는 것이다. 이 규범은 학교에서의 동질성 확보를 위한 것으로 주로 동일 연령의 학생들이 같은 학습내용과 과제를 공유함으로써 형성된다.

넷째, 특수성의 규범은 평등에 있어서 정당한 이유가 있으면 예외적으로 대우받을 수 있다는 규범을 의미한다. 이는 학생들이 학년이나 학교의 수준이 높아지면서 특정한 환경을 공유하며, 흥미와 적성에 맞는 분야에 한정하여 그 분야의 교육을 집중적으로 수행함으로써 습득하게 된다. 보편성과 특수성의 규범에 대한 드리벤의 설명은 사회화를 동질성과 다양성의 차원에서 본 뒤르켐의 관점과 기본적으로 같은 선상에 있다(이종각, 2013).

(4) 슐츠의 인간자본론

대부분의 국가에서 보면, 교육을 많이 받은 사람이 교육을 적게 받는 사람보다 더 많은 임금을 받고 있다. 이에 대해 인간자본론자들은 교육을 더 많이 받은 사람이 그렇지 않은 사람보다 생산력이 향상되었기 때문이라고 주장한다. 즉, 교육받은 사람은 바로 하나의 자본의 역할을 할 수 있다고 보는 것이다. 이러한 인간자본론은 슐츠(Schultz)에 의해 체계화되었는데, 그는 교육에 드는 비용을 투자의 형태로 분석하였고, 1962년에는 미국의 정치 경제학저널에 <인간에 대한 투자>를 발표하면서 본격적으로 교육에 대한 투자가치를 경제적으로 분석하기 시작하였다.

슐츠에 의하면 토지, 노동, 자본 등의 증가와 같은 종래의 사고로는 경제적 성장을 설명할 수 없다고 보고, 이 설명할 수 없는 잔여부분이 인적 자본의 투자 요소이며 인적 자본 중에서도 최대의 것이 교육투자라고 주장하였다. 교육을 통해 후천적으로 획득한 비물질적 자본, 즉 기술이나 지식도 자본의 한 형태로서 경제적 생산성의 증대를 가져오며 노동자는 이러한 교육을 통해 새로운 지식과 기능을 습득함으로써 결국 자본가가 된다는 것이다.

이러한 측면에서 슐츠는 교육을 미래에 되돌려 받을 수 있는 인간자본에 대한 투자라고 정의하였다. 인간이 학교교육을 통해 한 단계 높은 지식과 기술을 익히면, 그가 갖는 경제적 가치는 높아진다고 하였다. 그렇기 때문에 학력에 따라 달라지는 수입의 차이가 지식과 기술의 차이이며 동시에 생산성의 차이라고 본다(Schultz, 1961).

인간자본론의 관점은 교육기회의 확장을 정당화하게 되었고, 교육에의 장기적인 투자가 개인뿐만 아니라 국가발전에 기여한다는 점을 부각시키게 하였다. 따라서 학교교육은 인간의 정보처리능력을 증진시키고 기술이나 환경의 변화 속에서 문제해결력을 높여 주는데 많은 기여를 할 수 있음을 주지시켜 주고 있다(주동범 외, 2015).

그러나 인간자본론은 인간을 인간이 아닌 자본으로 봄으로써 인간을 상품화할 우려가 있다. 특히 우리의 교육풍토에서 개인의 능력보다 학벌에 의한 가치가 높게 평가되는 경우 학교를 이러한 관점으로 볼 우려가 많다. 서열화된 대학의 경우 인간자본에 대한 관점은 학교자본에 대한 관점으로 학벌과 학교 간의 차별을 가져올 가능성이 많다. 또한 기회비용의 경우 각급 학교 간의 차이는 상당히 오랫동안 지속되는 임금의 차이를 정당화하고, 동일한 학력의 경우 남녀의 임금 차이를 설명하지 못하는 한계를 가지며, 국·공립과 사립의 교육비에 대한 차이와 임금의 차이를 설명하는 데도 문제가 있다고 할 수 있다(김병희 외, 2010).

(5) 클락의 기술기능이론

기술기능이론을 가장 체계적으로 정리한 학자는 클락(Clark)이다. 클락은 학교제도와 직업세계가 상호 간에 긴밀한 관계를 유지하고 있음을 강조한다. 과학의 발달로 높은 수준의 기술을 요구하는 직업의 비율이 늘어나기 때문에, 그에 따라 사람들의 학력도 계속 높아져 대학교육이 팽창된다는 입장이다. 즉, 생산과 분배에 관한 기술의 진보로 인하여 직업세계는 날이 갈수록 복잡해지고 전문화되고 있으며, 그에 따라 요구되는 교육수준 또한 상승하고 있다. 노동인력이 처음에는 단순한 읽기, 쓰기, 셈하기를 할 수 있는 정도로 충분하였으나 이제는 더 장기간의 교육을 받지 않으면 안 되게 되었다(Clark, 1962: 14). 말하자면 고학력 사회는 고도산업사회의 당연한 결과인 것이다.

이러한 고도산업사회에서 학교의 교육기능이 더욱 요구되어 전반적으로 학교의 교육기간이 연장되고, 따라서 학력이 높아지게 되면 계층의 상승이동도 촉진된다. 다시 말해서 교육을 받으면 전문기술자나 전문인사가 되기 쉽고, 같은 직종에서도 지위가 상승할 수 있으며, 지위가 상승하면 사회적 계층이동을 이루기가 더욱 용이해진다(이훈병·황성원, 2014).

그러나 직업기술수준과 학력수준은 일치하지 않는 것이 현실이며, 학력 상승을 이러한 기술기능이론만으로 설명하기는 어렵다. 실제 대졸자들이 자신의 학력보다 낮은 수준의 일을 하는 경우도 있고, 자신에게 맞는 일을 찾지 못해 실업자로 전락하고 있는 경우도 있다. 이러한 것은 대학교육에서 배우는 교육이 실제 사회에서 필요한 직업수행능력을 교육시키는 데 실패하고 있다는 것을 반증하고 있다.

대학교육의 팽창으로 말미암아 직업에 필요한 기술교육을 받으려고 대학교에 가는 학생도 물론 있지만, 적성에도 맞지 않는 대학을 가야 하는 사회분위기를 만든다. 즉 누구나 대학을 가기 때문에 나도 가야 한다는 압박감, 단순히 학위를 받기 위한 대학교육의 팽창들은 기술기능이론에 의하면 설명하기 어렵고, 과잉학력현상의 야기를 가져온다(장재천, 2009).

또한 훔은 "학교교육의 팽창은 대중이 교육기회의 확대를 요구했기 때문이기도 하지만, 지배계층의 특권을 유지시킬 수 있는 수단이기도 했다"고 비판한다(Hurn, 1978: 71).

(6) 인켈스의 근대화이론

경제성장과 발전의 원동력을 인간자본 곧 사회구성원의 인적 특성에서 찾는 인간자본론의 개체주의적 방법론은 근대화이론에서도 발견할 수 있다. 근대화이론에 의하면 한 사회의 발전 여부를 결정하는 것은 그 사회가 지닌 경제적·사회적·문화적 내부요인이다. 이러한 내부요인 가운데 가장 중요한 결정 변수는 그 사회성원의 사회·심리적 인성 특성이다. 즉 사회의 발전에서는 외부적인 변인들보다 사회성원이 어떠한 인성적 특성과 가치관을 소유했느냐 하는 것이 더 중요하다는 것이다.

근대화이론에 입각한 많은 연구들은 교육과 고용이 근대적 가치 습득과 직접적으로 관련되어 있음을 강조한다. 근대화이론은 근대화 기관,

근대적 가치, 근대적 행위, 근대사회, 경제발전의 다섯 가지 변인 간에 직접적인 인과관계가 있다는 가정에 기초하며, 그 중 학교는 대표적인 근대화기관으로 간주된다(이종각, 2013).

출처: Inkeles, A., & Smith, D. H.(1974).

그림 2-1 근대화의 과정

인켈스(Inkeles)와 동료들은 근대화하는 것은 발전하는 것이며, 한 사회는 그 사회 대부분의 사람들이 근대적 가치를 갖게 될 때까지는 발전을 기대할 수 없다고 주장한다. 이들 이론가들은 근대적 가치의 창출은 인간의 계획에 의한 결과라고 할 수 있으며, 근대적 가치의 출현에 있어 특수한 사회기관(예를 들면, 가정 · 학교 · 공장에서 발생하는 사회화)이 매우 중요하다고 주장한다.

인켈스는 근대인(modern man)의 정의를 ① 의견의 영역(realm of opinion), ② 개혁과 변화에 대한 개방(openness to innovation and change), ③ 시간(time), ④ 계획성(planning), ⑤ 유효성(efficacy), ⑥ 계산성(calculability), ⑦ 위신(dignity), ⑧ 과학기술에의 신뢰(faith in science & technology), ⑨ 분배의 공정성(distributive justice)으로 규정하고 있다. 즉 인간적 자세, 태도, 사고 등과 같은 의식적인 측면이 발전을 위한 기본적 요소로서 중요하다는 점을 내세우고 있다(김동위, 2004).

그가 제시한 근대성의 인성척도에서 두드러지는 요소는 사회의 진보에 대한 낙관적인 믿음과 인간의 이성에 의하여 사회의 발전을 이룰 수 있다는 신념으로 근대화된 사회를 이루는 데 필요한 내적 변인으로 설정되어 있다. 이러한 인성적 특성을 한 사회의 경제발전을 이끌어낼 수 있는 특성으로 보고 있다.

근대는 경제적 · 정치적 · 문화적 · 인성적으로 전통사회와 다르다. 근대사회는 산업혁명의 영향으로 산업과 민주주의, 과학주의가 발전해가는 사회이다. 즉, 경제적 자립과 지속적 성장, 구성원의 선택과 참여가 가능한 민주주의, 합리적 규범과 효율적 기능을 강조하는 근대성으로 특징지어진다.

지금의 학교체계는 이러한 근대의 가치를 기르기 위해 형성된 근대화 기관이다. 이러한 근대적 가치관은 서구의 역사에서 형성되어 비서구에 전파되거나 이식되었다. 따라서 근대화를 측정하기 위하여 사용되는 준거에서 알 수 있듯이 사회가 근대화된다는 것은 그 사회가 곧 서구화되어야 한다는 것을 뜻한다고 볼 수 있다(이종각, 2013). 서구화가 정당화되는 과정에 서구식 학교체계가 기여했다고 할 수 있다(김병희 외, 2010).

2 갈등주의 관점

갈등주의(conflict theory)는 기능주의에 대한 반발로서 나왔다고 볼 수 있다. 갈등론자들은 기능론자들이 가정하는 사회의 균형보다 사회는 서로 다른 이해관계를 추구하는 여러 개인과 집단으로 구성되어 있으며, 거기에는 항상 갈등이 있다고 가정한다. 이들은 갈등과 변화가 오히려 사회의 정상적인 상태라고 말한다.

1) 갈등주의 사회관

갈등주의는 기능주의 이론이 자본주의 사회체제를 정당화하여 지배집단과 피지배집단의 양극화 현상을 초래했다는 기능주의의 허구성과 학교교육의 모순을 비판하며 1960년대를 전후하여 등장하기 시작하였으며, 1970년대에 들어서며 그 세력이 팽창하였다. 갈등주의는 마르크스와 베버(Marx & Weber)의 이론과 사상에 뿌리를 두고 다렌도프와 아론(Darhrendorf & Aron) 등에 의해 발전되었으며, 왈러와 긴티스, 보울스(Waller, Gintis & Bowles) 등에 의해서 제시되었다.

갈등론자들은 사회를 인간과 인간의 관계체제로 본다. 인간의 사회적 관계는 조화와 질서를 이루고 통합과 균형을 유지하기도 하지만 분열과 대립의 관계로 또는 상반된 의견의 불일치와 적대적 관계로 발전하기도 한다는 것이다.

지배집단과 피지배집단의 대립적 관계는 새로운 형태의 사회를 창출하려는 사회변동의 원인이 된다. 지배집단은 피지배집단을 강제적으로 억압하고, 동시에 정신적 교화를 통해 지배체제를 효과적으로 통제하고자 한다. 지배집단은 자신의 위치가 위협받지 않도록 계속적으로 새로운 사회질서를 창출하는 반면에 피지배집단은 자신들의 불리한 사회적 위치를 극복하기 위해 지배집단에 대항할 수 있는 물리적·이념적 수단을 동원하여 자신들에게 유리한 사회편성이 되도록 노력한다. 결국 지배집단과 피지배집단은 계속되는 긴장과 갈등상태에 직면하게 된다(이병환, 2014).

이러한 갈등의 궁극적 원인은 사회적 불평등이고 부·권력·지위·명예 등 모든 사회적인 가치들은 희소성이 있기 때문에 이들 사회적 가치를 둘러싼 경쟁과 갈등은 지속될 수밖에 없다고 본다. 이러한 관점에서 갈등이론은 사회적 가치의 평등분배를 가능하게 하는 사회적 재구조화를 강조하는 입장이다.

기능주의자들이 사회적 통합, 중핵가치 및 사회 안정에 초점을 맞추고 있는데 비해, 갈등론자들은 사회 내에 잠재되어 있는 갈등, 변화 및 강압에 초점을 두고 있다. 갈등이론의 특징을 주요개념을 중심으로 살펴보면 다음과 같다(안병환, 2012; 성낙돈 외, 2010).

첫째, 갈등(conflict)이다. 어느 사회 또는 그 사회구성원의 상충된 이해관계로 인해 갈등은 언제든지 나타날 수 있다. 권력을 주도하는 집단과 지배를 받는 집단들의 이해관계는 첨예하게 대립되어 갈등은 자연스럽게 발생한다. 이러한 갈등은 가끔 조용히 일어나기도 하지만 종종 공개적으로 일어나기도 한다.

둘째, 변화(change)이다. 변화는 집단 간의 경쟁관계에 바탕을 두고 있으며, 집단들 간의 끊임없는 권력투쟁은 사회를 변화시키는 원동력으로 작용한다.

셋째, 강압(coercion)이다. 강압은 사회의 변화가 일어나는 동안 기득권 계층이나 다른 계층의 집단이 일시적인 안정 상태나 사회질서를 어느 정도 유지하려는 의도나 태도를 지칭한다. 이러한 강압은 단지 힘만을 사용하여 강압하려는 것이 아니다. 지배집단은 선전과 교화와 같은 방법을 사용하기도 한다(Parelius & Parelius, 1978).

이와 같이 갈등주의는 기능주의의 사회관과 비교했을 때, 뚜렷한 입장의 차이가 드러난다. 갈등주의는 마르크스와 베버로부터 사상적 영향을 받아 사회 내에서는 부, 명예, 재산을 축적한 계층이 있는 반면 이런 자원을 확보하지 못한 집단은 자원을 확보하고자 상호 긴장상태를 유지하며, 경쟁과 갈등의 관계를 통해 지속적으로 도전한다고 본다(이훈병·황성원, 2014).

표 2-1 기능주의와 갈등주의의 사회관

기능주의	갈등주의
(1) 사회의 모든 요소는 안정과 균형을 지향한다.	(1) 모든 사회는 변화지향적이다.
(2) 사회의 각 요소들은 상호의존적이며, 통합적인 기능을 한다.	(2) 모든 사회는 불일치와 갈등을 보인다.
(3) 사회변화는 점진적이고, 누적적으로 진행된다.	(3) 사회변화는 급진적이고 비약적으로 진행된다.
(4) 사회의 모든 요소는 그 사회의 유지와 존속에 기여한다.	(4) 사회의 모든 요소는 와해와 변동에 기여한다.
(5) 모든 사회는 그 구성원 간의 가치합의에 기반을 두고 있다.	(5) 모든 사회는 한 집단의 다른 집단에 대한 강제에 기반을 두고 있다.

2) 갈등주의 교육관

기능이론과 갈등이론은 교육 및 교육문제를 설명하는 것이 매우 대조적이다. 기능이론에 의하면 교육은 현존사회의 문화가치를 유지, 전달하기 위하여 사회구성원의 사회화에 공헌하고, 또 구성원의 사회적 역할을 원활하게 수행할 수 있게 개개인을 적재적소에 배치하는 선발의 기능을 한다. 반면 갈등이론의 관점은 교육이 지배집단의 권익을 정당화하고 주입하여(김병성, 2008), 계층 간의 불평등을 강화한다고 보았다.

교육에 대한 갈등론적 관점을 간단히 제시하면 다음과 같다(송병순 외, 2000).

첫째, 교육의 목표에 대해서, 기능주의적 관점에서 학교를 지나치게 개인의 성공을 위한 수단으로 이용하려는 경향으로 말미암아 교육이 지향하고자 하던 인간성 개발에 문제점이 파생되었다. 따라서 갈등이론의 목표는 인간성 회복을 지향하고 인간주의 정신을 바탕으로 비인간적인 것과 인간적인 것을 이원적 대립구조에서 비인간적인 것을 비판하고 인간적인 것을 존중하는 입장에 서 있다.

둘째, 학생선발에 대해서, 기능주의의 능력주의적 원칙은 이론적 허구이며 인간능력을 객관적으로 측정할 수 있는 과학적 도구의 미비와 현행 학생 선발도구의 내용에는 문화적 계층 간의 편협성이 존재한다.

셋째, 학교체제에 대해서, 학교체제의 관료화는 민주적 가치실현에 부적합하며 인종, 계급 그리고 성별에 근거한 불평등을 영속화하고 있다. 중앙집권적이며 획일적 학교체제의 운영은 인간을 수동적 존재로 만들고 있으며, 학교에서의 지시·명령구조는 구성원들의 창의성을 저해할 우려가 있다.

넷째, 교육과정에 대해서, 학교에서 제공되는 교육내용에는 특정계층의 문화내용으로 구성되었으며 학교지식이 때로는 학습자, 교사, 학부모, 정책 당국자 사이의 갈등을 유발시키기도 하고, 사회적으로 제도화된 지식을 주입시키는 현행 주지주의 교육은 평등화 실현에 위배된다.

또한 상벌 체계의 적용은 학생들이 복종하고 권위에 순응하는 성격을 갖게 한다.

다섯째, 잠재적 교육과정에 대해서, 관료주의적 위계로 인하여 인간을 수동적인 존재로 취급하고 있으며 상벌체계에 의한 통제는 복종심을 형성하며 권위주의적 억압은 유순한 성격을 형성시킨다.

여섯째, 학교교육결과에 대해서, 사회계층에 따라 교육적 성취가 다르게 나타나며 불평등한 상황의 재생산이 불가피함을 알 수 있다(안병환, 2012).

갈등주의 교육이론은 기능주의와는 상반된 설명을 시도한다. 갈등주의 이론에서 본 사회는 이해관계에 바탕을 둔 개인 간, 집단 간의 갈등 장소이며, 학교교육은 누구나 기회의 평등을 가질 수 있지만 미리 정해진 사회적 역할과 질서에 따라 상류층 가족이 유리한 위치에 있음을 지적하였다(나항진 외, 2011).

표 2-2 기능주의와 갈등주의의 학교교육에 대한 관점

기능주의	갈등주의
(1) 학교는 사회의 안정과 질서에 기여하는 제도이다.	(1) 학교는 기존의 위계질서를 공고히 하며, 지배계급의 이익에 봉사하는 도구이다.
(2) 학교는 사회가 요구하는 기술, 지식 등과 공동체의식을 전수한다. 학교교육이 기술훈련을 통하여 국가의 경제성장과 발전 그리고 인간의 자기실현에 결정적인 역할을 한다고 본다.	(2) 학교는 기존의 질서를 재생산함으로써 사회불평등을 영속화한다. 학교교육을 자본주의적 위계구조에 대응해서 노동자를 차별적으로 양상하는 계급생산의 메커니즘이라고 본다.
(3) 학교는 사회구조적 모순을 해결하여 주며, 사회평등화를 도모한다. 교육기회의 균등화를 통하여 삶의 기회를 공평하게 해 줄 수 있다는 의미에서 교육이 사회적 불평등을 해소할 수 있다고 본다.	(3) 교육이 이데올로기적 상부구조로서 경제적 토대의 대응체라는 유물론적 해석에 근거하고 있다. 학교에서 가르쳐지는 내용은 지배계급의 문화와 이익에 밀접히 관련되어 있다고 본다.
(4) 교육은 독립적이며 자율적이라는 자유주의적 이데올로기에 근거하고 있다.	(4) 학교는 피지배층에게 기존의 불평등 위계구조에 순응하도록 강요하는 이데올로기적 기관이다.
(5) 학교는 개인의 재능과 노력에 따라 공정한 평가를 하며, 아울러 정당한 사회적 보상이 주어진다.	(5) 학교는 인간을 강요하고, 억압함으로써 타율적이고, 수동적인 존재로 전락시키고 있다.
(6) 학교는 지위의 사다리며, 공정한 사회이동을 촉진한다.	(6) 학교는 지적기술보다 지배계층이 선호하는 가치관, 규범, 태도 등을 은밀히 강조하고 있다.
(7) 학교교육을 통해 각종 사회문제를 해결할 수 있다.	(7) 학교에서 행하는 능력주의 이데올로기는 외형상 공정하게 보이나, 피지배계층의 아동을 효과적으로 탈락시키고, 지배질서의 정당성을 강조하기 위한 위장된 이념에 불과하다.

기능주의 관점과는 달리, 갈등주의는 안정된 사회를 전제로 하는 기능주의 관점의 허구성을 깨닫게 하는 데 공헌하였으며, 사회 안에 존재하는 갈등, 변화, 경쟁, 역동적 변화, 억압, 사회적 불평등의 재생산, 특정문화와 이념의 표준화 등의 현상을 볼 수 있게 해 주었다. 그렇지만 갈등주의 역시 다음과 같은 점에서 비판을 받는다.

첫째, 갈등주의는 사회의 질서나 안정상태를 과소평가하고 갈등과 억압 등을 강조함으로써 급진적 이데올로기라는 비판을 받는다. 갈등과 세력경쟁을 지나치게 강조한 나머지 교육이 사회적 결속력을 높이고, 국가적 공동체 의식을 높이는 데 기여하는 점을 과소평가하고 있다.

둘째, 갈등주의에서 내놓는 개념이나 이론이 기능론적인 것들보다 덜 명확하고 그 이론화 수준도 정교하지 못하다. 신마르크스주의자들의 주요 주장에는 학생들이 자본주의 체제의 단순한 노동자로 생산되어 나온다는 것과 저항성을 가지게 된다는 것이 있다. 그러나 경험적인 연구에 의하면 이러한 주장은 부인되고 있다. 부모의 사회경제적 위치가 자녀의 교육에 미치는 영향을 완전히 부인할 수는 없는 것이지만, 능력에 따른 사회이동이 격려되고 있는 많은 자유주의 사회에서는 학교교육에 의해서 부모의 사회경제적 지위보다 상승이동을 하는 경우가 많다는 것을 부정할 수 없는 것이다(차경수 외, 2006).

셋째, 기능주의와 마찬가지로 거시적 차원에 주된 관심을 두다 보니 갈등주의 역시 개인의 사고 과정이나 행동을 이해하는 일에 소홀하며, 갈등주의도 기능주의처럼 교육이 경제적 구조에 의해 일방적으로 결정된다는 경제적 결정론에 빠져 있다.

넷째, 갈등주의는 불합리한 사회구조에 초점을 맞추면서 업적, 능력, 실적을 통한 선발이 가장 공정한 장치라는 통념이 하나의 허울에 불과하다고 본다. 그러다 보니 갈등주의는 개인의 실패의 원인을 노력이나 능력 부족으로 보기보다는 잘못된 사회구조 탓으로 돌리는 경향이 있다. 즉, 노력을 하지 않은 사람이나 무능력자의 실패를 불합리한 구조의 탓으로 돌리는 단순한 합리화의 오류를 범하기도 한다(Karabel & Halsey, 1977; 이종각, 1996).

(1) 보울스와 긴티스의 경제재생산론

마르크스 관점에서 자본주의 사회에서의 교육의 재생산 기능을 체계적으로 연구한 대표적인 학자는 보울스와 긴티스(Bowles & Gintis)이다. 그들은 자신들의 역작 『자본주의 미국에서의 학교교육』(1976)에서 학교는 기본적으로 경제적·사회적 기관이기 때문에 사회를 떠나서 학교만을 이해하는 것은 불가능하다고 주장하면서 미국의 학교는 학생들이 유산계급에 유리한 가치관과 태도를 갖게 되면서 기존의 불평등한 지배구조를 재생산한다고 비판하였다(김병성, 2008). 즉, 학교는 잠재적 교육과정을 통해 자본주의가 중시하는 가치와 성격, 태도, 개인 간의 행동기술 등을 강조하고, 또 그런 가치와 성격을 재생산해 낸다고 보았다. 이런 재생산 과정을 통해 자본주의가 필요로 하는 노동자를 양산해 낸다고 보았다. 미국의 학교와 경제적인 발전을 역사적으로 분석하면서 학교가 노동자들의 이익보다도 자본가들을 위한 경제발전의 도구로 이용되었다고 주장하였다(Bowels & Gintis, 1976).

보울스와 긴티스는 미국 학교의 관심사가 인지적 요소보다는 자본주의 체제에 적합한 가치, 태도, 규범, 성격 특성 등 비인지적 요소에 있었다고 주장하면서, 교육은 경제구조나 경제현상과 대응되어 사회계급이나 자본가 집단의 이해를 반영하여 이들이 요구하는 성격특성을 반영한다고 본다. 이때 대응이란 한 사회의 경제구조가 학교에 반영되어 있는 상태를 뜻한다. 보울스와 긴티스에 따르면 직장에서 개인 간에 이루어져야 할 사회적 관계와 학교에서 이루어지는 사회적 관계는 서로 밀접하게 대응한다(Bowles & Gintis, 1976). 그래서 그들의 이론을 대응이론(correspondence theory)이라 한다. 대응이론에 따르면 학교는 노동구조적 사회관계와 대응하는 사회적 관계를 가르친다.

표 2-3 학교급에 따른 차별적 교육내용의 대응

학교급	교육내용	기업
고등교육	리더십, 창의력, 독립심	최고관리직
중등교육	일반 사무, 관리능력	중간관리직
초등교육	복종, 시간, 규칙 엄수	하위노동직

출처: 강창동(2015). p. 98.

보울스와 긴티스는 학교의 사회적 관계와 노동의 사회적 관계의 대응을 다음과 같은 네 가지 면에서 접근하였다(성낙돈 외, 2010; 김병성, 2008).

첫째, 학생과 노동자는 모두 권력을 가지고 있지 않다. 교육과정에 대한 학생의 참여는 매우 제한적이다.

둘째, 노동의 분업과 지식의 전문화, 세분화는 학생들 간의 경쟁과 분열을 조장한다.

셋째, 교육의 여러 수준은 직업구조의 여러 수준과 대응하며 직업구조에 따라 사람을 대응시킨다.

넷째, 교육은 노동과 마찬가지로 자체가 목적이기보다 목적을 위한 수단이다. 교육은 외적 보상인 자격증과 임금을 얻고자 하는 것이며, 노동은 이 분야와 비슷하다.

경제재생산론은 자본주의 사회에서 학교교육의 역할이 공정한 사회적 기관이라기보다는 사회적 위계관계, 즉 불평등 구조를 정당화·합법화·강화하는 재생산적 도구라는 새로운 해석을 해 주었다는 점에서 의의가 있다. 경제재생산론은 학교교육과 경제구조의 관계를 비교적 구체적으로 지적했다는 점에서 1970년대부터 지속적인 관심을 끌고 있다(이병환, 2014).

하지만 경제재생산이론은 학교교육의 역할을 경제구조에 한정시킴으로써 교수-학습 장면에서 일어나는 복잡한 관계를 단순화시키거나 간과하였으며, 학생들을 자본가 계급이 요구하는 수동적인 존재로 이해했다는 한계가 있다.

(2) 부르디외의 문화재생산론

부르디외(Bourideu)는 사회의 계급구조 유지는 단순히 경제적 측면에서만 계속되는 것이 아니라 문화를 매개로 하여 생활 전반에 걸쳐 지배계급에 유리하도록 사회체제가 계속되어 간다고 보았다. 학교가 사회적 지위를 누리는 지배집단의 문화에 정당성을 부여한다는 관점으로 학교교육을 통해 많은 학생이 지배문화를 자연스럽게 자신의 문화로 받아들인다는 것에 초점을 두었다(이훈병 · 황성원, 2014).

그는 학교가 중립적이고 객관적인 지식을 전달하는 것이 아니라 지배계급이 승인한 문화만을 주입시키고 이를 정당화하여 위계화된 기존의 사회질서를 자연스런 것으로 오인하게 한다고 하였다. 따라서 학교교육에서 지배계급의 자녀들은 학업성취와 학교활동에서 절대적으로 유리하다고 주장한다.

특정계급의 문화가 모든 사회구성원이 공유하는 상징체계로 등장하고, 피지배계급의 문화는 가치 있는 문화로 인정받지 못한다. 문화라고 하는 상징적 체계가 학교라는 교육체제를 통해 학생들에게 비판의식 없이 전달되어 동화되는 과정이 폭력을 행사하는 것과 같다는 의미로 '상징적 폭력(symbolic violence)'이라고 불렀다.

부르디외는 문화생활 국면에서 나타나고 있는 불평등 현상을 설명하기 위해 문화자본(cultural capital)이라는 개념을 구안하였다. 문화도 경제적 자본이 생산 · 분배 · 소비되는 것과 유사한 운동원리를 지니고 문화시장을 형성할 뿐만 아니라 소유한 문화는 화폐적 가치를 지닌다고 하였다. 부르디외가 말하는 문화자본은 아동기 사회화를 통해 획득되며 한 세대에서 다음 세대로 전수될 수 있는 문화적 인식, 지식, 기술, 언어능력 등을 포함하는 매우 다양한 자원을 망라한다(이병환, 2014).

부르디외에게 문화자본과 관련한 중요한 개념은 아비투스(Habitus)이다. 아비투스는 일정하게 구조화된 개인의 성향체계를 말한다. 아비투스를 가장 잘 드러내는 것이 '취향'이다. 어떤 옷을 입고 어떤 음악을 듣는지 등의 취향의 문제는 그야말로 개인적인 문제인 것처럼 보이지만, 사실은 계급적 질서를 반영한다. 취향을 통해 드러나는 아비투스는 객관적인 계급 혹은 계층 구조에 따라 구별될 수 있는 것으로서, 여기에는 지배와 피지배의 관계가 포함될 수밖에 없다. 이렇듯 그는 지배가 강압에 의해서가 아니라 문화적 수단에 의해 암묵적으로 일어난다고 말한다.

이상과 같은 부르디외의 문화재생산론에서는 다음과 같은 점이 강조되고 있다(성낙돈 외, 2010).

첫째, 학교교육은 지배계층이 문화를 학생에게 내면화시킴(상징적 폭력)으로써 자본주의 사회의 구조적 모순과 불평등을 정당화하고 재생산한다.

둘째, 지배계급은 그들만의 언어, 지위, 관습, 상징 등을 갖고 있는데 이를 통해서 그들의 사고방식이나 지배유형 또는 문화양식이 자연스러운 질서를 가진 것처럼 보이게 한다.

셋째, 이러한 상징적 폭력을 통해 학교교육이 사회적으로 정당화된다.

그는 교육은 이상주의자들이 주장하는 바와 같이 외부적인 요소로부터 독립된 것이 아니며, 또 경제적 재생산론자들의 주장과 같이 단순히 경제적 필요에 의하여 이용되는 것도 아니라고 했다. 따라서 교육은 오히려 불평등을 조장하고 있는 이러한 역할을 중단하고 진정으로 노동자들의 이익을 위하여 기능해야 한다고 주장했다.

문화재생산론은 자본주의 사회에서의 빈부격차와 사회문화의 차이를 입증한 이론으로 교육사회학 탐구에서 구조적 접근과 상호작용적 접근을 접목시켰으며, 경제결정론에 빠지지 않고 이데올로기를 이해할 수 있는 안목을 제공한 공헌점이 있으나, 재생산이라는 개념만으로는 복합적인 학교교육현상을 설명하는 것은 무리라는 점에서 비판을 받는다. 또한 문화구조가 학교교육의 모습에 영향을 주고, 이런 문화의 형태에 따라 학생들이 일방적으로 영향을 받는 수동적인 존재로 너무 단순화하고 있고, 경제재생산론과 마찬가지로 문화재생산의 논의가 권력지식과의 관계로 인식하여 계급관계와 같은 구조적 특징이 일상적 경험을 통해 사회관계가 재구조화되는 과정이 무시되었다.

(3) 번스타인의 사회언어학적 재생산이론

번스타인(Bernstein)은 사회언어학적 분석을 통하여 자본주의 사회의 불평등 재생산을 설명하고 있다. 사회언어학(socio-linguistic study)은 노동계급 학생의 학업실패의 원인을 '능력'이 아니라 언어적 측면에서 설명해 준다(김천기, 2008). 이 방면에 뛰어난 연구를 수행한 번스타인은 사회적 배경, 즉 계층에 따른 언어사용방식과 학교에서 사용하는 언어사용방식의 상관성을 분석하였다.

특히 그는 사회계층과 어법(codes)에 관한 연구를 통하여 계급재생산의 구조와 과정에 대한 통합적 분석을 통해 사회계급의 구성요소들은 유전의 규칙보다는 사회계급 자체가 증식시키는 의사전달규칙에 의해 더 잘 전달될 수 있음을 밝혔다. 그에 의하면 사회구조는 기본적으로 계급불평등의 체제이며, 불평등은 언어적으로 전달되는데, 이때 전달되는 중요한 메커니즘은 가족이라고 보았다. 가족의 계급적 지위는 어법의 기본적인 결정요인이 되는데, 노동계급은 제한된 어법을 중간 계급은 정교한 어법을 가정에서 발전시킨다. 정교한 어법을 활용하고 요구하는 학교에서 제한된 어법에 익숙한 노동계급 학생들은 상대적으로 빈약한 학업성취를 보인다. 번스타인은 소유와 자본의 통제에 의해 자신의 계급을 재생산하는 중간 계급이 의사소통의 지배적인 형태를 통제함으로써 그 지위를 유지하고 있음을 설명한다(Karabel & Halsey, 강순원 역, 1985).

다시 말해, 학교에서 사용되는 언어방식은 중류층이 사용하는 정교한 어법에 맞추어져 있어서 중류층 아동들이 학업성취에 더 많이 성공할 수 있다. 학교에서 가르치는 교육내용이 담고 있는 어법과 교사가 사용하는 어법이 중류층의 어법과 더 친숙함으로써 중류층 계급의 언어사용방식이 결국은 학교를 통하여 재생산되는 것이다. 즉, 노동계층의 학습부진은 자신들의 문화가 학교에서 거부당하였기 때문이지 그들의 능력이 중산층보다 열등한 까닭이 아니라는 것이다.

표 2-4 사회계층 배경에 따른 언어 사용방식 구분

구분	중류계층 이상(중산층)	하류계층(노동계급)
어법	표준어 (정교한 언어, 정련된 언어, 표현이 풍부한 언어)	대중어 (비정교한 언어, 비정련된 언어, 제한된 어법)
언어형식	보편적인 언어	특정한 상황에 얽매어 있는 방식(제한된 어법)
훈육하는 방식	인성적 통제	지위적 통제

출처: 한민석(2010). p. 104.

학교교육에서 유리한 문화자본을 갖지 못한 어린이들이 학교교육에서 탈락하거나 중도 포기함으로써 정교한 어법을 구사하는 어린이들은 상대적으로 더 유리한 문화자본을 획득하게 된다. 그리고 이것은 높은 사회적 지위의 성취에 연결됨으로써 학교교육은 계급재생산에 기여하고 있는 것이다(이건만, 2011). 번스타인의 사회언어학적 연구는 거시적 접근의 문화재생산론과 달리 교육사회학의 현상을 학급 내에서의 언어적 상호작용의 특성에 관해 미시적으로 접근하였다고 볼 수 있다.

(4) 지루의 저항이론

지루(Giroux)는 지배계급이 학교를 현상 유지를 위한 수단으로 이용하려고 하지만, 거기에는 저항하려는 성격을 가지고 있고, 또 학교가 가지고 있는 자율성은 상대적인 것으로 간주하면서 학교교육의 저항적인 성격과 상대적 자율성의 성격을 강조하였다. 즉, 학교교육이 사회계급 구조의 불평등을 그대로 보존하거나 이행하는 단순한 반영물이 아니라 오히려 학교교육을 통해 사회모순과 불평등에 도전할 수 있다는 점을 부각시킨다(이종각, 2013).

그는 재생산이론이 교육체제에 존재하는 인간의 자유와 자기 결정의 중요성에 대해서 올바른 평가를 하지 못했다고 했다. 재생산론자들이 학교를 공장이나 감옥으로 보고, 교사나 학생을 자본주의 사회의 논리나 현실에 따라서 꼭두각시처럼 움직이는 인형이나 인질로 생각하며, 인간이 역사를 창조한다는 것을 무시하고 있다고 보았다.

그러나 저항이론은 하층계급이나 집단의 능동적이고 혁신적인 역할을 인정하고 있다. 하층계급의 문화는 지배계급에 의해서 뿐만 아니라 자신들에 의해서도 창조되는 것이다. 이러한 상황에 살고 있는 학생들은 외부적인 영향을 받기도 하지만, 또한 그들 자신의 결정과 행동으로 생활하는 부분도 많이 가지고 있는 것이다.

학교에서 모든 학생들이 학교교육의 목표를 달성하거나 모범적 행위를 하는 것은 아니다. 흔히 학교에는 문제 학생이라고 불리는 학생들이 있다. 이들 학생들은 학업 성적도 낮고, 학교에 적응을 못하는 것으로 평가받는다. 하지만 저항이론에서는 이러한 학생들이 학업성적이 낮은 것은 지적능력이 떨어지거나 적응을 하지 못해서가 아니라 나름대로 의식을 갖고 학교의 지적 교수나 생활지도에 대해 반대하는 문화로 접근한다. 저항이론은 문제학생들에 대한 분석을 계급적 관점에서 접근하고 있다. 즉, 노동계급 학생들은 노동자 계급으로서의 문화적 정체성을 가지고 있으며 이로 인하여 학교에서 노동계급 학생들은 반학교문화를 형성하는 것이다. 노동계급의 학생이 성적이 낮아서 구조화된 교육체계의 능력주의에 의한 선발에 따라 선택권 없이 육체노동직에 떠밀려가는 것이 아니라, 자신의 계급정체성에 근거해서 이루어지는 선택적 행위로 보는 관점이다(김병희 외, 2011).

그러나 저항이론은 피지배집단의 저항과 투쟁의 요인에 대한 역사적 발달과정에 대한 분석이 결핍되어 있으며, 학생들의 표면적인 저항행위에만 초점을 두어 드러나지 않는 이면적인 행위에 대해서는 간과하는 경향이 있다. 또한 저항행위의 실체를 설득력 있게 제시할 수 있는 객관적이고 실증적인 연구가 부족하다는 측면에서 비판을 받는다(이종각, 2013).

(5) 콜린스의 지위경쟁이론

지위경쟁이론은 지위집단이론, 신베버학파 이론, 고전적 갈등이론 등으로 표현된다. 이 이론의 이론적 근거는 베버의 사회계급론에서 찾을 수 있다. 막스 베버(Max Weber)의 전통에 따라 학교교육의 팽창과정을 지위, 권력 및 명예를 위한 집단 간 경쟁의 결과로 설명하는 데 중요한 역할을 한 사람은 콜린스(Collins)이다.

1979년 출판된 콜린스의 『자격증 사회』에 의하면, 사회적 이해관계는 지위구조와 밀접한 관계가 있으며, 이런 이해관계는 지위집단이 선호하는 문화양식에서 영향을 받는다는 것이다. 지위집단이 선호하는 문화양식, 즉 가치와 신념체계, 삶의 양식 등은 그들의 이해관계를 반영하는 상징적 기제로서 작용한다. 이러한 지위집단은 사회적 이익을 유지하기 위해 그들이 선호하는 문화양식을 토대로 유기적 연대감을 형성하고 있다. 따라서 특정 지위집단에 진입하기 위해서는 그들의 문화양식을 체득해야만 공감대를 가질 수 있다(Collins, 1979). 이러한 관점에서 콜린스는 학교가 수행하고 있는 주된 활동이 교실 안팎에서 특정 지위문화를 가르치는 것이라 하였다. 학교는 기술적 지식의 전달보다 어휘 · 억양 · 의상 · 심미적 취향 · 가치와 예술 등의 지위문화를 중요시한다는 것이다(이병환, 2014). 학교가 특정 지위문화를 중요하게 다루는 것은 지배적인 지위집단이 다른 지위집단을 배제하기 위하여 특권적 지위와 문화를 강화한다는 것이다.

콜린스는 '지위문화'라는 개념을 고안해내어, 학교는 특정한 지위문화가 전달되는 곳이라는 점을 사립학교의 예를 들어 밝히고 있다. 사립학교들은 대부분 종교적 신념 또는 설립자의 정신을 보급시킬 목적으로 세워졌다. 이런 측면에서 보면 학교는 권력 있는 지위집단이 그들의 자녀들에게 특정한 문화적 가치를 전수시키기 위해 설립한 것이라 할 수 있다(이병환, 2014). 이와 같은 맥락에서 기업들이 대학졸업자들을 선호하는 이유는 그들이 월등한 기술을 지니고 있다고 생각하기 때문이 아니고 대학교육이 기업주들이 갖고 있는 것과 흡사한 동기와 사회적 경험을 제공한다고 판단하기 때문이다(Collins, 1971).

오늘날에는 말할 것도 없고 과거에도 학력과 사회적 지위는 불평등하게 배분되었다. 학교교육은 더 높은 사회적 지위와 연결되어 있고 모든 집단들이 교육을 통해 그들의 자녀들이 높은 지위를 얻도록 노력했다. 경제적 재생산이론에서는 경제적 생산수단이 경쟁목표이지만 지위경쟁이론에서는 경제적인 지위뿐만 아니라 사회적 지위, 명예, 계층적 지위 등 복합적인 요인을 목표로 하고 있으며 학교는 이러한 지위를 획득하기 위해 필요한 하나의 방편으로 본다(윤옥한, 2015).

학교문화가 직업 현장에서 고용집단의 문화와 일치할 때, 학교교육은 학생들의 직업을 찾고 구하는 데 일조한다. 이러한 학교는 직업획득을 위한 합법적 기준이 되며, 직업을 가지고 있는 사람들도 승진이나 더 높은 지위를 획득하고자 고학력을 필요로 한다. 이처럼 조직 내에서의 지위를 위한 경쟁은 결과적으로 학교교육에 대한 수요의 증가를 부채질한다. 양적인 측면에서 교육이 확대되면서 특정지위를 획득할 수 있는 자격은 인플레이션을 가져왔고, 더 많은 교육을 받아야 하는 것으로 경쟁이 더욱 치열해졌다. 이런 식으로 학교교육에 대한 수요를 증가시키며 교육이 팽창되었다는 입장이 지위경쟁이론이다. 이와 같은 시각에서 보면 앞으로도 학력은 더 높아질 것으로 전망할 수 있다(Hurn, 1978).

이상과 같은 지위집단이론은 많은 점에서 교육적 시사점을 주지만 다음과 같은 측면에서 이론의 한계를 지닌다(강창동, 2015).

첫째, 학력의 문화적 자격증 기능을 부인할 수 없지만, 현대사회의 교육은 특정 생산적 능력을 중요시하는 경향이 있다.

둘째, 고등교육 확대의 원인은 개인적 요구보다는 국가와 사회구조적 요구와도 많은 관계가 있다.

셋째, 학력 인플레이션의 원인은 교육적 요인보다는 산업사회의 구조적 요인과도 많은 관련이 있다.

03 CHAPTER

Sociology of Education

미시적 관점의 교육사회학 이론

사회를 보는 시각은 크게 거시적 관점과 미시적 관점으로 나뉜다. 미시적 관점은 해석학적 철학에 기초하는 데, 해석학(Hermeneutics)이란 말은 'Hermes', 즉 그리스 신화에서 신의 뜻을 인간에게 해석해서 전달하는 신에 유래를 갖고 있다. 해석학적 교육사회학 패러다임은 거시적 관점과 달리 사회구성원과 행위자의 행위 및 상호작용, 인간의 상호작용에 대한 이해 및 해석과 의미, 학교의 내적 상황 등에 초점을 두는 미시적 접근으로 법칙적 설명보다는 설명에 대한 적합성을 따지는 것으로 해석의 상대적 가치를 중시한다(김병희 외, 2011). 따라서 미시적 관점은 사회에서 발생되는 일들의 전후 맥락에 영향을 받는 사람들의 선택과 교환, 관계에 관심이 있으며 개인 간 상호작용 속에서 이루어지는 사회적 과정을 이해하고자 하고, 작은 것을 바라보고자 하는 노력에서부터 이루어진다(허은주 외, 2015).

교육사회학의 미시적 이론은 크게 1980년대 후반에 등장한 '해석학적 이론'과 1970년대 영국을 중심으로 등장한 '신교육사회학'으로 구분된다(윤덕중, 1994; 김신일, 2003; 김병성, 2008; 오만록, 2005).

표 3-1 기능주의 및 갈등주의와 해석적 관점의 사회에 대한 가정 비교

특징 \ 접근	기능주의 · 갈등주의	해석적 관점
관점	거시적, 결정론적	미시적, 이해론적
연구관심	사회구조	일상적 생활세계, 구성원의 행위에 부여하는 의미, 구성원 간 상호작용
인간의 본질	수동성, 사회화의 산물, 자유의지와 주체성 결여	주체성, 능동성, 상징성, 자유의지강조
사회과학의 목적	인간의 행위와 사회현상을 설명할 수 있는 과학적 법칙 탐구	사회적 행위의 해석적 이해를 통하여 행위자가 행위에 부여하는 의미규명
연구방법	실증주의적 연구방법, 과학적 조사 연구	해석적 이해, 관찰과 행위자와의 대화를 통한 질적 연구

출처: 김영화(2010). p. 50.

1 해석학적 이론

1) 현상학

(1) 기본관점

현상학은 현실에 대해 의미를 부여하는 인간의식에 관심을 기울인다. 현실에 존재하는 여러 대상은 인간이 그 대상의 의미를 자신의 의식 속에 구성함으로써 비로소 경험된다고 본다. 즉, 우리의 의식은 언제나 무엇에 대한 의식이며, 이 세계는 의식이 부여하는 의미를 통해서만 이해될 수 있다고 본다. 현상학에서는 대상의 실제 특성이 아니라 인간 '의식의 현상'으로서 대상을 탐구한다. 그러므로 현상학에서는 과학적 · 실증주의적 세계관, 즉 독립된 존재로서 객관적인 외부세계가 있고 그것은 미리 만들어진 대상으로 법칙적 설명이 가능한 세계라는 가정에 문제를 제기한다. 현상학에서는 현실이 '주어진 세계'가 아니라 '주관적으로 구성된 세계'라고 보는 입장에서 의미의 본질을 탐구하고자 하며, 흔히 믿고 있는 상식의 세계를 흔들어 재음미하고자 한다(이종각, 2013).

현상학의 주요 특징은 다음과 같다(Wilson, 1983). 첫째, 표출된 행위와 의도된 행위는 다르므로 외면적 행위만을 연구하는 것은 무의미하다고 간주한다. 둘째, 각 개인의 주관적인 내면세계와 경험, 즉 인식작용을 중시하며 구성원들이 공유하는 상호주관성과 실체 및 의미를 탐구하고자 노력한다. 셋째, 상호주관적인 삶의 세계에 관심을 가지며, 상황이나 맥락에 관한 반성적 성찰을 중시한다. 넷째, 특정 대상에 대하여 당연하게 받아들이는 전제나 선입견, 섣부른 이해나 판단 및 설명을 거부하며, 절대영점에서 출발하는 무전제의 접근을 취한다. 다섯째, 연구자 자신의 관점과 남의 관점을 상호 비교하며 심사숙고하는 반성적 접근을 강조한다. 여섯째, 기술문명과 물질주의 및 관료제 등에 의하여 초래된 인간소외의 본질을 파헤치려고 노력한다. 일곱째, 인본주의적인 접근을 취하며, 정의적 · 인격적 · 직접적 · 구체적 · 반지성적 · 주관적 · 실존적인 입장을 취한다. 여덟째, 실증주의적 접근방법을 비판한다.

(2) 교육과의 관계

교육현상학 연구의 전형은 교육의 여러 과정에 대해 생생하게 느끼는 참여자의 체험세계 또는 교육적 대상에게 의미를 부여하는 참여자의 의식세계를 기술함으로써 교육의 본질세계를 들여다보는 데 의도가 있다(김병성, 2008). 선입견을 배제하라는 현상학의 권고를 따르면 학생과 교사의 경험과 체험세계를 특정한 가설을 통해서가 아니라, 있는 그대로 파악하고 이해할 수 있다. 교육현장을 들여다보면 의식적이건 무의식적이건 당연한 것으로 받아들이는 전제나 가정이 많은데 이들은 가치중립적인 것이라기보다는 특정 가치를 반영하는 것이 대부분이다. 예컨대 '착한 학생', '좋은 선생님', '우등생' 등과 같은 말에는 이미 특정 가치가 내제되어 있기 때문이다. 교사가 '우둔'이라는 범주로 어떤 학생을 인식하는 경우 이는 학생의 성적이나 가정환경에 따른 선입견에 의한 범주일 수도 있다(김병욱, 2013). 교사는 학생에 대한 그와 같은 자신의 사실판단이나 가치판단의 실체에 관해 성찰을 해 볼 필요가 있다. 교수-학습과정에서 지혜로움이라든지, 어리석음과 같은 언어는 평가적 언어이므로 교사는 그 언어가 함의하고 있는 의미를 현상학적 시각에서 검토하고 논증해 보아야 한다. 여기에 속하는 대부분의 연구들은 주로 교육과정, 교수-학습과정, 교사와 학생의 실제적 관계 등에 집중된다.

교육사회학에 대한 현상학적 접근의 특징을 정리해 보면 다음과 같다(오만록, 2015). 첫째, 현상학적 접근은 미시적 사회분석의 근거를 마련해 준다. 둘째, 교육의 내부과정으로 관심을 주목시키는 것은 기능이론이나 갈등이론이 취했던 사회제도에 대한 목적론적 설명을 피할 수 있는 가능성을 제공해 준다. 셋째, 교육과 관련된 문제들을 상호주의적 차원으로 분석하게 해준다. 넷째, 교육사회학의 연구가 기술학(技術學)의 성격을 갖도록 해준다. 다섯째, 교육장면에서 주체자로서의 학생의 인식 및 느낌에 관심을 가짐으로써 '교육의 제반 과정에 무엇이 필요한가'라는 측면보다는 '받아들이는 자(학생)'의 관점이나 역할을 부각시켰다.

(3) 평가

현상학적 접근만으로는 행위자 밖에 존재하는 구조적 힘이 어떻게 작용하는지를 알아낼 수 없다는 한계점을 가지고 있다. 또한 현상학적 접근을 통한 교육의 현상을 파악하고자 할 때 유지되고 있는 현상에 직접적인 대면을 하지 않을 가능성도 있고, 상대주의에 빠질 수 있는 가능성이 크다는 등의 한계점을 가지고 있다.

2) 상징적 상호작용론

(1) 기본관점

상징적 상호작용론(symbolic interaction)은 해석학적인 이론의 대표적인 것으로 볼 수 있다. 상징(象徵)이란 어떤 사물이나 일의 성질 또는 사람들의 생각을 나타내는 구체적인 표시이다. 예를 들면, 언어 · 문자 · 기호 · 그림 · 소리 · 표정 · 몸짓 등이 있다. 인간은 상징을 통해 다른 사람들과 상호작용한다. 상징적 상호작용론은 이처럼 인간이 상징을 매개로 상호작용을 통해 개인과 사회에 관한 의미를 어떻게 창출해 내는가에 관심을 두는 이론이다.

상징적 상호작용론의 중심에는 사람들이 자신의 행위와 의미를 구성한다고 하는 생각이 자리 잡고 있다. 규칙성을 지닌 어떤 구조나 사회체계가 이미 존재한다고 보지 않고, 사람들이 상호작용하는 사회적 맥락

안에서 의미 있는 구조나 사회체계가 만들어진다고 본다. 그래서 상호작용론은 사람들이 의사소통하면서 의미를 지니는 말, 몸짓, 상징, 개념 등을 중요하게 다룬다. 그런데 이것들은 고정된 의미를 지닌 것이 아니고 상황이나 문화에 따라 그 의미가 달라지는 다의성을 지닌다(Bennett & LeCompte, 1990). 따라서 인간에 대한 이해는 바로 그 인간이 처한 상황, 수준으로 이해되어야 하며, 그러한 행위를 유발하도록 하는 사회적 관계와 맥락을 연구할 때보다 더 잘 설명될 수 있다.

다시 말해, 말(word) 자체가 고유의 의미를 지닌 것은 아니고 그것은 단지 소리에 지나지 않는다. 그러나 사람들이 그 소리가 특정 의미를 지닌다고 의견 일치를 보일 때 비로소 말이 되는 것이다. 사회구성원들이 일정한 상징에 담겨 있는 의미를 제대로 이해하고 또 그에 맞게 행동하기 때문에 사회질서가 안정적으로 유지되는 것이다.

또한 개인이 처한 상황이나 수준에 따라 상징의 의미는 다의성을 지니는데, 예를 들면 학교라는 개념은 어떤 사람들에게는 즐겁고 자유스러운 곳이지만, 다른 사람들에게는 학교가 지루하고 구속적인 곳으로 보일 수도 있고, 감옥이나 군대의 내무반과 같은 곳으로 여겨질 수도 있다. 뿐만 아니라 똑같은 사람에게도 한 자루의 분필이 어떤 경우에는 판서 도구가 될 수도 있고, 또 다른 경우에는 미사일이 될 수도 있다(Woods, 손직수 역, 1998).

이상과 같은 상징적 상호작용이론이 강조하거나 전제하는 바를 네 가지로 정리하여 제시하면 다음과 같다(Wilson, 1983).

첫째, 개인의 자아형성은 사회에서의 상호작용의 결과이다. 즉 각 개인은 일상생활에 있어서의 다양한 상황에서 접하는 타인의 눈을 통해서 자신을 알게 된다.

둘째, 개인은 타인과의 상호작용을 통하여 의미를 파악하고, 그 의미를 토대로 자신의 생활을 조직해 나간다.

셋째, 상호작용적 관계에 있는 쌍방은 각각 자신의 행동에 대하여 상대방이 어떻게 반응할 것인가를 예견하고 상호 용납할 수 있는 방법으로 상황을 정의하며, 상호 수용할 수 있는 한계를 설정한다.

넷째, 사회를 개인들 간의 상호작용관계로 간주하며, 따라서 사회를 정태적(情態的)인 불변의 구조로 보는 기능이론과는 달리, 과정적이고 역동적인 측면을 강조한다.

(2) 교육과의 관계

교육학적 입장에서 볼 때, 사람은 사물이 그 사람에게 주는 의미에 기초하여 사람이나 사물을 향해 행동한다는 기본 가정은 교사나 학생들이 학교의 여러 구성원들로부터 받는 의미나 기대에 따라 행동한다고 볼 수 있다(김병성, 2008).

상징적 상호작용론과 관련된 대표적인 이론은 낙인이론(labeling)과 자기충족예언이론(self-fulfiling prophecy)이다. 낙인이론은 교사나 다른 학교의 구성원들로부터 받은 기대나 의미에 따라서 학생의 행동에 대해 잘하는 또는 잘못한다는 낙인을 부여한다는 것이다. 자기충족예언이론은 한 예언이 형성되면 그 예언이 인간 행동에 어떤 구속력을 가하여 바로 예언 자체의 실현을 위한 강력한 수단이 된다는 것으로, 교사의 학생에 대한 기대가 학생의 학습태도나 학습결과에 영향을 미친다는 것이다. 교사와 학생들 간에는 복잡한 관계가 끊임없이 진행되면서 관계가 형성·발전되기 때문에 교실의 수업은 교사와 학생의 상호관계를 연구하지 않고서는 이해가 불가능하다는 것이 이들의 주장이다.

이러한 상징적 상호작용론은 학교교육의 불평등 원인을 교사에게서 찾으려는 교사의 기대효과와 교사와 학생의 상호작용의 결과로 형성되는 학교학습풍토와 학구적 규범 등 학교 및 학급의 역동성을 이해하는 데 도움을 준다. 그리고 학교 및 학급 내의 상호작용, 학교효과, 교육격차, 학교 및 학급풍토, 교육과정 및 언어, 학교문화, 교사 기대효과 등을 주요한 연구주제로 삼고 있다(주동범 외, 2015).

(3) 평가

교육의 능동적인 역할을 인정하고, 정치나 경제와 같은 객관적 외부적인 요인에 대한 관심보다도 학교의 실제와 관련하여 교사와 학생들의 행동에서 교사가 학생들을 어떻게 생각하고 의미를 부여하며, 학생은 이에 따라 교사에게 어떻게 반응하는지를 설명해줌으로써 사회구성원들 간의 관계, 학업성취, 행동양식 등에 대한 이해의 폭을 넓혀주었다고 할 수 있다. 즉, 이들은 교육의 주체성을 인정하고, 교실에서 일어나는 교사와 학생의 상호작용을 중요시하여 교육현장에 대한 이해를 높였다는 긍정적인 평가를 받고 있다.

하지만 교사와 학생들에 관한 상호작용론자들의 주장에는 몇 가지 비판이 따른다. 우선 교사와 학생들의 유형이 어떻게 해서 형성되는지에 대해서 명확한 설명이 없고, 또 학생들의 교육에서 매우 중요한 위치를 차지하고 있는 교육의 제도적인 측면을 소홀히 여겼다는 비판을 받고 있다. 그리고 가장 중요한 비판은 교육의 능동성을 강조한 나머지 교육에 제약을 주는 정치, 경제 등 교육주체자들의 의도 밖에 놓여 있는 구조적 힘들이 어떻게 작용하고 있는지에 관해서는 무관심하다는 비판을 받고 있다. 외부적인 요인을 너무 무시했기 때문에 이상에 치우친 나머지 교육을 현실적으로 이해하는 데 문제가 있다는 것이다(차경수 외, 2006).

3) 민속방법론

(1) 기본관점

민속방법론은 미국의 사회학자 가핑클(Garfinkel)에 의해 처음 사용되었고, 이 방법은 후설(Husserl)의 현상학을 인식론적 관점에서 사회학적 관점으로 옮겨 놓은 사회학자 슐츠(Schultz)에 의해 이론적으로 성숙되었으며, 기어츠(Geertz)에 의해 더욱 정교화되었다(허은주 외, 2011).

민속방법론은 개인들이 사회적 상호작용을 통하여 사회적 현실에 대한 감각을 창출·유지·변화시켜 간다고 보고 그러한 일상적 실천과정에 관심을 갖는다(백승대, 1985; 정용교, 2001). 즉, 개인들이 일상적 생활체계의 의미를 만들어내고 구성하는 데 활용하는 실천과 방법들을 탐구하고 설명하는 학문이다.

민속방법론의 핵심개념은 설명(account), 지표성(indexicality), 상호구성성(reflexivity)이다(백승대, 1985). 첫째, 설명은 사회구성원들이 사회적 상호작용 속에서 사회적 현실에 대한 감각을 창출해내는 활동이다. 사회구성원들은 주관적 설명 활동을 통하여 상호주관적이고 사실적 지위가 부여된 사회세계를 창출한다. 둘째, 지표성은 사회구성원들이 일상생활에서 주고받는 담화, 몸짓, 신호, 기타 정보들이 특정 맥락에 의존하여 의미를 지님을 뜻한다. 그런데 그러한 맥락은 사회구성원들이 끊임없이 구성해내는 것이므로 무한히 상세하게 규정될 수 있다. 셋째, 상호구성성은 설명과 맥락이 서로를 구성 및 규제하므로 해석의 무한한 순환을 낳는 특성이다. 맥락과 설명의 의미는 상호작용에 참여하는 사람들이 특정한 경우 구성해낸 해석이며 이후 재구성된다.

인간행동을 '의미의 구성체'로 간주하고, 이 의미구조와 관련되는 사회적 맥락을 밝히는 데 주된 관심을 가지며, 사회적 상황에 대해 구성원들이 부여하는 의미, 이해, 해석, 구조 등을 탐구하는 데 중점을 두는(오만록, 2015) 민속방법론은 인류학에서 활용되고 있는 연구방법의 하나로 대표적인 질적 연구방법이라 할 수 있다. 양적인 통계연구방법과 구분되는 민속방법의 특징을 기술하면 다음과 같다.

첫째, 장기적·집중적 참여관찰, 심층면접, 현장조사, 상호작용방법, 비실험적 접근방법 등을 통해 연구자들이 자연스러운 사회적 상황 속에서 문화주체자(현지인)의 관점으로 특정 집단의 생활양식을 탐색하여 기술한다.

둘째, 총체적 접근방법으로 추적 가능한 모든 변인 간의 관계나 의미를 있는 그대로 전체적으로 사회문화적 맥락에서 파악하려는 관점이다.

셋째, 탐색적 · 개방적 접근방법이라고 할 수 있다. 처음부터 문제가 엄격하게 반드시 고정되어 있는 것이 아니라 문제는 탐색과정을 거쳐 설정되고 계속 수정 · 보완될 수 있다.

넷째, 문화주체자(현지인)의 의미의 관점에서 사건이나 현상을 이해하고자 노력한다.

다섯째, 연구결과 보고의 경우 문화기술지, 민속지라고 하는 기술적 형태로서의 연구결과를 취한다. 이러한 의미에서 민속방법론은 문화기술법, 민속지학법 등 다양한 용어로 명명되고 있다(이승수, 2013).

앞에서 논의한 상징적 상호작용론과 민속방법론은 모두 사회적 상호작용에 초점을 두나, 상징적 상호작용론은 의미의 의식적인 창출과 이해를 강조하는 반면, 민속방법론은 반드시 무의식적이라고는 할 수 없지만, 특정의 구성원들이 자신들의 삶에 대하여 갖는 심층적인 의식을 밝히는데 중점을 둔다는 점에서 이 두 이론은 근본적인 차이가 있다(오만록, 2015).

(2) 교육과의 관계

특정 구성원들의 생활양식에 대한 폭넓은 자료를 찾아내기 위하여 연구자가 현지에 장기간 머물면서 그 구성원들의 관점에서 제반 상황을 파악한다는 점이 민속방법론의 특징이다(김병성, 2008). 이는 특정 지역이나 집단의 교육적 특징이나 특수상황 또는 과정과 체제 등에 대하여 질적인 연구와 이해를 하고자 할 때 유용하게 활용될 수 있다.

또한 민속방법론은 교실상황에서 학생 개인의 행동성향을 분석하고 원인을 찾아내는 데 적용하고, 가정배경이나 실제 생활과정에 총체적 관심을 가지고 종합적으로 접근한다(이병환, 2014).

(3) 평가

전통적 방법론의 대안으로서 등장한 민속방법론은 다음과 같은 문제점이 지적된다(Kneller, 전경갑·이영주 역, 1987). 첫째, 지나치게 편협한 문제에 집착해 왔고, 둘째, 일상적 생활세계에 편재하고 있는 갈등과 대립을 과소평가함과 동시에 합의와 질서만을 기술해 왔으며, 셋째, 사회적 행위를 제약하는 구조적 요인을 외면하고, 넷째, 사회 및 역사 발전의 뚜렷한 궁극 목표를 제시하지 못하고 현상의 기술에만 집중하고 있다.

표 3-2 해석학적 이론과 방법론의 비교

영역 \ 방법론	현상학	상징적 상호작용론	민속방법론
관련학문	사회학	사회학	인류학, 사회학
시작	1920년대	1930년대	1960년대
선구자 및 대표자	Husserl, Schultz	Blumer	Garfinkel, Geertz
주된 관심	주관적 의식작용	상호작용	맥락의 이해
주목적	이해	해석	기술
연구대상	생활체계	상징체계	행동
이해의 핵심	의미	의미	의미
연구방법	성찰, 관조	자연적 방법	참여관찰 및 통찰
방법체계	유	유	유

출처: 김병성(2008). p. 79.

2 신교육사회학

신교육사회학이라는 용어는 1972년에 고버트(Gorbutt)가 처음 사용한 것으로 알려져 있다. 그러나 신교육사회학의 이론적 발전에 가장 중요한 공헌을 한 사람은 영(Young)이며 1970년대와 1980년대에 걸쳐 비슷한 시각의 학교교육을 논의한 신교육사회학자로 번스타인(Bernstein)이 있으며 이후 이글스턴(Eggleston), 번바움(Bernbaum), 머스그레이브(Musgrave) 등에 의해 발전하였다.

신교육사회학은 '지식사회학'과 '교육과정사회학'에 논의의 초점을 두기 때문에 신교육사회학은 교육과정에 대한 지식사회학적 연구라고 할 수 있는데, 1970년대 미국을 중심으로 갈등이론이 발전하는 동안 영국에서는 기능주의적 접근에 대한 반발로 신교육사회학이 대두되어 발전하였다.

신교육사회학 이론은 학자들마다 조금씩 다른 특징을 보이고 있으나 공통적으로 가장 강조되는 것은 지식을 사회적 구성물로 보는 것이다. 신교육사회학의 관점에서 지식을 정리하면 다음과 같다(주동범 외, 2015). 지식을 인간의 산물이라고 할 때 어떠한 상황에서 어떠한 인간의 집단이 지식을 창조하고 분배하며 해석하는가 하는 것이 당연히 문제가 된다. 왜냐하면 사회의 구성원들이 현실을 인식하는 것이 이러한 지식의 창조나 해석에 크게 의존하기 때문이다. 이것은 바로 사회를 이끌고 가는 이념의 문제로 해석할 수 있으며, 이때 그 지식을 창조하고 정당화하는 권력집단들 사이에는 매우 밀접한 관계가 형성된다. 이와 같은 주장은 첫째, 지식과 진리를 인간의 산물로 보고, 둘째, 현실에 대한 인식은 지식과 진리의 해석과 의미에 크게 의존하며, 셋째, 따라서 지식을 정당화하는 권력집단은 매우 중요한 의미를 가진다는 것으로 요약될 수 있다.

신교육사회학은 교육현상을 두 가지로 요약하였는데, 첫 번째는 학교지식을 누구의 관점에서 볼 것인가? 하는 점이다. 학문적으로 지식사회학에 기반하여 모든 지식은 인간이 만들어낸 산물이고, 그렇기 때문에 지식은 바뀌고 상대적인 것으로 본다. 어떠한 상황에서 어떠한 인간의 집단이 지식을 창조하고 분배하며 해석하는가 하는 것이 당연히 문제가 된다. 이 점은 기존 학교교육과정의 지식이 지배계급을 중심으로 구성되었음을 지적한 것으로 노동자 계급과 일반 대중의 문화와 역사는 지금까지 교과서 내용의 선택 과정에서 배제되어 왔음을 의미한다.

두 번째는 문화전달과정으로서의 학교교육에 관한 논의를 가정과 같은 귀속적 요인·개인적 요인에서 벗어나 정치적 문제로 확장시켰다는 점에서 관점의 전환을 가져왔다. 교육 조직과 교육과정, 교사에 의해 판단되는 학생의 능력, 지능, 이에 대한 평가도 사회적 산물이라고 주장하면서 학교 내부의 과정, 즉 학교의 교육과정, 교사와 학생의 상호관계, 교사가 학생에게 갖게 되는 고정관념과 평가기준 등에 새로운 관심을 갖는다(김종두, 2013).

다시 말해, 신교육사회학을 주장하는 학자들은 기능이론이 '검은 상자'로 취급되어 온 학교교육의 내적 과정 즉 지식과 교육과정의 조직 및 전달, 교수법과 평가의 범주, 학교나 교실에서의 상호작용에 대해서는 중요하게 다루지 않았다고 비판하면서, 해석학적 패러다임을 가지고 주관적 이해나 이데올로기와 같은 교육의 내부적 요인을 강조하였으며, 비판적 시각으로 사회적 혁신이 일어나지 않으면 교육의 혁신도 성공할 수 없다고 주장하였다.

신교육사회학에 공헌한 몇몇 학자들의 주장을 살펴보면 다음과 같다.

- 고버트(Gorbutt): 「신교육사회학」이란 논문에서 이 용어를 처음 사용한 것으로 알려져 있다. 그는 학교교육에 있어서 가장 중요한 요소는 교육내용이라는 점을 강조하면서, 학교교육에 관한 연구에서는 교육내용의 성격에 대하여 탐구하여야 한다고 주장하였다(오만록, 2015).
- 영(Young): 신교육사회학의 형성에 실질적으로 큰 공헌을 하였으며, 신교육사회학을 갈등론적 관점에서 논의하기 시작하였다. 「지식과 통제: 교육사회학의 새로운 방향」에서 기존의 교육사회학은 사회계층, 교육의 기회분배, 학습효과 등에만 관심을 집중하여 학교 내부 현상에 등한시하였다고 비판하면서 지식의 사회성에 눈을 돌려야 하며, 지식사회학적 시각에 입각하여 학교 내에서 진행되는 교육과정을 연구하고 이에 대해 해석할 것을 주장하였다. 즉 그는 신교육사회학은 언어나 교육과정의 사회학적 연구에 관심을 모아야 하며,

지식의 사회적 조직의 문제, 즉 어떤 지식과 기준에 의해 교육이 조정되고 지배되느냐 하는 것에 관심을 두어야 한다고 주장하였다(오만록, 2015).

- 번스타인(Bernstein) : 영국의 교육학자이자 사회학자인 번스타인은 노동자계층 출신 학생들과 교사로서 접촉을 함으로써 사회언어학적 연구에 몰두하게 되었으며 그들이 학교에서 요구하는 표준영어를 잘 구사할 수 없는 데서 생기는 손해를 인식하고 그 시정책을 강구하기 위한 연구를 필생의 과업으로 삼게 된 이후 무려 15년(1956~1973) 이상의 기나긴 기간 동안에 걸쳐 "계층 특유의 언어수행 이론"을 해명하는 데 바쳤다(김동위, 2004). 특히 그의 사회계층과 어법에 관한 연구는 계급을 재생산하는 사회의 구조와 과정을 통합해서 연구할 수 있는 가능성을 시사하였다. 여기에서 그는 사회계층의 근원은 유전인자에 의하기보다는 사회계층 자체가 만들어낸 의사소통을 위한 어법에 의해서 세대 간 전달된다고 주장하면서, 학교의 교육내용과 학교 내부의 현상에 대한 연구를 강조하였으며, 교육내용의 연구가 교육사회학에서 차지하는 중요성을 인식시키며 신교육사회학의 발전에 공헌하였다(오만록, 2015).
- 이글스톤(Eggleston) : 그동안의 교육과정의 관점을 수용적 관점과 반성적 관점으로 보고, 학교에서 가르쳐지고 있는 교육과정을 통하여 가치와 권력체계를 분석할 수 있는 모형으로 재구조화의 관점을 제시하고 있다. 수용적 관점은 사회질서 내 지식체계를 구성하고 있는 다른 요소들과 마찬가지로 교육과정 지식도 귀속적이고 도저히 타협할 수 없는 하나의 수동적인 이해체계로 보고 있으며 합의적인 관점이라 할 수 있다. 반성적 관점은 교육과정 지식을 타협 가능한 것으로 보아 그 내용을 적법하게 비판·주장할 수 있고, 새로운 교육과정의 구성도 허용된다. 이글스톤은 학교의 교육과정에 담긴 지식의 실재와 그 속에서 일어날 수 있는 변화의 가능성을 밝혀주는 이해 양식으로 수용적 관점과 반성적 관점이 상호 결합될 수 있는

것으로 재구조화의 관점을 제안하고 있다. 따라서 재구조화 과정론이 설명하고자 하는 문제는 "우리가 교육과정을 통하여 학생들이 권력에 대해 지니고 있는 사회적 상황을 어떻게 조성할 수 있는가?"이다(김경식 외, 2011).

- 애플(Apple): 애플은 학교에서 누구의 지식이 정당화되는가 하는 문제에 관해 오랫동안 사유해 온 교육사회학자로 학교지식의 선정이나 조직이 특정한 계급과 사회집단의 이해를 반영하고 있다는 점을 밝히려고 노력해왔다. 애플에 의하면, 지배집단은 공식적인 지배메커니즘(경제, 권력 등)을 사용하지 않고도 학교교육을 통하여 사람들의 의식구조를 유지 또는 변화시킴으로써 사회를 통제하게 된다. 학교교육은 지배계층의 문화(지식과 가치)를 주로 다룸으로써 피지배계층으로 하여금 그것을 일방적으로 수용하도록 한다. 일상생활과 사회의식 속에 깊이 스며 있는 지배집단의 의미체계 및 가치체계를 헤게모니(hegemony)라고 하는 데, 학교의 교육과정 속에는 이러한 헤게모니가 깊숙이 내재해 있어 학교는 자연스럽게 문화적·이념적 헤게모니의 매개자로서의 역할을 수행함으로써 사회를 통제하게 된다. 그의 저서 『교육과 권력』, 『교육에 있어서의 문화적, 경제적 재생산』에서는 학교의 기능을 재생산 측면에서만 보는 것은 너무 단순한 것이라고 했다. 그는 학교는 매우 복잡하고, 거기에는 투쟁과 갈등이 있으며, 결코 학생을 일정한 틀에 맞추어서 수동적으로 움직이는 기계로 만드는 곳은 아니라고 하면서, 학교에서 학생들은 불공평한 사회구조를 인식하고 그것에 도전하게 된다고 했다(Apple, 1982a, 1982b).

이상과 같은 신교육사회학의 특징을 정리해보면, 먼저 신교육사회학은 교육에 있어서 이념을 중요시하였다. 즉 무엇이 인간사회에서 지식으로 만들어졌는가에 대한 출발점으로서의 지식의 전제, 가정, 사회의 가치관, 인생과 교육의 목적 그 자체에 대한 분석과 검토 등을 강조하고 있다. 신교육사회학자들은 지식, 진리, 진리의 타당성은 모두 사회적 구성물이라고 하고 있으며, 교사가 판단하는 학생들의 능력, 지능, 이와 관련하여 평가되는 학생들의 학교에서의 성공과 실패도 모두 사회적 산물이라고 주장하고 있다. 교육의 기회균등, 교육의 효율성, 일탈자에 대한 통제, 사회계층이나 가정환경을 학업성적 결정의 요인으로 보는 것은 구교육사회학이라 하고, 신교육사회학은 학생의 선발, 지식의 조직, 교육이념, 가치의 분석, 교육과정 등에 보다 더 많은 관심을 가져야 한다고 주장하고 있다(차경수 외, 2006).

이와 같은 신교육사회학 이론은 교육의 사회적인 측면을 인정하고 교육이념이나 가치 등을 강조하면서 교육활동에서 학습자의 주체적인 참여를 부각시킨 점, 교육사회학 분야에서 소홀히 취급된 교육과정의 중요성을 강조한 것 등은 기존의 이론과는 색다른 측면을 가지면서 긍정적으로 평가되고 있다(주동범 외, 2015). 그러나 지나치게 지식의 보편성을 부인하고 사회의 역사적·문화적 전통에 대해 소홀하였으며, 경험적인 연구결과의 부족과 구체적인 실천모형을 제시하지 않아서 신교육사회학자들의 주장을 실제로 교육현장에 적용시킬 때 어려운 점이 있다.

04 CHAPTER

Sociology of Education

사회화와 교육

사회화란 교육의 기능 중에서 가장 중요한 기능 중의 하나이다. 인간이 속해 있는 사회에서 인간은 교육을 통하여 그 사회의 문화와 도덕 그리고 윤리 및 가치 체계를 전수하게 된다. 이러한 교육을 통한 전수 과정을 사회화라고 할 수 있다. 이 장에서는 먼저 사회화의 개념에 대해서 알아보며 사회화의 내용 및 방법 그리고 기능적인 면 등에 대해서 알아보고자 한다.

1 사회화의 정의

1) 사회화의 개념

인간은 태어나서 죽을 때까지 사회라는 테두리 안에서 살아간다. 사회 속에서 인간은 사회의 가치, 규범과 제도 그리고 문화를 습득하면서 그 사회의 구성원으로 성장·발달한다. 인간은 교육을 통하여 사회적 인간으로 성숙하며 변화하게 된다. 인간이 속한 사회 속에서 교육을 통하여 사회적 가치나 습관 문화 등을 습득하여 내면화(interalization)하고, 좀 더 성숙한 사회의 일원으로 자신만의 독특한 개성과 자아를 형성해 나간다. 이렇게 사회의 일원으로서 성장·발달하며 구성원으로 필요한 지식을 배우는 과정을 사회화(socialization)라고 한다.

즉, 인간은 사회적 동물로 미완성체로 태어나게 되어 다른 동물들과는 다르게 오랜 기간 성장과정을 거치게 된다. 비록 인간은 덜 성장·발달한 유기체적인 동물에 불과하지만 사회 속에서 그 사회에서 필요한 행동, 언어, 가치, 도덕, 규범 등 그 사회의 문화를 습득하며 배워나가게 된다. 이러한 과정을 통하여 인간은 좀 더 성숙한 사회적 존재로 바뀌어 가게 된다. 이러한 과정을 사회화라고 한다.

인류학자들에게 있어서 사회화 과정이란 한 세대에서부터 다음 세대로의 문화전달과정이라고 여긴다. 이러한 문화전달과정을 문화화(enculturation)라고 한다. 문화화란 인류학자들에게 사회화와 동등한 뜻으로 생각하며 인간이 사회 속에서 문화적 관행, 규범, 가치 등을 공식적 혹은 비공식적으로 배워나가며 습득하는 과정을 말한다.

사회학자들에게 사회화 과정은 두 가지 측면에서 이야기한다. 첫째는, 구조기능주의적인 관점으로 자신이 속한 사회 안에서 적절한 사회적 역할에 대해 습득하는 것이다. 둘째는, 사회화를 자아개념을 형성해 가는 측면으로 사회 속에서 개인은 자신만의 독특한 자아를 형성하고 정체성을 확립해 간다.

이러한 사회화 전개과정을 간단히 정리하면 다음과 같다.

덜 성숙한 인간 → 가치, 규범 및 문화 습득 → 성숙한 인간

사회화 과정은 두 가지 관점에서 볼 수 있는데, 첫째는 개인적 입장으로, 한 개인이 속한 사회의 가치, 규범 및 문화 등을 내면화하여 자신의 정체성을 형성해 가는 것이며, 둘째로 사회적인 입장으로 한 사회가 가지고 있는 가치체계나 혹은 문화 등을 개인에게 전수하는 과정이다. 이러한 과정을 통하여 개인이 모인 사회는 계속해서 유지·발달되어 간다.

사회화에 대한 학자들의 입장을 살펴보면 다음과 같다. 먼저 뒤르켐(Durkheim)은 사회란 그 사회에 속한 구성원들이 동질성을 가지고 있어야 유지·존속될 수 있기 때문에 그 구성원들은 어려서부터 그 동질성을 내면화하고 습관화해야 한다고 보았다. 즉 인간은 태어날 때 비사회적인 존재이지만 사회라는 집단을 통하여 사회의 규범 및 가치체계 등을 내면화시켜 사회적 존재가 되어가는 것이다. 이러한 그의 관점은 구조기능주의 방식으로 사회화를 설명한 가장 전통적인 방식으로 알려지게 되었다. 그러나 이러한 사회화의 방식은 인간을 단순히 사회규범 및 가치체계 그리고 문화 등을 수동적으로 답습하는 수동적 존재로 인식하게 되었으며, 이러한 부분에 대해 학자들의 비판이 있게 되었다.

1960년대 말부터 사회학에서 구조기능주의 관점이 점점 쇠퇴하면서 상호주의적 관점이 대두되게 되었다. 구조기능주의 관점에서 사회화란 개인보다 사회를 중심으로 두는 반면에 상호주의 관점에서 사회화란 사회와 개인 모두 상호적인 관계에서 이루어진다는 것이다. 즉 사회적으로는 사회체제와 가치체계, 문화유지와 개인적으로는 성장발달이라는 두 가지가 서로 상호적으로 이루어진다.

George Herbert Mead
(1863~1931)

미드(Mead)는 한 사회에 속한 구성원들이 사회와의 상호작용이 끊임없이 계속된다고 하는 상호작용적 사회화를 주장하였다.

기능주의의 관점은 사회의 가치, 규범 또한 문화유지에 지나치게 관심을 둔 나머지 사회의 구성원인 한 인간은 개성과 정체성을 잃어버린 채 수동적인 사회화를 경험하게 된다. 그러나 상호작용적 입장에서는 사회구성원인 한 개인은 단순히 사회화를 위한 수동적인 존재가 아니다. 기능주의 입장에서 자아는 자기 정체성을 잃어버리게 된다. 이러한 관점의 사회화 과정은 인간의 본성과 자유에 대한 억압과 왜곡이라는 것이다. 그렇기에 상호주의적인 사회화는 사회가 일방적으로 인간에게 요구하는 것이 아니라 인간의 자유와 본성을 유지한 채 상호작용하는 존재로 본다.

그렇기에 미드는 인간은 사회 속에서 사회의 가치체계, 규범 및 문화 등과 계속된 상호작용 속에서 자신의 정체성을 형성해 간다고 보았다. 그는 언어나 표정 등과 같은 상징을 통하여 사회 속에 있는 타인과 부단한 상호작용을 통하여 자신의 자아를 만들어 가는 사회화의 상호작용론을 주장하였다.

2) 사회화의 내용

사회화란 자신이 속한 사회에서 성숙되지 않은 생물학적인 인간이 태어나서 성숙한 인간으로 자라면서, 사회에 적응하는 과정 속에 자기가 속한 사회를 유지시키며, 문화를 전승하는 기능과 자신의 자아를 실현하고 자기 정체성을 실현하기 위해 서로 상호적으로 작용하는 것을 말한다.

이러한 사회화 과정에서 한 인간이 태어나 자라면서 배우는 사회의 모든 문화와 행동양식을 사회화의 내용이라 한다. 즉, 성장해 가면서 인간은 그 사회의 언어와 새로운 지식, 가치, 규범, 제도 등을 학습하게 된다. 이러한 것들이 사회화의 내용이 된다.

이러한 사회화의 과정을 두 가지로 나눌 수 있는데, 첫째로 1차적 사회화 과정이다. 1차적 사회화 과정은 보통 가정에서 일어나는데, 아이들이 부모를 바라보며 그것을 자신의 것으로 내면화한다. 먹는 것, 씻는 것, 정리하는 것 등 아동은 가족을 통해 사회화를 배우게 된다. 아동은 1차적 사회화를 통하여 언어나 필요한 상징 등을 배울 수 있다. 두 번째는 2차적 사회화 과정이다. 1차적 사회화 과정을 통하여 인간은 직장을 가지게 되면서 2차적 사회화 과정에 이르게 된다. 여기에서 사회적 규범과 제도, 가치 등을 배울 수 있다

또한 사회화의 내용을 다음과 같이 두 부분으로도 나눌 수 있다.

첫째로 언어와 상징이다. 상징에는 동작 혹은 기호 등이 포함되며 인간은 자신이 속한 사회에 상징물들과 언어를 통하여 상호 간의 의사소통과 사회적 관계를 이루어나간다. 둘째로 사회화의 내용으로 가치관, 규범, 혹은 제도 등을 들 수 있다. 이러한 것들은 자신이 속한 사회에서 행위자의 올바른 방향을 제시하는 것이며, 사회 통제의 역할도 하는 것으로 도덕, 법률, 관습, 금기 등으로 말할 수 있다.

인간은 자신이 속한 사회에서 사회화의 내용을 배우며 성장해간다. 이러한 사회화의 중요한 특징은 다음과 같다.

첫째로 사회화 과정은 학습을 통해서 이루어진다. 물론 학습이란 혼자서 배우는 경우도 있다. 그러나 사회화 과정에서는 다른 사람들과 상호작용 속에서 이루어지는 것을 말한다. 가정에서 부모와 형제, 자매 그리고 학교를 다니면서 친구들을 통하여 그리고 교사를 통하여 더 나아가서 직장 동료 등을 통해서 학습이 이루어진다. 이 사람들과의 상호작용을 통하여 동일시가 일어나며, 모방 등을 통하여 내면화 작업이 이루어지는데 이것이 학습이다.

둘째로 사회화 과정은 개인의 자아발견과 인격의 형성과정이다. 사회화 과정에서 사회의 관습, 가치체계, 도덕 등을 배워나가는 것은 중요하다. 사회화의 상호작용에 관한 이론에 따르면 개인의 입장에서 사회화는 개인의 자아발견과 인격성장이 중요한 주제가 된다. 그렇기에 사회 속에서 한 개인의 정체성을 형성해 나가는 것은 사회화의 중요한 과정 중 하나가 된다.

셋째로 사회화 과정은 한 개인의 전 생애 동안 이루어진다. 사회화란 한 개인이 속한 사회에서 태어나서 자라고 죽을 때까지 배워나가는 과정이며 인간은 사회화를 통하여 자라고 성장하며 마지막 순간에 유산으로 후대에게 사회적·문화적 소산물들을 남기고 간다. 그렇기 때문에 한 사람의 생애 중에 일정한 부분만이 사회화가 될 수는 없는 것이며, 전 생애를 걸쳐서 이루어지는 과정이다.

3) 사회화의 목적

인간이 태어나서 자기가 속한 사회에서 자라고 자아형성을 하는 사이에 사회화는 이루어지게 되는데, 이러한 사회화의 목적을 알아보면 다음과 같다.

첫째, 사회화는 자아개념을 발달시킨다. 인간은 가정과 사회 속에서 자라면서 상대방과의 부단한 상호작용 과정을 통하여 상대방의 태도를 자신에게 비추어 보면서 자아개념을 형성한다. 자아개념이란 자신의 정체성을 확립하는 것으로 다른 사람들과는 구별되는 자신만의 독특한 개념이다.

둘째, 사회화는 자기통제의 개념을 발달시킬 수 있다. 자기통제란 자신을 스스로 제어하는 기능을 말한다. 인간은 사회 속에서 사회화 과정을 통하여 자신을 스스로 제어할 수 있는 자기통제의 목적을 달성하게 된다. 이것은 사회에서 범죄예방과 질서유지 등과 같은 중요한 기능을 수행할 수 있도록 하는 것이다.

셋째, 사회화는 한 인간에게 적절한 역할을 찾을 수 있도록 도와준다. 가정에서 혹은 학교에서 그리고 친구 혹은 동료들과의 만남을 통하여 혹은 다양한 직업을 가지고 있는 사람들을 보면서 자신 스스로 자기 정체성을 찾으며 자신에게 적합한 직업을 찾을 수 있도록 하는 기능을 가지고 있다.

넷째, 사회화의 목적은 성장기술(developmental skills)이다. 인간은 자신이 속한 사회에서 성장하여 자신에 적합한 직업을 가지고 살아간다. 이렇게 성공적으로 사회에서 그 역할을 감당할 수 있도록 도와주는 기능이 사회화의 목적이다.

2 사회화 이론

사회화 이론에 지대한 영향을 미친 학자들과 그들의 이론을 살펴보면 다음과 같다.

1) 프로이트의 심리이론

오스트리아의 정신과 의사이자 정신분석학파의 창시자인 프로이트(Freud)는 인간의 의식을 무의식, 전의시, 의식이라는 삼층 구조로 되어 있다고 하였다. 이러한 이론은 후에 원초아(id), 자아(ego), 초자아(superego)로 바뀌었고 이러한 세 요인이 서로 상호작용하며 인간의 성격과 의식이 발달해 간다고 설명한다.

Sigmund Freud
(1856~1939)

그의 이론은 인간이 발달해 가면서 배우고 익히는 사회화 과정에 중요한 이론을 제공한다. 인간 의식의 세 요소인 원초아, 자아, 초자아는 정지된 상태에 있는 것이 아니라 역동적으로 움직이며 개인의 처한 상황이나 조건 혹은 상태에 따라서 세 요소들이 서로 우위를 차지하며 상호 간에 갈등관계 혹은 긴장관계를 가지게 되며 변화를 일으키는데, 이러한 부분이 개인의 성격을 형성한다. 그는 개인의 성격발달 단계를 다음의 다섯 단계로 나누었다.

첫째, 구강기는 출생으로부터 1세까지로 구강의 자극을 통한 욕구의 만족을 느끼게 되는 시기이다. 외부 존재에 대해 기초적 인식을 하는 단계이며 적절히 충족을 시켜주면 자기 자신감, 외부에 대한 신뢰감이 조성된다.

둘째, 항문기는 대체로 3세까지 기간이며, 항문 배설을 통한 쾌감을 통해 만족감을 느끼게 되는 시기이다. 적절히 충족을 주게 되면 독립적이고 자기 주장적이며 협동적인 성격을 가지게 된다.

셋째, 남근기는 5세까지의 시기이며, 자신의 성기에 집중되는 시기이다. 남아는 엄마를 너무 사랑해 아빠를 라이벌로 여기는 오이디우스 콤플렉스를 갖게 되며, 반대로 여아는 남근 선망으로 아빠에 대해 엘렉트라 콤플렉스를 가지게 된다.

넷째, 잠복기는 대체로 12세까지의 시기이며, 성적 욕구가 잠잠해지는 시기로 자신이 속한 학교나 또래집단 등에서 관계를 가지면서 대인관계나 자아가 성숙되는 시기이다.

다섯째, 생식기는 12세 이후의 시기이며, 성 에너지가 이성에게 집중하는 시기이며, 신체적 변화와 심리적 독립, 자기 정체성 및 성격이 거의 형성되는 시기이다.

프로이트의 심리이론은 한 인간이 출생하여 배우는 과정 속에서 어떠한 단계를 걸쳐서 사회화가 일어나는지에 대해 심리의식적으로 이론화한 사회화이론으로 주목할 만하다.

2) 쿨리의 거울자아이론

Charles Cooley
(1864~1929)

미국의 사회학자인 쿨리(Cooley)는 거울자아이론(looking-glass self)을 창시하였다.

그가 주장한 거울자아이론은 다른 사람이 자신의 행동을 긍정적으로 보고 그것을 인정해 준다면 이것을 통하여 자신이 긍정적인 생각을 가지게 된다. 그러나 자신의 행동에 대해서 상대편이 부정적으로 평가한다고 느끼게 된다면 부정적인 생각이 형성된다는 이론으로, 자신의 행동에 대한 상대방의 의견에 반응하면서 자신의 사회적인 자아가 형성된다는 것이다.

자아는 개인적으로 닫혀 있는 것이 아니라 사회 속에서 상대방과의 끊임없는 유기적인 관계와 상호작용을 통하여 성장·발달한다. 자신의 행동에 대한 상대방의 평가는 거울과 같다. 그렇기에 상대방이 자신을 어떻게 생각할지 상상해 보고, 이것을 통하여 자신의 태도, 행동, 성격 등을 이해하게 된다.

거울자아이론은 세 요소로 구성된다. 첫째는 상대방 눈에 비친 자신의 행동 모습을 상상하는 것이다. 둘째는 자신의 행동에 대해 상대방이 어떠한 판단을 할지 상상하는 것이다. 셋째는 상대방의 평가에 대해 수치심 혹은 굴욕감을 느끼게 된다. 이러한 느낌의 감정을 해석하는 과정을 통해 자아의 모습을 인식하게 된다.

20세기 초에 미국에서 형성된 쿨리의 거울자아이론은 상대방이 나를 인식하는 결과에 따라 형성된 자아이론이며, 자신만 바라보는 것이 아니라 상대방의 관점에서 보려는 사회적 자아개념을 말하려고 하였다. 그렇기 때문이 이 이론은 사회화 과정 속에서 상대방을 의식하는 이론으로 중요한 위치를 차지한다.

3) 반두라의 사회학습이론

Albert Bandura
(1925~현재)

캐나다 태생이며 사회학습이론으로 유명한 반두라(Bandura)는 그의 연구 초기에는 심리치료과정, 가족상황에서 아동의 공격성에 관심이 있었다. 특히 아동들은 사회적 상황에서 모방을 통해 여러 가지 행동을 학습한다는 모방학습에 대해 주장하였다. 그의 사회학습이론의 기본원리를 알아보면 다음과 같다.

첫째, 내적 과정의 초월이다. 인간의 행동이 동기, 충동, 욕구 등과 같은 내적 과정으로부터 일어난다는 것은 한계가 있기 때문에 인간의 행동을 더 쉽게 이해하기 위해서는 사회적 상황 혹은 역할에 대해 더 주의를 기울여야 한다.

둘째, 상호결정론이다. 인간이 행동을 하는 원인들은 환경적·인지적 요소들의 지속적인 상호작용에 의하여 발달된다.

셋째, 관찰학습으로, 이것은 다른 사람의 행동을 단순히 따라하는 모방이 아니라 내적인 인지요소들이 작용한다. 이러한 작용에는 먼저 주의집중 과정이 필요하다. 주의를 집중하면서 다른 사람의 행동을 모방할 가능성이 더욱 높아지는 것이다. 또한 주의를 집중한 이후에는 보존과정이 필요하다. 이것은 주의를 집중하여 얻은 내용을 장기간 기억하여 보존하는 과정이다.

넷째, 행동결과를 예측하는 것이다. 인간은 자신이 행동한 결과를 상상하는 능력이 있으며, 미래에 있을 결과가 인간의 행동을 추동하게 하는 동기요인으로 생각할 수 있다.

다섯째, 자기규제(self-regulation)이다. 인간은 자신의 주위에 있는 환경을 조정하며 자신의 인지적 능력을 발휘하여 행동의 결과를 예측함으로 인하여 그 행동에 어느 정도 영향력을 발휘할 수 있으며 자신의 행동을 수정 및 규제할 수 있다는 것이다.

4) 미드의 상징적 상호작용이론

미국의 사회심리학자 조지 미드(Mead)는 자신의 행위에 대한 상대방의 반응에 대한 타협의 결과를 주장하였는데, 즉 개인들 간의 언어와 같은 상징적 상호작용에 대한 연구를 하였다. 그는 한 개인의 자아 형성에서 역할에 대한 모방학습의 중요성을 강조하였으며, 아동의 자아 발달 과정을 다음의 세 단계로 설명한다.

첫째, 역할 준비 단계이다. 아동은 자신이 하는 행동의 의미를 제대로 파악하지 못하고 어른들의 행동을 모방한다. 예를 들어, 아이들이 술을 마신다는 것이 어떤 의미인지 알지 못한 채 어른들을 흉내 내어 술잔을 마시는 행동을 하면서 모방을 한다.

둘째, 역할 놀이 단계이다. 이 단계는 아동들이 놀이를 통하여 자신의 주변 사람들의 행동을 모방한다. 아이들은 놀이를 통하여 타인의 역할을 하면서 그들의 행동을 모방하고 학습하게 된다. 이러한 역할놀이의 예를 들면, 아동들은 엄마와 아기의 역할을 하는 소꿉놀이를 하면서 학습을 한다. 또한 의사나 환자의 역할을 흉내 내면서 사회적 존재로 자아의식이 발달한다.

셋째, 역할 게임의 단계이다. 아동들은 이제 역할 놀이 수준을 넘어서 역할 게임의 단계로 발전한다. 게임의 단계에서 아동들은 자기 팀의 역할을 이해하고 잘 수행하려고 할 뿐 아니라 상대방의 행동에 대해서 생각하며 어떻게 행동할까 고심한다. 이러한 과정을 통하여 아동들은 자신을 독자적인 행위자로 인정하게 된다. 미드는 이 단계의 아동들은 주변 사람들이 자신을 바라보는 것과 같이 스스로 자아정체성을 형성해 나간다고 보았으며, 이를 사회적 자아라고 하였다.

미드는 아동의 주격자아와 목적격자아라는 개념을 통하여 자아의 형성과정을 설명하였다. 그는 개인의 주격자아를 I로 표현하고 목적격자아를 Me로 표현했는데, 주격자아란 자율에 의하여 형성하는 자아를 말하고, 목적격자아란 타인에 의해 형성되는 자아를 말한다. 이러한 두 개의 자아는 역동적인 과정을 통하여 마치 변증법적으로 개인의 자아가 형성된다.

3 사회화와 교육

1) 사회화와 교육

사회화란 한 사회 속에 속한 인간이 사회의 가치, 규범 혹은 문화 등을 배우고 성장하며 자신의 정체성과 자아를 실현하는 모든 과정이다. 이러한 과정은 당연히 인간에 대해 가르치고 배우는 과정이 있게 된다. 그렇기 때문에 사회화를 교육과 동일시하는 경우도 있다. 그런데 보는 입장과 방향에 따라서 몇 가지 관점으로 나누어 볼 수 있다.

첫째, 사회화와 교육은 동일하다는 입장이다. 이 입장은 사회가 존속·발전·유지를 위한 사회화와 한 개인이 사회 속에서 자아를 발견하거나 자신의 정체성을 확립하기 위하여 교육이 필수 불가결하다는 입장이며 교육이 바로 사회화라는 것이다.

둘째, 사회화가 교육을 포함하고 있다는 입장이다. 이 입장은 교육이 사회화의 방법이나 과정 중의 하나라는 것이다. 즉, 인간이 사회 속에서 배워야 하고 자아를 발견하는 과정을 전체적인 사회화의 과정으로 이해하고 교육은 그 사회화에 포함된 과정일 뿐이라는 것이다. 그렇기에 학교는 사회화 과정의 일부이며 의도적이고 계획적인 교육이 이루어지는 기관일 뿐이다.

셋째, 교육에 대한 이중적인 의미를 가지는 입장이다. 이 입장은 교육을 좁은 의미의 교육과 넓은 의미의 교육으로 나뉜다. 좁은 의미의 교육이란 교육을 의도적이고 형식적으로 보는 것이며, 넓은 의미의 교육이란 사회화와 동일한 것으로 본다. 그렇기에 이중적인 입장이란 먼저 교육을 좁은 의미로 볼 때는 사회화가 교육을 포괄하는 것이며, 교육을 넓은 의미로 볼 때는 사회화와 교육이 동일하다는 입장을 취한다는 것이다.

2) 사회화 기관

인간이 태어나서 한 사회 안에서 자라고 성장할 때 가정이나 학교 혹은 사회 기관 등의 일원이 되어 살아가게 된다. 인간은 그러한 기관에서 서로 간의 학습을 통하여 성장하게 된다. 이러한 기관들이 사회화를 담당하는 기관이 될 수 있다. 그런데 이러한 기관은 유형의 기관뿐만 아니라 무형의 기관도 존재한다. 예를 들면 매스미디어 같은 것은 건물이 존재하지 않지만 인간이 자라고 성장하는 데 있어서 지대한 영향을 끼치며 사회화를 형성해 주는 주요 요인이 될 수 있다. 이러한 사회화 기관들을 알아보면 신문, 영화, 가정, 지역사회, 학교, 매스미디어, 인터넷 등이 있다. 이 중에서 몇 가지를 알아보려고 한다.

(1) 가정

인간이 태어나서 처음 접하는 곳은 가정이다. 한 가족의 구성원으로 태어난 아동은 자라면서 모방에 의해 배워나간다. 그렇기 때문에 부모들은 아동에 대한 최초의 사회화 담당자가 되는 것이다. 부모는 아동이 가족의 일원으로 자라가며 학습하는 데 있어서 지대한 영향을 주게 된다. 아동은 부모를 보면서 모방을 통하여 상호작용 속에서 언어와 가정의 규칙과 행동양식들을 알아간다.

인간은 가정에서 성인으로 성장·발달하기까지 지대한 영향을 받고 자란다. 이러한 영향에 대해서 알아보면 다음과 같다.

첫째, 가족구성원의 형태가 영향을 미친다. 형제가 몇 명인지, 또한 가족이 핵가족인지 아니면 대가족인지에 따라 가족구성원으로 한 개인이 영향을 받는 것은 달라질 수밖에 없다. 특히 전통적으로 남아선호를 했던 한국에서 장남으로 태어나거나 혹은 차남으로 태어난다는 것 그리고 아들로 태어나거나 혹은 딸로 태어난다는 것에 많은 차이가 있다. 또한 부모 사이의 부부관계에 따라 아이에게 미치는 영향은 크게 좌우된다.

특히 부부가 이혼을 하거나 서로의 관계가 좋지 않을 때에 아동에게 미치는 영향은 상당히 크다. 현대 산업사회와 자본주의의 물결은 한국의 가족 형태를 핵가족화로 변화되게 하였고 부모나 혹은 조부모가 미치는 역할모델(role model)의 영향이 줄어들었다. 이러한 부분은 예절과 도덕적인 부분이 취약하여 결국 사회문제를 일으키는 영향 중 하나가 되었다. 또한 부모의 맞벌이는 아동들과의 대화와 상호작용을 줄어들게 하였으며, 아동들을 어린이집 같은 곳에서 하루 종일 맡기게 되는 경우 더욱 더 부모와의 교류가 부족하였다. 그렇기에 이러한 부분의 대책이 필요하게 되었다.

둘째, 부모의 아동에 대한 양육방식이나 태도가 영향을 미친다. 부모가 아동에 대해 엄격하고 처벌적인 경우는 아동이 자신의 성취에 대한 부정적인 의식을 형성하게 한다. 또한 일관성 없는 부모의 태도도 아이에게 영향을 많이 미치게 된다. 이러한 경우 아동은 부모의 태도에 대해 방어를 하기 위하여 불안감을 가지게 되고 정신적인 억압을 당하게 된다. 또한 부모에 의해 공격적인 가정 분위기에서 자라는 경우 혹은 부모가 이해심과 사랑의 분위기로 기르게 되는 경우에 따라서 아동들이 커서 사회에 적응하는 것이 다를 수밖에 없다. 또한 부모의 일관성 없는 양육의 태도는 아동들이 어떻게 부모를 따라야 하는지에 대해서 혼동을 주게 된다. 그렇기에 부모는 아동들을 일관성 있게 대하여 행동의 변화가 이루어질 수 있도록 배려해야 한다.

아동들은 가정에서 부모에게 상당히 중요하고 필수적인 것을 배워나간다. 그렇기에 앞에서 지적한 사회화에 영향을 미치는 요인들을 고려하여 아동들을 양육하는 것이 필요하다. 특히 부모의 태도와 언어에 대해 모방을 하면서 자신을 내면화하는 시기이기 때문에, 아동들이 어떻게 배우느냐에 따라서 장차 사회생활을 하는 태도가 크게 달라진다.

(2) 또래집단

또래집단(peer group)이란 자신과 비슷한 나이와 신분을 가진 집단을 말한다. 아동들은 가정에서 어느 정도 성장하게 되면 자신과 비슷한 또래집단과 어울리는 기회를 가지게 된다. 또래집단은 청소년 시기까지 아동에게 많은 영향을 끼치는 사회화 기관이다. 이 시기에는 아동들이 가정에서 벗어나 교우관계에 더 많은 시간을 가지게 된다. 또래집단 속에서 한 개인은 그들을 보며 사회성과 독립심을 기르게 되고 우정이라는 교우관계를 경험하게 된다. 가정이나 학교에서 보다 더 많은 시간을 자신과 동등한 또래집단과 보내면서 그들과 생각과 감정을 공유하며 상호작용을 하면서 사회화 과정을 거치게 된다.

또래집단에 속한 개인은 자신과 비슷한 친구들과의 상호작용을 통하여 자아를 발견하고 자기 정체성을 형성하게 된다. 이 시기에는 감수성이 예민하기 때문에 서로 간에 많은 영향을 끼치게 된다. 이러한 영향에는 긍정적인 영향이 있다. 또래집단에서 한 개인이 그들과 적극적이고 원만한 관계를 유지하게 되면 긍정적인 자아개념이 발달하게 되고 사회생활에서도 긍정적인 태도를 기를 수 있다. 반면에 또래집단과의 부정적인 관계는 부정적인 자아정체감을 형성하게 되어 사회생활에 부정적인 태도를 형성시킬 수 있게 된다.

이러한 또래집단을 형성하는 요인을 알아보면 먼저는 유사성이나 근접성을 들 수 있다. 또래집단은 자신이 속한 사회와 근접한 곳에서 형성된다. 예를 들면 자신이 다니는 학교나 학원 그리고 집에서 근거리에 있는 또래들과 교류를 하게 되면서 또래집단을 형성한다. 또한 자신과 유사한 취미, 가정배경, 성격, 학업성적 등을 가지고 있을 때 또래집단이 형성될 수 있다.

아동은 자라면서 부모, 친척, 교사 등과 같이 자신보다 나이가 많거나 지도하는 위치에 있는 사람들을 만난다. 그런데 그와는 다르게 친구나, 또래집단 세계에 들어가 그들과 관계를 가지고 어울리게 된다. 또래집단은 아동들에게 많은 영향을 주거나 도움을 주게 되며, 어른들도 아동들이 또래집단을 통하여 배우기를 기대한다.

또래집단 속에서 아동들은 자신의 의견을 자유롭게 나누고 생각을 공유한다. 또한 서로의 비슷한 경험을 공유하면서 안정감을 느끼게 되며 이러한 과정 속에서 자신의 자아를 발견하거나 혹은 자신의 정체성을 확립하기도 한다. 또한 자신의 생각과 상대방의 생각을 자유롭게 이야기하면서 서로 해야 할 것과 하지 말아야 할 것 등과 같은 것을 선택하거나 판단할 수 있는 능력을 배양시킬 수 있다. 이러한 또래집단에 속한 아동들은 독립심을 배우며 그 집단에 들어가 있다는 소속감을 가질 수 있다.

교육자들은 또래관계를 촉진시키기 위하여 다음과 같은 것을 고려해야 한다(성낙돈 외, 2013 재인용).

① 지지, 수용 및 관심의 느낌을 고무시켜 줄 것
② 협동적인 상호의존적 관계를 유지하고 함께 공부하거나 놀이하도록 자극하는 활동을 격려할 것
③ 가능한 한 개별적 결과물보다는 협동에 의한 결과물을 강조할 것
④ 대인관계기술 및 소규모집단기술을 직접 가르칠 것
⑤ 또래들의 안녕을 위해서 아동들에게 책임감을 부여할 것
⑥ 개인적 정보를 적절하게 교환하도록 할 것
⑦ 가끔 개인상호 간에 그리고 집단상호 간에 적절한 경쟁심을 갖도록 할 것
⑧ 가끔은 개별적인 활동도 하도록 할 것
⑨ 친 사회적 행동을 위한 기회를 제공할 것
⑩ 아동의 연령에 적합한 의사결정에 참여할 기회를 제공할 것
⑪ 반사회적 행동을 위한 또래들의 압력을 제거할 것
⑫ 상급생들에게 하급생들과 상호작용하고 감독할 수 있는 기회를 제공할 것

또래집단은 사회화의 기관 중 하나로 아동들에게 사회적 역할 학습, 자아정체감, 소속감 등의 기능을 수행하게 된다. 또래집단은 이렇게 청소년들에게 미치는 영향이 크기 때문에 이에 대한 연구의 필요성이 요청되고 있다.

(3) 학교

가정에서 부모에게 사회화를 어느 정도 배우고 난 아동이나 청소년들은 학교라는 사회화 기관을 접하게 된다. 가정에서는 그들이 조금 더 편하게 비공식적인 기관의 상호작용 속에서 자신의 정체성을 확립해 나갔다면, 학교는 가정이나 또래집단보다 훨씬 더 계획적이며 체계적인 기관이다. 학생들은 학교교육을 통하여 사회에서 필요한 일반적인 가치 및 태도 등을 배우게 되며, 교사들과 학교 동료 학생들, 그리고 상급학생들, 하급생들과의 관계를 통하여 계급과 사회적 역할을 습득하게 된다. 가정에서는 단순히 부모와 자식이라는 수직적 관계를 배우게 되며, 또래집단을 통하여 같은 연대감 속에서 수평적인 관계와 역할을 배우게 된다. 그러나 학교에서는 교사와 상급생에 대한 수직적 관계 그리고 자신의 동급생들과의 수평적 관계를 통하여 성인사회에서 필요한 것을 배우게 된다. 즉 학교에서는 미래사회에서 수행할 총체적인 역할을 학습하게 된다. 이러한 학교의 사회화 기능을 예견적 사회화(anticipatory socialization)라고 한다.

사회화 기관으로 학교는 다음과 같은 특징을 가지고 있다. 첫째, 학교는 체계적이며 계획적으로 사회화를 수행하는 기관이다. 둘째, 학교는 교사와 학생이라는 구조를 가지고 있으며, 이 구조 속에서 다른 사회화 기관과는 다른 통제구조를 가지고 있다. 셋째, 학교는 다른 기관과는 다른 독립성과 차별성을 가지고 교육이라는 고유한 기능을 학생들에게 수행한다.

뒤르켐은 교육의 중요한 기능이란 사회의 신세대인 젊은이들을 사회화시켜서 그들이 가지고 있는 이기주의를 극복하고 사회의 생산 및 기능적인 구성원이 되도록 하는 것이라고 보았다. 그는 학교에서 배우는 교육이 사회화와 같은 의미로 작용한다고 보았으며, 이러한 학교교육을 통하여 학생들은 집단생활에서 필요한 기본적인 기능을 배우고 앞으로 성인사회에서 자신의 역할에 대해서 생각해보게 하며 더 나아가 사회통합을 위한 동질성을 배우게 된다는 것이다. 이렇기 때문에 학교란 중요한 사회화 기관이다.

사회화 기관인 학교의 중요한 기능을 좀 더 살펴보면 다음과 같다. 첫째, 학교는 학생들에게 공동체 내에서 필요한 규범과 규칙 등을 습득하게 한다. 인간이 태어나서 만나는 가정이나 자신의 동질성을 확립하는 또래집단 등은 학교와 같이 규제와 통제가 있는 것은 아니다. 그렇기 때문에 공동체 안에 있는 규정 및 규칙을 배우기에는 부족하다. 그러나 학교는 학생들을 통제하며 학생들의 일탈행위 및 공동체에서 필요한 규범 등을 가르치게 된다. 둘째, 학교는 교사와 학생으로 구성되며 다른 공동체와는 다른 독립성과 자율성을 가지고 있다. 인간이 처음 만나는 사회화기관인 가정이나 또래집단과는 다르게 학교는 다른 기관과는 독특한 자신만의 독립성이 있으며 스스로 공동체를 이끌고 나가기 위한 독립성을 가지고 있다.

학교에서의 교사의 역할은 상당히 중요한데, 교사의 말과 행동이 학생들에게 직접 경험하여 내면화시킬 수 있기 때문이다. 이러한 현상은 고학년보다 저학년의 경우 더욱 더 두드러지게 나타나는데, 학생들은 교사들을 따라 하며 모방하려는 성향이 강하다. 그렇기 때문에 학교에서 교사들은 자신의 태도가 학생들의 사회화 과정에 지대한 영향을 끼친다는 것을 숙지하여 행동해야 한다. 만일 교사가 너무 권위적으로 행동하거나 공격적으로 행동하면 학생들에게 부정적인 영향을 미치게 된다. 교사들은 이러한 점을 인지하여 융통성이 있고 민주적인 태도로 학생들을 대해야 한다.

또한 학교의 특성들이 학생들의 사회화 과정에서 많은 영향을 끼치게 된다. 학교가 남녀공학인지 혹은 남학교나 여학교인지에 따라서도 학생들의 자아정체성 발달에 많은 영향을 주게 된다. 학교의 전통, 풍토, 교육목표나 환경, 더 나아가 교사와 학생의 관계 등도 학생들의 사회화 과정에서 영향을 미치게 된다. 우리는 맹모삼천지교(孟母三遷之敎)라는 말을 통해서 환경과 풍토 등이 자라는 학생들에게 얼마나 영향을 끼치는가를 알고 있다. 이와 마찬가지로 학교의 특성들이 학생들에게 주는 지대한 영향을 생각한다면 학교를 운영하는 경영자들이 이러한 점을 주지해야 할 것이다.

(4) 지역사회

지역사회란 일정한 지역에서 함께 사는 사람들이 공동생활을 하면서 형성하는 공동체를 말한다. 한국의 경우 농촌 같은 곳에 지역사회가 활성화되어 있다. 지역사회에 있는 사람들은 그들만의 독특한 문화와 경험을 공유하게 되며, 공동체 의식을 바탕으로 그들의 생활방식을 형성하며 독특한 통제와 구속력을 가지게 된다.

지역사회는 가정과 또래집단 및 학교와는 조금 다르게 형성되어 있는 사회화 기관으로 그 나름대로의 일정한 규범이나 가치 문화를 가지고 있으며, 지역사회구성원들이 다른 사회화 기관 안에서 그 기능을 발휘할 수 있도록 도와주는 역할을 한다.

가정이나 또래집단에서 중추적인 사회화 기관인 학교로 이어지는 연결고리가 강하게 이루어지면서 지역사회의 모습이 점차 약화되고 있다. 특히 전통사회에서 현대 산업사회로 변화를 겪으면서 점차 그 수가 줄어드는 추세에 있다.

(5) 매스미디어

산업사회가 발전하면서 현대인들에게 매스미디어는 이루 말할 수 없는 엄청난 영향을 끼치게 되었다. 이제 매스미디어는 필요한 부분을 넘어 우리 생활에 없어서는 안 되는 것이 되었으며 사회화 기관으로 중요한 역할을 하고 있다. 어린이들의 경우 텔레비전은 상당한 영향을 미치는데, 만화나 어린이 프로그램을 통하여 어린이들의 의식 구조의 변화와 자아정체성을 고취시키는 데 일익을 담당하였다. 특히 현대에 와서 어린이들을 학습시키는 교육프로그램의 발달로 인하여 더 커다란 사회화의 역할을 하고 있다.

Neil Postman
(1931~2003)

미국의 교육자이자 미디어 이론가인 포스트만(Postman)은 학교와 텔레비전이 청소년의 성격 그리고 그들의 마음에 영향력을 미치도록 특별히 제작된 정보체계이며 교과과정이라고 말했는데, 이 중에서도 텔레비전은 더 강력한 교과과정이라고 한다. 학교가 통제적인 방법으로 학생들에게 그 규범과 규칙을 통하여 참여하기를 강요하지만, 텔레비전은 심리학적인 수단을 사용하여 주의집중과 참여를 호소한다는 것이다.

그는 특히 전통적인 사회화 기관인 학교는 학생들에게 처벌적·통제적·규제적인 강제성을 강요하지만, 텔레비전은 비 처벌적·비 위계적·주의집중적·비 위계적·직접적인 만족 등을 보는 사람으로 하여금 그들의 마음속에 심어준다고 보았다.

1900년대 후반에 등장한 인터넷은 처음에는 그다지 많은 사람에게 영향을 끼치지 못했다. 그러나 인터넷 속도의 증대와 스마트폰의 보급 확대는 많은 사람들에게 편리함을 제공해주는 역할을 하게 되었다. 특히 스마트폰으로 이동하면서 인터넷을 통한 뉴스나 필요한 정보검색 등은 이제 실생활에서 늘 하고 있는 일부분이 되었다.

그런데 매스미디어의 사회화 기능은 순기능과 역기능의 두 가지 면을 다 가지고 있다. 순기능이라 함은 매스미디어가 사회화 기관으로 많은 사람들에게 지식과 정보 같은 교육과 교양 그리고 오락적인 면을 제공하고 있다는 것이다. 역기능이라 하면 너무 오락적인 면으로 치우쳐 폭력과 선정성 등이 많아질 경우 그것에 영향을 받은 사람들은 사회에서 폭력적이거나 공격적인 성향을 모방하는 결과를 낳을 수 있기 때문에 주의가 필요하다고 하겠다.

특히 컴퓨터와 인터넷을 통한 오락적인 게임 등은 청소년뿐만 아니라 어른들에게도 많은 영향을 끼치며 한편으로 부정적인 결과를 초래하게 된다. 아동 및 청소년들의 인터넷과 텔레비전의 접촉시간이 상당히 많아진 현실에서 긍정적인 사회화 기관으로 자리 잡기 위해서 부모와 교사 그리고 감독기관의 적극적인 지도가 필요하다.

4 교육의 사회적 기능

인간이 태어나서 사회 속에서 살아가면서 그 사회의 제도와 규범·규칙 등을 익히는 것은 그 사회의 일원이 되기 위해 중요한 일이다. 인간에게 사회 제도나 문화를 가르치고 전달하며, 학습하는 교육의 행위란 사회 속에서 자연스러운 행위이며 더 나아가 사회존속과 개인적인 자아실현을 위한 사회화 과정인 것이다. 그렇기에 교육이란 사회화를 위한 가장 중요하고 기본적인 기능을 수행하게 된다. 교육의 사회적 기능을 좀 더 살펴보면 다음과 같다.

1) 문화전달

문화(文化, culture)는 인간의 공동체인 한 사회에서 만들어진 주요한 행동양식이나 상징체계를 말한다. 즉, 문화란 인간이 습득한 지식, 세계관, 사회사상, 가치관, 행동양식, 규범, 신념 등의 복합적인 총체를 말한다. 문화를 익히고 학습하는 것은 한 사회 속에서 일어나는 사회화의 과정이다. 문화전달이란 기성세대가 축적한 문화인 지식, 가치, 신념, 태도 등을 다음 세대에 체계적으로 전달하는 교육의 과정을 말한다. 이러한 과정은 학교에서 주로 일어나지만 학교가 아닌 장소에서도 일어나게 된다.

George Spindler
(1920~현재)

미국의 인류학자인 스핀들러(Spindler)는 문화전달이론을 통하여 몇 가지 모형으로 사회화 과정을 설명하였다.

첫째, 옴니버스 모형(omnibus model)으로, 사회 속에 산재한 문화를 다음 세대에게 전달하기 위하여 포괄적으로 수집한다. 이러한 과정은 문화전달을 할 내용을 체계적으로 파악하는데 도움이 되는데, 이것이 하나의 분류체계(texonomy)로 만들어진다.

둘째, 사회화 모형(socialization & enculturation model)이다. 그는 교육을 사회화와 동일시하였다. 문화전달과정을 학교라는 제도화된 장소와 제도화되지 않은 장소를 구분하여 설명하였고, 문화전달이 투입－산출이라는 패턴을 통하여 이루어진다고 보았다. 이러한 그의 이론은 문화의 전달과정을 개괄적으로 보여주었다.

셋째, 집중전달 모형(cultural compression & discontinuity model)이다. 문화전달 과정은 한 개인의 인생 중 특정 시기에 문화전달이 집중적으로 이루어진다. 문화의 집중전달이 이루어지는 시점을 전후로 개인의 능력과 태도의 변화가 이루어진다고 하였다.

이러한 스핀들러의 이론에 대해서 비판의 목소리가 있는데 그것은 문화전달의 구조를 개괄적으로는 보여주지만 체계적으로 설명하지는 못하는 것과 문화전달과정에 일부 시기를 지나치게 강조하여 한 개인의 인생 전반에 걸쳐서 이루어지는 문화전달의 과정을 전체적으로 다루지 못하는 점이다.

기어링(Gearing)의 문화전달이론은 스핀들러가 제시한 이론보다 조금 더 체계적이고 미시적이다. 그는 스핀들러의 문화전달이론이 투입과 산출 양자로만 너무나 이론화된 부분을 비판하였다. 그는 문화란 정보체계로 문화전달과정이 개개인이 서로의 정보를 교환하고 공유하는 과정으로 생각하고 그 과정 속에 개인은 정보를 습득하고 스스로 조절하는 것으로 보았다. 이러한 과정을 간단한 도표로 만들어 보면 다음과 같다.

문화전달 = 정보의 교환 → 동화 → 조절

즉, 문화전달의 당사자인 개인들은 먼저 서로 정보를 교환하는 단계가 필요하다. 이것은 서로가 가지고 있었던 의미들을 공유하게 된다. 다음으로 동화란 개인의 인지구조 속에 새로운 정보가 스며드는 것을 말한다. 이후에 스스로 그 변화된 인지구조를 적응하는 조절의 과정을 거치게 된다. 이러한 수용의 과정을 통하여 한 개인의 인지구조의 변화가 일어난다.

이 이론은 사회의 구성원인 한 인간이 태어나 자라면서 문화라는 사회의 산물을 전달하는 교육을 통하여 성숙한 인간으로 변화하는 중요한 과정을 설명하였다. 한 개인이 정보를 공유하고 조절하는 내면화 과정 속에서 개인의 자아를 실현시키며 자신의 정체성을 추구해 나간다는 것에 의미를 주는 이론이다.

이러한 이론들은 사회 속에 내재해 있는 문화를 교육이라는 매개체를 통하여 다음 세대로 전달하는 기능에 대해서 설명한다. 그렇기에 교육의 사회화 기능이란 교육을 통하여 다음 세대로 문화를 전달하는 기능을 담보하고 있음을 볼 수 있다.

2) 사회구성원의 선발 및 분류

사회화는 개인과 공동체 구성원들에게 끊임없는 교육을 통하여 이루어지는 과정이다. 특히 학교에서 이루어지는 사회화 과정은 학생들에게 앞으로 사회에 나아가 잘 적응할 수 있는 지식과 기술 등을 가르치는 것이며, 그것을 통하여 사회구성원으로서의 역할을 수행하며 잘 살아갈 수 있도록 준비시킨다. 학교는 학생들을 선발하여 교육시키는 기능도 있지만 더 나아가 개인들을 사회에 맞는 역할을 할당시키는 분류의 기능도 가지고 있다.

Talcott Parsons
(1902~1979)

미국의 사회학자인 파슨스(Parsons)는 사회화의 기능주의적인 입장을 정리한 사회학자로 사회의 체계에 대해서 다음과 같은 네 가지 입장을 주장하였다.

첫째, 사회체계 구성을 위해서 환경에 적응해야 하며, 그 환경을 체계의 요구에 적응시켜야 한다. 둘째, 체계의 주된 목표들을 성취하기 위한 목표달성이다. 셋째, 체계의 구성요소 간의 통합이다. 넷째, 개인들이 문화 유형을 유지 및 갱신하는 잠재성이다.

파슨스가 말한 바와 같이 사회가 발달하고 전문화됨에 따라 역할 사회화가 매우 중요하며 그 역할을 담당할 인재를 선발하여 배치하는 것이 교육의 중요한 기능이다. 이 말은 제도적 교육기관인 학교는 학생들을 선발하는 기능과 학생들의 역할에 맞게 사회에 배치하는 기능을 한다는 것이다. 기능주의 입장에서 본 학교의 선발과 배치의 기능은 사람들의 능력과 자질에 따라 적절한 선발과 배치가 될 수 있도록 하면서 사람들은 보다 높은 위치의 지위를 획득하려고 하는 동기를 부여하게 된다. 이러한 과정에서 하나의 사회이동(social mobility)이 생겨나게 된다.

그러나 이러한 기능주의 입장에서 학교의 선발 배치과정은 몇 가지 문제점을 가지고 있다. 그것은 어떻게, 누가, 왜 선발하는가? 라는 물음이다.

갈등주의 입장을 가진 미국 매사추세츠대학의 경제학과 교수인 보울즈와 긴티스(Bowle & Gintis)는 사회 기능주의 입장을 비판하면서 대응주의 원리를 제시하였다. 대응주의 원리란 학교에서 교육이 노동구조의 사회관계와 똑같은 관계로 학습되고 있다는 것이다. 즉, 학교교육이 노동구조의 수준별 위계구조에 대응 또는 일치시켜 교육하면서 거기에 필요한 가치체계를 학습하게 한다는 것이다.

이러한 학교교육의 선발 및 배치에 대한 사회화 기능에 대해서 기능주의 및 갈등주의 입장을 간단히 정리하면 다음과 같다.

기능주의 입장

- 사회체제 및 안정의 입장에서 학교교육의 선발 및 배치의 입장을 설명한다.
- 평등한 교육 기회를 줌으로 인하여 이상주의 사회실현을 목표로 한다.
- 개인의 능력과 자질을 고려하여 학생들을 선발하고 사회에 적절하게 배치하는 역할을 한다.

갈등주의 입장

- 정치·경제·문화적인 입장을 고려하여 학생들을 선발 및 배치하는 과정에 불평등 요인이 잠재되어 있다.
- 기능주의 입장의 평등한 교육 기회와 학생을 선발 배치하여 이상사회를 실현하는 것은 허구이다.
- 개인의 능력별로 사회적 역할을 배치하는 것은 교사나 학교 당국 그리고 더 나아가서는 학교와 관련 있는 유사 단체들의 압력에 의한 것으로 본다.

3) 사회변화 혁신

인간은 사회 속에서 살아가며 교육을 통하여 사회화가 이루어진다. 교육이란 사회의 안전과 유지를 위한 기능을 가지고 있지만 사회변화 및 혁신도 가지고 있다. 특히 시시각각으로 변화하는 현대사회 속에서 교육이 가지고 있는 사회변화와 혁신 그리고 창조의 기능이란 다른 세대로의 가치 있는 문화의 전달기능 및 인류의 존속을 위해서도 중요한 기능이다.

사회변화와 혁신을 위해서는 학교와 같은 곳에서 체제변화가 필요한데, 다음의 네 가지 수준에서 변화와 혁신이 요구된다. 첫째, 개인적 수준으로 학교에서의 중추적인 역할을 하는 교사나 학생의 변화가 필요하다. 둘째, 조직차원으로 학교 내의 변화이다. 셋째, 제도적 혹은 사회 수준의 변화이다. 넷째, 사회적 가치나 태도의 사회적 변화이다.

미국의 사회학자 인켈스(Inkeles)와 심리학자 레빈슨(Levinson)은 그들의 근대화이론에서 사람들이 근대화되기 위해서는 근대화 제도에 참여하지 않고서는 불가능하다고 말한다. 이러한 근대화를 위한 제도적인 기관이란 학교와 산업시설이며 이러한 시설 속에서 인간은 근대화되며 더 나아가 사회변화와 혁신을 이룰 수 있는 것이다. 근대화된 사람은 다음과 같은 특징을 가지고 있다(성낙돈 외, 2013 재인용).

① 새로운 경험에 대한 개방성
② 사회변화를 위한 준비성
③ 다양한 태도와 의견에 대한 인식과 자기 자신의 관점을 유지하려는 성향
④ 의견 형성에 있어서 사실지향적임
⑤ 과거보다는 현재와 미래지향적임
⑥ 개인적 효능감의 소유
⑦ 장기계획 지향적임
⑧ 사회제도와 개인에 대한 신뢰
⑨ 공학적 기술에 높은 가치부여
⑩ 타인의 인격존중
⑪ 생산과 산업에 기초가 되는 논리에 대한 이해

교육이란 사회화를 위한 필수 불가결한 요소이다. 교육을 통하여 사회는 안정과 유지, 발전, 변화와 혁신을 이룩하게 된다. 그런데 이것을 위하여 먼저 인간의 변화 및 조직의 변화가 필수적이다. 학교나 사회화 기관들은 인간을 이러한 변화의 주체로 인식하여 개인 구성원들의 의식을 변화시키고 더 나아가 제도적인 사회 환경도 변화시켜야 한다.

05 CHAPTER

Sociology of Education

문화와 교육

1 문화의 이해

1) 문화의 개념

문화라는 용어는 라틴어의 cultura에서 파생한 culture를 번역한 말로 본래의 뜻은 경작(耕作)이나 재배(栽培)였는데, 나중에 교양·예술 등의 뜻을 가지게 되었다. 영국의 인류학자 타일러(Tylor, 1871)는 저서 『원시문화(Primitive Culture)』에서 문화란 "지식·신앙·예술·도덕·법률·관습 등 인간이 사회의 구성원으로서 획득한 능력 또는 습관의 총체"라고 정의를 내렸다. 즉, 문화란 자연 상태의 사물에 인간의 작용을 가하여 그것을 변화시키거나 새롭게 창조해낸 것을 의미한다. 자연 사물에는 문화라는 말이 어울리지 않지만, 인위적인 사물이나 현상이라면 어떤 것이든 문화라는 말을 붙여도 말이 되는 것은 그 때문이다. 예를 들어, 야생화 문화라는 말은 성립하지 않지만 원예 문화라는 말은 성립한다. 즉, 가장 넓은 의미에서 문화는 자연에 대립되는 말이라 할 수 있고, 인류가 유인원의 단계를 벗어나 인간으로 진화하면서부터 이루어낸 모든 역사를 담고 있는 말이라 할 수 있다. 여기에는 정치나 경제, 법과 제도, 문학과 예술, 도덕, 종교, 풍속 등 모든 인간의 산물이 포함되며, 이는 인간이 속한 집단에 의해 공유된다. 문화를 인간 집단의 생활양식이라고 정의하는 인류학의 관점이 이런 문화의 본래 의미를 가장 폭넓게 담은 것이라 할 수 있다.

하지만 문화라는 말은 그렇게 넓은 의미로만 사용되지는 않으며 다양한 방식으로 정의된다. 문화에 대한 정의가 다양할 수밖에 없는 것은 엄청나게 광범위한 인간적 산물들의 관계를 이해하는 방식이 다양하기 때문이다. 문화는 역사적 시대, 사회 집단, 이데올로기적 입장에 따라 다양하게 정의되어 왔다. 이는 인간이 창조한 사회적·역사적 산물을 두고 인간들이 벌이는 권력 다툼과 밀접한 관련이 있다. 권력 다툼이란 결국 모든 인간적 산물들의 소유와 배분을 둘러싼 다툼이고, 궁극적으로 문화를 둘러싼 다툼이기 때문이다.

(1) 교양으로서 문화

19세기 매슈 아놀드(Mathew Arnold) 같은 사람들에 의해 대표되는 서구 문학비평에서 문화는 흔히 인간 사고와 표현의 뛰어난 정수라는 의미로 정의되었다. 여기에는 위대한 문학, 미술, 음악 등에 대한 지식과 실천을 통한 정신적 완성의 추구라는 열망이 담겨 있다. 예컨대 우리가 문화인이라는 용어를 쓸 때 흔히 그것은 뛰어나고 수준 높은 교양을 가진 사람을 의미하게 되는데 바로 그 문화의 개념이 그것이다. 이런 문화 개념에 기초하여 오랫동안 비평가들은 최상의 작품을 찾는 데 몰두해왔고, 문화란 뛰어난 것을 판별하고 감상할 수 있는 능력을 의미하는 것으로 이해되어 왔다.

산업사회가 도래하고 대중사회가 형성되면서 이런 뛰어난 교양으로서의 문화를 갖춘 엘리트층의 지배가 도전받게 되었을 때, 이런 문화 개념의 옹호자들은 물질문명과 과학기술, 정치, 경제와 떨어져 독립적으로 존재하는 문화의 개념을 더욱 방어적으로 고수했다. 대중문화와 대립하는 '고급문화(High Culture)'의 개념을 통해 기존의 엘리트적 문화관을 고수하며 대중문화를 저급한 것으로 치부하는 논리나 이른바 순수문화를 주장하였다. 그 결과는 정치, 경제적 영역과 단절된 문화 영역의 분리였다.

(2) 진보로서 문화

문화는 한 사회의 정신적·물질적 발전 상태를 의미하는 경우도 있다. 이때의 문화는 문명(civilization)이란 개념과 혼용되기도 한다. 이는 다윈의 진화론의 패러다임을 인간 사회에 적용한 사회진화론적 관점과 관련된다. 서구 문화를 아시아, 아프리카 등의 문화보다 우월하다고 생각하는 서구 제국주의의 문화관이 그런 것이다.

18세기 후반에 이르면 문화와 문명이 구분되기 시작하여 문화는 정신적 발전 상태를, 문명은 물질적 발전 상태를 지칭하는 말로 쓰이게 된다. 문화와 문명을 사회진화론적 관점으로 보는 시각은 아직도 널리 퍼져 있다. 콜럼부스가 아메리카 대륙을 '발견'했다고 보는 서구중심주의적 입장은 콜럼부스 이전에 이미 아메리카 대륙에 살면서 독자적인 문화를 구축하고 있던 원주민 인디언의 문화를 부정하는 관념에 입각해 있다. 문화란 서구의 것이고, 인디언은 문화를 가지지 못한 야만적 존재로 여겨진다. 그런 의미에서 미개 또는 야만에서 문화로의 진보라는 관점은 자민족중심주의를 구성하는 주요한 요소이다.

(3) 예술 및 정신적 산물로서 문화

현대사회에서 문화는 주로 정신적이거나 지적이고 예술적인 산물을 지칭하는 의미로 사용된다. 신문의 문화면은 문학, 예술, 종교, 학문, 교육, 패션, 방송, 영화 등의 주제로 구성되며, 이는 신문의 다른 면을 구성하는 정치, 경제, 사회 등의 영역과 구분된다. 문화를 이렇게 인간의 정신 활동과 관련된 몇 가지 영역으로 정의하는 방식에는 문화를 물질적 생산이나 분배를 둘러싼 사회관계와 분리해 사고하는 관념이 깔려 있다. 여기에는 흔히 배타성·순수성·전문성과 같은 개념이 개입한다. 문화는 사회와 무관한 순수한 것이며 고유의 배타적인 영역으로 존재한다는 생각은 이런 식의 문화 개념에서 쉽게 나타나곤 한다. 이렇게 문화를 인식하는 것은 '교양으로서 문화' 개념을 대중문화에까지 확장하면서도 유구한 정신노동과 육체노동의 이분법적 사고를 벗어나지 못 한 것이다.

(4) 상징체계, 생활양식으로서 문화

사회학이나 인류학에서는 흔히 문화를 인간의 상징체계, 혹은 생활양식으로 정의한다. 인간은 상징체계를 통해 사회를 경험하고 인식하며 다른 인간 및 상호작용 및 의사소통을 한다. 인간이 한 사회의 구성원이 된다는 것은 그 사회에 이미 존재하는 상징체계를 습득하여 사용할 수 있게 된다는 의미이며, 그 상징체계가 반영하고 있는 사회의 질서와 규범, 즉 생활양식을 따르게 된다는 것을 의미한다. 그러한 양상이 가장 전형적으로 드러나는 것이 인간의 언어생활이다. 예컨대 한국어에서는 지위, 연령에 따라 사용하는 언어가 다르다. 그러한 언어 규범은 한국 사회의 가부장적 위계질서의 전통을 반영하는 것이다. 우리가 그러한 언어 규범에 따라 말을 할 때 한국어의 언어 체계가 담고 있는 가부장적 위계질서에 따르게 됨을 의미하게 된다. 그렇게 보면 사회에서 의미, 질서, 혹은 상징체계 속에서 이루어지는 의사소통 그 자체가 문화임을 알 수 있다. 문화를 상호작용과 의사소통, 혹은 그것의 기반이 되는 상징체계라 할 때, 그것은 단순히 정신적 작용의 산물이 아니라 한 사회의 관습, 가치, 규범, 제도, 전통 등을 포괄하는 총체적인 생활양식을 의미하게 되는 것이다.

문화를 개인, 집단, 종족의 총체적인 생활양식으로 정의할 때 집단 사이의 문화적인 차이는 위계의 문제가 아니라 '차이'의 문제로 인식된다. 그런 의미에서 이러한 문화 개념은 앞에서 설명한 문화 개념의 정의 방식들에 비해 좀 더 다원주의적인 개념이라 할 수 있다.

2) 문화의 구분

문화를 인간 집단이 만들어낸 모든 생활양식과 상징체계라 할 때 그것을 구분하는 방식은 엄청나게 다양할 수 있다. 조금 좁은 의미에서 정치나 경제 등의 영역을 떼어 놓고 본다 해도 마찬가지다. 우선 문화를 공유하는 집단에 따라 구분할 수 있다. 예를 들어 한국 문화라면 한국인이라는 집단이 공유한 문화이고, 미국 문화는 미국인이 공유한 문화가 된다. 한 사회에서 집단을 나누는 기준은 성, 세대, 계급, 지역, 인종, 직업 등 다양하며, 이 다양한 기준들이 수많은 집단을 만들고 이들은 각기 독특한 자기 문화를 공유한다. 이 하위집단의 문화를 하위문화(subculture)라 하는 데 결국 문화는 수많은 하위문화들의 집합인 셈이다.

그 수많은 문화들이 똑같은 가치와 권위를 부여받는 것은 아니다. 권력이 강한 집단의 문화는 그만큼 강한 힘을 갖고 약한 집단의 문화는 사회 내에서 권력 소유 집단의 문화에 의해 억압과 차별을 받는다. 흔히 사회의 지배 세력이 가진 문화를 지배 문화라 하고, 피지배층의 문화를 피지배 문화라 표현한다. 피지배집단이 지배집단에 저항하면서 생성하는 문화를 저항문화라 표현한다.

눈에 보이는 물질적 속성을 갖느냐, 갖지 않느냐에 따라 물질 문화와 정신 문화로 나누기도 한다. 하지만 그런 구분이 생각보다 명료하지 않은 경우도 많다. 예컨대 어떤 사람의 물질적 소비 행위는 그의 정신 상태를 표현하거나 반영하게 마련이기 때문이다.

문화의 심미적 수준에 따라 고급문화(High Culture)와 저급문화(Low Culture)를 구분하기도 한다. 대개 고급문화는 주로 서양에서 비롯된 예술적 전통의 맥락에 있는 문화를 의미하고 저급문화는 대량생산된 대중문화 산물을 가리키는 경우가 많다. 그러나 고급문화와 저급문화는 고정불변하는 실체가 아니고, 역사적으로 변화하는 유동적이며 자의적인 구분일 따름이다.

3) 문화의 기능

문화의 기능에서 가장 본질적인 것은 사회의 재생산이라고 할 수 있다. 문화는 그 사회의 생활양식이자 상징체계이다. 인간이 한 사회의 구성원이 된다는 것은 그 사회에 이미 존재하는 삶의 양식과 상징체계를 습득하여 사용할 수 있게 된다는 의미이고 이는 그 삶의 양식과 상징체계가 반영하고 있는 사회의 질서와 규범, 가치를 따르게 된다는 것을 의미한다. 문화는 천성적으로 타고나는 것이 아니라 교육되는 것이다.

모든 문화는 역사 속에서 인간에 의해 만들어진 것이다. 즉, 문화는 결코 자연(nature)이 아니다. 그렇지만 모든 문화는 마치 고정불변하고 이론의 여지가 없는 것, 즉 자연적인 것처럼 표상된다. 상징적이고 사회적인 현상인 문화가 마치 자연적인 것처럼 표상되는 속성을 자연화(naturalization)라 한다. 기본적으로 한 사회의 문화는 그런 자연화의 속성을 가지고 있다. 주어진 문화를 거부하거나 새로운 것을 추구할 때에는 항상 크고 작은 억압과 징벌이 가해진다. 그러나 역사의 어느 시점에나 주어진 문화를 거부하고 새로운 것을 추구하는 사람들이 존재하고 그들이 억압과 징벌을 극복하면서 문화가 변화한다. 문화가 변화하면 그만큼 사회도 변화하는 것이다. 결국 문화는 사람들을 한 사회의 구성원으로 편입시키고 기존의 삶의 양식과 상징체계를 교육함으로써 사회를 재생산하지만 끊임없이 균열을 일으키며 조금씩 변화되어 간다.

사회구성원들을 사회체제에 편입시키면서 사회를 재생산하는 문화의 기능은 문화가 이데올로기와 밀접한 관계가 있다는 점을 보여준다. 다양한 문화적 기제들이 사람들로 하여금 주어진 문화에 순응하게 함으로써 기존의 사회 체제를 유지하고 재생산하는 기능을 한다.

4) 문화 변동

오랜 역사 동안 오로지 자신들만의 문화를 고수하며 유지하는 경우는 거의 없다. 역사 속에서 인간 집단은 끊임없이 이동하며 이질적 집단과 접촉하고 충돌, 갈등, 융화해 왔다. 그렇게 서로 다른 문화들이 접촉하여 서로 간의 문화 요소가 전파되고 새로운 문화로 변화해 가는 과정을 문화접변(acculturation)이라 한다. 이러한 문화접변을 통해 문화변동이 이루어지고 다양한 혼종의 문화(hybrid culture)가 탄생하게 된다. 문화 간의 동등한 상호 교류를 통해 문화접변이 일어나기도 하지만, 많은 경우 문화접변은 강한 문화가 약한 문화를 침탈하고 지배하는 과정을 통해 이루어진다. 서구 제국주의 국가들이 아메리카나 아프리카를 침략하면서 서구 문화가 제3세계의 문화를 변화시킨 것이 그런 예이다.

문화 변동은 한 순간에 급속도로 일어나는 것이 아니라 장기지속적인 과정이다. 따라서 문화 변동 과정에서 기존 문화와 새롭게 출현한 문화 간의 모순과 갈등이 발생할 수 있다. 또한, 물질문화나 새로운 기술의 도입에 문화가 충분히 적응하지 못 하는 문화 지체(cultural lag) 현상이 일어날 수 있다. 예를 들어, 컴퓨터 기술이 급속도로 발전하면서 새로운 미디어들이 등장하지만 이에 조응하는 제도와 의식은 미처 형성되지 못하는 경우가 있다. 이런 문화 지체 현상이 있을 때 심각한 사회적 부조화 현상이 발생하기도 한다.

2 문화와 교육

1) 학교문화와 학급풍토

(1) 학교문화와 학급풍토의 개념

학교문화라는 말은 월러(Waller)에 의하여 사용되기 시작하였으며, 브렘베크(Brembeck)는 학교문화를 지리적 위치에 따라 산간벽지 학교의 문화, 읍지(邑誌) 학교의 문화, 교외학교의 문화, 도시학교의 문화로 분류하고 있다. 한편 클락(Clark)은 미국 중등학교의 문화를 흥취적(興趣的, fun) 문화, 학구적(academic) 문화, 나태적(懶怠的, delinquent) 문화로 분류하였다.

학급풍토는 학생들이 학급활동이나 생활 속에서 지각하는 기본적 욕구, 즉 소속과 인정, 사랑과 애정, 힘과 조절, 만족감과 즐거움 등을 채

워줄 수 있는 교수-학습 분위기 및 학급의 제반 환경에 대한 느낌이며 (Larrivee, 1992), 교실에서 발생하는 상호작용과 일처리의 합성물의 결과로 교사의 학급경영절차에 관련된 것이라고 하였다(Jarolimex & Foster, 1997).

(2) 학급풍토에 관한 연구동향

국내의 학급풍토에 관한 선행연구를 살펴보면, 크게 두 가지 관점에서 학급풍토의 개념을 설명하고 있다. 첫째, 교사와 학생 간의 관계, 학생 상호 간의 인간관계의 측면에서 학급풍토를 정의하고 있으며, 둘째, 학급을 사회적 구조의 최소단위로 규정하고 집단으로서 가지는 성격의 측면에서 학급풍토를 정의하고 있다(이광호, 2008).

첫째, 교사와 학생 간의 관계, 학생 상호 간의 인간관계의 측면에서 학급풍토를 정의한 선행연구로, 김정효와 김정아(2000)는 교사를 포함한 학급구성원들 간의 상호작용을 통해 조성되는 심리적 유대현상 또는 분위기로서 학생의 행동에 영향을 주며, 학급 경영 방식 및 태도가 드러나는 현상을 학급풍토로 정의하였으며, 김경식(2002)은 학급 구성원인 학생과 교사, 학생과 학생들 간의 상호작용과 여러 가지 압력에서 조성되는 다른 학급과 구별되는 한 학급의 사회심리적인 유대현상과 분위기를 학급풍토로 정의하였다.

둘째, 학급을 사회적 구조의 최소단위로 규정하고 집단으로서 가지는 성격 차원의 정의로, 김병성(1995)은 개인의 심리적 특성으로 성격이 있듯이 한 사회체계 또는 집단의 성격으로 풍토가 있다고 하였다. 동시에 학급풍토를 학급의 심리적 환경, 즉 구성원의 사기, 만족, 신뢰성, 개방성, 협력 등을 말해 주거나, 학급 사태의 현상을 지칭한다고 하였다. 박병량(2002)은 학급은 집단화 과정을 통해 사회적 구조를 갖게 되고, 학급 나름대로 응집성, 인간관계, 분위기, 문제해결방식, 지도체계 등을 형성하며, 이렇게 형성된 다양한 성격을 학급풍토라 정의하였다.

학급풍토를 형성하는 요소는 학생들 간의 관계, 교사와 학생 간의 관계를 포함한 인간관계와 학습방법과의 관계, 교과문제와 교육환경, 학교 형태, 학생의 특성과 학급의 규모, 학년 등이 있다. 이는 교사는 학급풍토의 조직자로서 학급풍토 형태를 결정할 수 있는 사람으로 학급풍토 형성에 학생의 특성과 함께 중요한 역할을 수행하며, 학급에서 형성되는 관계 영역에 중심이 된다고 할 수 있다(민상기 · 나승을, 2007).

또한, 학급풍토를 형성하는 요소를 관계 차원, 개인발달 차원, 체제 유지 및 변화 차원으로 구분할 수 있다. 관계 차원에서 학급풍토는 인간관계에 의해 형성되는 풍토를 나타내는 것이다. 이는 학급을 구성하는 구성원들 간의 관계가 학급풍토를 구성하는 중요한 요인이 된다는 것이다. 개인발달 차원은 학급은 바로 학습이 일어나는 장소라는 것에서부터 비롯된다. 학습에 대한 태도나 분위기, 과제 등이 어떠한 형태로 이루어지고 있는지는 학급풍토에서 중요한 요소가 될 수 있다. 체제 유지 및 변화 차원은 학급의 문화와 분위기를 반영하는 것이다(민상기, 2007).

2) 문화교육

급격한 사회변화는 끊임없는 문화의 발전을 가져온다. 이런 문화를 따라잡기 위한 교육의 역할은 더욱 증대되고 있다. 따라서 미래의 문화적 변화에 적응할 수 있는 유연한 인간을 기르기 위한 교육이 여러 부문에서 강조되고 있다. 문화교육은 이러한 사회적 필요성을 충족시키기 위한 개념이라고 할 수 있다.

사실 문화교육이 무엇인가에 대한 정의는 상당히 어렵다. 왜냐하면 문화와 교육이란 용어는 우리가 너무나 흔히 사용하는 말이지만, 문화와 교육의 정의는 한 마디로 규정하기 힘들다. 따라서 이렇게 난해한 단어인 문화와 교육이 합쳐졌으니 그 의미 파악은 더욱 어렵다. 그러므로 현재 문화교육이 연구되고 있는 경향을 살펴보면 문화교육의 개념 정의가 조금은 수월하리라고 생각한다. 문화교육의 연구는 현재 세 가지 정도의 관점에서 연구되고 있다.

첫째, 문화교육을 사회교육의 한 영역으로 사용한다. 평생교육의 한 하위 영역으로 일차적으로 문화교육기관에서 실시하는 교육을 지칭하는 것으로 사용하고 있다. 우리나라의 사회교육은 크게 ① 국가 및 지방자치단체 중심의 사회교육, ② 학교중심의 사회교육, ③ 산업체중심의 사회교육, ④ 종교 및 문화시설 중심의 사회교육으로 나눌 수 있다. 이 중에서 문화 시설 내의 교육을 문화교육의 영역으로 규정하고 있다. 그 이외의 여러 사회교육에 관한 연구도 문화교육의 의미는 문화 관련 시설에서 일어나는 사회교육을 통칭한다. 즉, 도서관과 마을문고, 박물관, 문화원, 각종 회관 등의 문화시설에서 실시되는 교육이 바로 문화교육이 되는 셈이다. 나아가 문화교육이 곧 사회교육이라는 점도 강조한다. 즉, 사회교육은 근본적으로 인간 삶의 질 고양을 위한 교육을 추구하며 사회 모든 구성원을 대상으로 하는 다양하고 이질적이며 폭넓은 교육을 의미한다. 그러므로 사회교육의 대상이 곧 문화를 보유한 문화구성원으로서의 사회구성원 전체이며, 사회교육의 내용이 바로 광범위한 의미에서의 총체적 문화교육을 다루고 있는 것이기에 사회교육과 문화교육은 본질적으로 불가분의 관계를 지닌다고 주장한다. 따라서 이러한 입장에서의 문화교육은 곧 사회교육이라고 할 수 있다.

둘째, 문화교육을 문화이론적 측면에서 연구한다. 문화평론가, 문화인류학자, 순수 문화연구자 등은 문화연구 자체에 중점을 두어 사회의 많은 문화 현상들을 파헤치고 분석한다. 특히 사회생활에 내재하는 문화의 제 측면을 연구하고, 나름대로 해석하면서 어떤 문화의 병리현상이 일어나면 그것을 치유할 수 있는 방편으로서 문화교육의 중요성을 언급한다. 물론 이런 경우에 문화교육은 부차적인 역할과 기능을 하며, 문화교육의 중요성보다는 그 문화를 어떻게 하면 잘 이해하는가에 중점을 둔다. 이러한 연구에는 인류학적 문화연구, 사이버 문화연구, 문화철학연구, 민속문화연구, 다문화/간문화연구 등의 유형이 포함된다.

셋째, 문화교육을 학교교육에 적용해서 실천해 보려는 연구이다. 학교교육의 많은 문제점을 파악하고 분석한 뒤, 그러한 문제점들의 대안으로서 문화교육을 강조한다. 즉, 현 상황의 교육내용이나 방법으로서는 해결점을 찾을 수 없으니, 그 대안으로서 문화교육을 중시하는 경향이다. 문화가 가지고 있는 교육적 요소들을 실제 학교 현장에 적용하여 학생들의 능력을 향상시키고, 창의력이나 사고능력을 키운다는 것이다. 문화의 역동성과 가변성은 고정된 것이 아니기 때문에 현재 학생들이 원하는 것을 수용해서 학생들의 인지발달을 돕도록 하는 것이 문화교육의 방향이다. 따라서 문화교육이 생각하는 학교교육은 단순한 지식의 전달이 아니라 감성, 창의력, 상상력, 비판력 등의 전인적인 인간을 육성하는 것이 목표이다. 또한 노동의 시대가 여가의 시대로, 소유의 개념이 접속의 개념으로 바뀌고 있는 현 시대에 새로운 방안으로서의 문화교육이 필요하고 보다 많아진 여가시간을 효율적으로 사용하여 삶의 질을 높일 수 있는 첩경을 제공할 것이라는 관점이다.

이러한 경향을 근거로 문화교육의 정의를 살펴보면 다음과 같다. 문화교육은 ① 지식에의 안내와 문화유산의 감상, 그리고 현대문화생활에의 안내, ② 문화가 확산되고 진화하는 과정에 대한 친숙화, ③ 문화유산들과 현대문화 간의 불가해한 연결과 동등한 존엄성의 인정, ④ 미적·예술적 교육, ⑤ 윤리적·시민적 가치들의 훈련, ⑥ 매체교육, ⑦ 간문화적(intercultural)/다문화적(multicultural) 교육을 포함하는 것을 의미한다.

또한, 독일문화협회와 문화교육증진협회에서 발행한 「문화교육을 위한 - 입장과 제언」이라는 보고서에 따르면 문화교육은 첫째, 지역사회의 네트워크(network)를 구축하여 "도시의 황량함"에 대응하며, 둘째, 상실된 의사소통능력을 개발하며, 셋째, 상실된 감수성을 회복하며, 넷째, 비판적인 판단과 사고를 교육하고, 새로운 미디어 보편화에 대응하며, 다섯째, 여가생활에 대응하며, 여섯째, 창의적이고 독립적인 행동을 수행할 수 있는 능력을 개발하며, 일곱째, 여가산업이 제공하는 프로그램에 대응하며, 마지막으로 노동산업의 위기에 대응해야 한다고 논의한다.

그리고 어떤 면에서 문화교육은 "자신과 사회에 대한 감수성과 성찰적 이해의 태도를 키우고 변화하는 사회에 능동적으로 대응할 수 있는 적응력을 강화시킴으로써 정보화 사회와 학습 사회에 주체적으로 대응할 수 있도록 하는 교육"이라고 정의하고, 더 나아가 "창의성과 문화적 감수성을 기반으로, 개인과 사회에 대한 성찰적 인식을 통하여 삶의 질과 사회적 가치의 문제를 주체적이고 능동적으로 해결할 수 있는 자기 주도적, 문제해결 지향적 학습활동"이라고 정의하고 있다.

이처럼 문화교육에 대한 정의는 다양하면서도 어려운 문제이다. 요약하면 문화교육에 대한 정의는 우선 문화에 의한 교육(education of culture)이냐, 문화에 대한 교육(education for culture)이냐에 대한 문제부터 살펴보아야 한다. 전자는 문화 자체의 중요성을 강조하면서, 학교나 사회교육기관 등의 여러 교육적 상황에서 문화를 어떤 방식으로 가르쳐서 학생들의 정서적·인성적 측면을 고양할 것인가의 문제이다. 이런 면에서 현재의 입시위주의 교육이 아니라 학생들의 전인적 발달을 고려하여 여러 가지 현장학습이나 체험학습 등이 포함되며, 특히 창의성이 매우 강조된다. 반면 후자는 여러 문화에 대한 교육, 즉 대중문화, 미국문화, 언론문화, 민속문화, 제3세계 문화 등에 대해 어떻게 분석하고, 해석하고, 행동할 것인지에 대해 가르치는 교육이라고 할 수 있다. 그러므로 간문화(intercultural) 교육, 다문화(multicultural) 교육을 포함한다.

따라서 가르친다는 입장에서 보면 전자는 현대 교육문제를 해결할 수 있는 대안이나 방법으로서의 문화교육을 강조하며, 후자는 여러 문화를 바르게 이해하며 어떤 문화적 차이에 의한 문제에 부딪혔을 때 해결할 수 있는 방법으로서의 문화교육이라고 할 수 있다. 이런 입장에서 보면 문화교육은 이 두 요소를 모두 가지면서, "문화라는 매개체를 이용하여 인간의 창의성을 길러주고 삶의 질을 향상시키며 인간의 궁극적 가치를 실현하는 교육"이라고 할 수 있다.

3) 다문화교육

(1) 다문화교육의 개념

다양한 문화, 민족, 성 그리고 사회계층과 학습자들이 동등한 교육적 기회를 얻고, 긍정적인 문화교류 태도와 인식을 돕는 것을 목표로 하는 교육이다. 다문화교육을 통해서 다양한 문화집단에 속한 서로 다른 사람들이 자신이 속하지 않은 다른 문화에 대한 편견을 줄이고 상호 이해와 평등의 관계를 중시할 수 있도록 하는 지식, 태도, 가치 교육을 제공할 수 있다. 기업의 글로벌화와 더불어 기업 내에 다양한 문화적 배경을 가진 직원들이 함께 일하게 되는 경우가 확산됨에 따라 다문화교육의 중요성이 커지고 있다. 해외 업무를 위해 파견될 직원들과 그들 가족들에게 거주하게 될 국가의 문화와 규준을 이해시키는 등의 다문화교육 역시 중요한 주제 영역의 하나이다. 다문화학습이라고도 한다.

(2) 다문화교육의 필요성

다문화교육이 필요한 실제적 이유는 다음과 같다(김병성, 2017). 첫째, 결혼이주여성, 외국인 근로자 등의 유입 급증으로 인종적·언어적·문화적 배경의 다양화를 들 수 있다. 둘째, 인종적·민족적·문화적·종교적 다양성의 증가로 인하여 다문화가정이 봉착하고 있는 문제 증가를 들 수 있다. 셋째, 글로벌 시대의 도래를 들 수 있다. 전 지구적으로 상호 연계되어 있는 위협적인 문제해결, 세계화된 무역과 경제발전에 참여하기 위해서는 전 지구적 협력이 필수불가결하며, 이를 위해서는 일정 수준의 문화 간 이해를 가진 사람이 필요하다. 넷째, 평등과 민주주의의 가치를 실현한다. 인간의 기본권, 사회정의, 대안적 삶에 대한 존중, 만인에 대한 동등한 가치를 부여하기 위해서는 인종, 성, 계층 등의 차별로부터 보호받을 수 있는 방법을 교육할 필요가 있다. 다섯째, 다문화가정 학생의 특성을 고려한 맞춤형 교육 지원이 필요하다. 여섯째, 다문화에 대한 이해 및 사회적 인식 제고, 즉 단일민족, 순혈주의의 극복을 들 수 있다(이정선 외, 2010).

(3) 한국의 다문화교육 문제점과 방향

우리나라의 다문화교육은 타 문화에 대한 이해와 상호존중보다는 다문화 아동이나 이주민의 한국어와 한국문화 이해 등 주류문화 학습에 초점을 두고 있다. 이로 인해 다수의 한국인을 대상으로 한 다문화 이해 및 감수성 증진을 위한 교육 프로그램에는 거의 관심이 없는 상황이다. 또한, 다문화교육을 다문화 축제나 이벤트와 구분하지 못하는 경향도 일부 관찰되고 있다. 캐나다는 1971년 '다문화주의법(Multiculturalism Act)'을 통해 다문화주의를 정치, 경제, 사회, 문화 전반의 기본 원칙으로 천명했고, 상호존중, 다양성, 평등을 바탕으로 소수자(원주민 교육), 이민자(언어 및 생활적응 교육), 모든 학생(반인종주의, 캐나다 다양성 증진 콘테스트)을 대상으로 다문화교육을 실시해 왔다(원진숙 외, 2010). 특히 반편견교육을 통해 차별이나 특별대우를 하지 않도록 하는 교육, '모두'를 대상으로 소수자의 자긍심을 존중하고 배려하는 마음가짐과 관용의 태도 교육이 중요하게 간주된다(김선미 · 김영순, 2008).

호주의 다문화교육 방법도 고려할 필요가 있다. 호주의 경우 다문화교육 초기에는 소수민족 학생에 대한 영어교육과 언어적응 프로그램이 중심이었으나, 점차 문화 다양성 존중 교육으로 확대되었고, 학생들의 모국어 유지와 발달을 위한 이중언어 교육 프로그램 개발과 모국어 교육, 다양한 배경을 가진 학부모의 학교 참여 지원, 편견과 인종 차별주의 및 고정관념에 대한 대처 전략을 위한 학교 공동체 프로젝트가 지원되고 있다(유의정 · 전형진, 2011). 호주의 학교에서는 이민자 학생이 모국어 유지와 발달을 위한 이중언어 교육 프로그램 개발과 모국어 교육에도 중점을 두면서, 이들의 문화적 자부심 고취를 위해 노력하고 있다(이성미,

2012). 또한, "너와 나는 우리(you + me = us)"라는 기치 아래 유소년 교육부터 인종주의와 적대, 편견을 해소하고 소수문화 공동체와 어우러지는 조화로운 삶을 지향하도록 교육을 하고 있으며, "인종주의 반대(Racism No Way)"라는 반인종차별 교육 프로그램은 연방정부가 추진하는 "조화로운 삶" 프로젝트의 핵심으로 각 주의 재정 지원을 받아 폭넓게 실시되고 있다(유의정 · 전형진, 2011).

이러한 캐나다와 호주의 다문화교육 원칙을 참고할 필요가 있다. 다문화교육은 유치원부터 대학까지 학교 커리큘럼과 교육환경에서 다문화 감수성을 배양할 수 있는 프로그램을 적극 실행하는 것과 모두를 대상으로 다문화에 관한 교육을 대폭 확대하는 것이 요구된다. 일방향적 한국화 교육이 아니라 이주민과 다문화 아동들이 가진 특성을 계발하는 것에 바탕을 두는 다문화교육, 미디어를 적극적으로 활용하는 다문화교육이 유익할 것이다.

다문화 사회에서는 이주민의 사회권과 문화권을 인정하는 등 모두를 대상으로 한 다문화 수용성 향상을 위한 교육이 요구된다. 구체적으로, '다문화 커뮤니케이션 능력(multi-cultural communication competence)'을 배양하는 교육을 통해 차별적 인식과 태도를 개선하고 다문화 감수성 및 수용성을 증진시키는 교육이 필요하다. 이 과정에서 다문화 아동이나 이주민을 보호의 대상으로 여기지 않고, 그들의 문화적 특성과 요구를 적극적으로 반영해 인권의 관점에서 교육이 이루어져야 한다. 또한, 사회행동 접근법에 근거해, 단기간의 이벤트 중심이 아닌 전문화된 교육과정과 프로그램을 개발하고 교육체계와 교육문화 전체를 다문화 상황에 맞게 변화시키는 노력이 필요하다.

다문화 가정을 중심으로 보면, 구성원 간의 소통능력 증진이 시급하며, 이를 위해서는 시어머니 및 남편을 대상으로 하는 다문화교육이 강화되어야 한다. 이주여성들은 남편, 시부모와의 소통에 어려움을 겪는다. 특히 남편의 반대 때문에 출신국가의 언어를 아이들에게 가르치지 못하는 경우도 있고, 남편과 의사소통이 원활하지 않아 폭력에 시달리는 경우도 많다. 따라서 이주여성의 한국사회 정착과 적응을 위해서 남편과 시부모를 대상으로 한 다문화 감수성 교육이 강화돼야 할 것이다. 이주여성의 남편과 시어머니들이 타 문화에 대해 이해하고, 존중할 수 있도록 의무적으로 교육을 받도록 해야 하며, 일정 기간 지역의 다문화가족지원센터 등에서 교육을 실시하는 것도 유익할 것이다.

다문화교육에 대한 오해도 엄존하고 있다. 그동안 동화주의에 입각한 일방향적인 '한국화' 프로그램이 다문화교육의 주류였다. 하지만 이제 다문화교육은 좀 더 개방적이고, 상호 이해와 상호 변화가 중심이 되는 관점으로 변해야 한다. '동화' 및 '사회화'에 치중하는 다문화교육은 이주민 등 소수자의 정체성과 문화적 욕구를 외면하는 문화적 폭력이 될 수도 있다(배현주, 2009). 다문화에 관한 오해는 다음과 같이 정리할 수 있다.

첫째, 다문화교육은 소수자만을 위한 교육이라는 인식이다. 다문화교육을 기존 사회에 새롭게 유입된 외국인, 특히 동남아인, 가난한 자, 여성, 소외된 자들만을 위한 복지 프로그램 또는 교육과정으로 간주하는 것이다. 이러한 인식은 다문화 사회의 본질을 이해하지 못한 결과인데, 이주민들을 제3자적 개인으로 '타인화'하는 경향으로 이어지게 된다.

둘째, 다문화교육의 일방적 접근 방식이다. 현재 국가 차원의 다양한 다문화 가정 지원책이 실행되고 있고, 안산을 비롯해 전국 곳곳에 글로벌센터, 지구촌학교 등 다양한 프로그램들이 운영되고 있다. 아울러 다문화 가정을 지원하기 위한 기업들의 활동도 다양하게 전개되고 있다. 또 교육부에서는 다문화 아동의 교육 지원 계획을 마련했고, 국회는 다문화교육이 사회통합을 위해 필수적인 것으로 간주하고 각종 법령 제정을 통한 뒷받침에 나서고 있다. 여성가족부가 주관하는 건강가족지원센터에서는 다문화 가족 교육을 위한 매뉴얼을 개발, 운영하고 있으며, 각종 보고서 및 워크북을 보급하고 있다. 지방자치단체도 다문화 가정 지원 및 교육 프로그램을 적극 운영하고 있다. 그러나 대부분의 프로그램은 다문화 가정의 필요 및 욕구를 바탕으로 하기보다는 교육 제공자의 입장에서 일방적으로 계획되고 있는 경향이 있다. 즉, 다문화 사회의 핵심인 이주민들의 요구나 욕구에 대해 '밑으로부터(bottom-up)' 조사가 철저히 이루어지지 않은 가운데 '위에서부터(top-down)' 실행이 이루어지는 것은 큰 문제라고 하겠다.

셋째, 다문화정책 및 교육 프로그램이 시혜적(施惠的) 차원에서 이뤄지는 것도 문제다. 시혜적 접근은 다문화 가정을 우리의 이웃이 아니라 우리와 다른 특별한 집단으로 인식하고 있음을 방증하는 것이다. 이로 인해 교육대상이 되는 이주민이나 다문화 아동들은 스스로를 부끄러워하거나 자괴감을 갖고, 문화적 정체성에 대해 자부심을 가질 수 없다. 이처럼 누군가를 특별한 눈으로 바라보는 경우 그 시선을 받는 사람들은 대단히 불편하게 여기며, 더욱 소외될 수 있을 것이다.

06 CHAPTER

Sociology of Education

사회변화와 교육

인간은 사회 속에서 태어나고 사회 속에서 자라고 죽는다. 인간은 사회의 변화에 따라 의식과 행동이 변화하고 내면화한다. 현대는 변화의 시대라고 할 만큼 모든 것이 빠르게 변모하고 있다. 이러한 가운데 교육이 빠르게 변화하는 사회를 잘 이해해야 할 것이다. 이 장에서는 현대사회의 변화에 따른 교육의 변화에 대해 알아보도록 하겠다. 먼저 변화의 의미와 거기에 따른 변화이론 그리고 사회변화의 원인과 과정 그리고 마지막으로 사회변화와 교육과의 관계성 등에 대해서 알아보고자 한다.

1 사회변화

1) 사회변화의 의미

변화라는 단어의 뜻은 사물의 성질이나 모양 그리고 상태 따위가 바뀌어 달라지는 것을 말한다. 사회변화(social change)란 사회구조, 습관이나 제도 등이 먼저 존재했던 상태로부터 달라지는 것을 말한다. 이러한 변화는 국가나 사회의 규칙이나 규범 혹은 법이 변화를 일으키며 사회가 변화하기도 하며 사회 내에 특수한 하부구조 또는 사회의 주요한 부분에 변화가 생기기 때문에 나타나기도 한다. 또한 사회변화는 자연적으로 그리고 환경의 변화로 인하여 나타나기도 한다.

다른 한편으로 사회의 구성원이나 조직 그리고 체제 등 변화의 주체들의 기대와 필요를 충족시키기 위하여 일어나기도 한다. 사회변화는 위에서 아래로 직선적으로 급격히 변화가 이루어지기도 하고 시간이 지나면서 서서히 사회적 행동의 반복적인 결과 때문에 나타나기도 한다. 또한 일시적으로 일어나기도 하며, 계속적으로 변화가 일어나기도 한다. 사회변화는 이러한 변화가 나타나는 과정을 의미하기도 한다.

Robert Morrison MacIver
(1882~1970)

변화라는 뜻의 의미를 사회학적으로 풀이한 미국의 사회학자 매키버(MacIver)는 변화라는 뜻에 담긴 세 가지 사실에 대해 다음과 같이 설명하였다.

첫째, 어떤 변화냐는 것이다. 이것의 의미는 사회변화가 어떠한 목적과 목표를 가지고 변화가 이루어졌는가에 대한 관심이다.

둘째, 변화의 과정에 대한 지속성이다. 이것은 사회변화의 과정이 단기간에 이루어졌는지 혹은 오랜 세월동안 이루어졌는지에 대한 문제이다.

셋째, 변화의 결과에 따른 시간에 대한 문제이다. 이것은 이미 변화된 사회의 모습이 어느 정도 기간에 걸쳐서 이루어졌는가에 대한 물음이다.

매키버가 지적한 사회변화에 대한 물음은 사회변화라는 것이 막연하게 생겨서 변화하는 것이 아니라 어떠한 구체적인 목적과 시간을 가지고 변화한다는 것을 말한다. 다시 말해 사회변화란 사회의 발전을 의미하기도 한다. 왜냐하면 사회가 변화되지 않는다는 것은 이미 사회 발전이 없다는 것을 의미하기 때문이다.

2) 사회변화 이론

(1) 사회진화론

사회진화론(社會進化論, Social Darwinism)이란 19세기 다윈(Darwin)이 발표한 『종의 기원』에서부터 파생된 진화론을 바탕으로 하여 사회변화의 모습을 이론적으로 해석하려는 것이다.

Herbert Spencer
(1820~1903)

영국 출신의 사회학자인 스펜서(Spencer)는 다윈의 진화론에 깊은 감명을 받고 범우주적인 법칙으로 확대할 수 있다고 생각하였다.

특히 그는 진화론을 사회학에 도입하여 사회의 진화를 밝히려고 하였고, 더 나아가 사회학이란 사회의 진화를 규명하는 학문으로 여겼다. 그가 주장한 사회진화이론은 다음 세 가지로 설명할 수 있다.

첫째, 그는 다윈의 진화론이 단순한 생명체에서 복잡한 생명체로 변화된다는 사실에 입각하여 사회도 단순한 상태에서 진화하여 더욱 복잡하게 진화한다고 보았다.

둘째, 다윈의 진화론에서 생물의 진화과정은 몸의 기능이 분화하거나 혹은 통합하는 과정을 거치게 되는데, 사회도 이와 마찬가지로 발전하면서 그 기능이 분화하거나 통합한다고 여겼다.

셋째, 진화론의 적자생존의 원리와 같이 사회도 적자생존의 원칙에 의거하여 사회가 변화된다고 보았다.

다윈의 진화론을 바탕으로 한 스펜서의 사회진화론은 그 당시 사회변화론이 전무한 상태에서 나온 이론으로서 그 의의를 가진다.

(2) 사회순환론

Oswald Spengler
(1880~1936)

사회순환론에서는 사회진화론과 같이 사회가 특정한 방향을 향해 진화되거나 움직인다고 보지 않는다. 대신 사회는 그곳에서 새로운 탄생과 성장 및 쇠퇴와 해체를 반복하게 되는데 그것이 곧 사회변화라고 보는 것이다.

독일의 문화 철학자인 스팽글러(Spengler)는 인간의 역사 그리고 사회와 문명이 인간의 생애 주기처럼 순환한다고 말한다.

스팽글러가 말한 것처럼 사회순환론은 사회가 단순히 진보하기만 하는 것이 아니라는 것이다. 사회란 진보 혹은 발전하기도 하고 퇴보하거나 붕괴하기도 한다. 그렇기 때문에 사회순환론에서는 산업사회로 발전된 현대사회가 전통사회보다 모든 면에서 더 우월하다고 보지는 않는다. 사회순환론은 대체로 역사 속에서 반복되는 사회변화를 설명하고 해석하는 데 유용하다고 할 수 있다.

(3) 사회균형론

Talcott Parsons
(1902~1979)

Tohomas Hobbes
(1588~1679)

이 이론은 생물학에서 사용하는 공생이론에 기초하며, 한 부분이 부족하게 될 때 다른 부분이 채워져 균형이 이루어질 때까지 변화한다는 이론이다.

미국의 사회학자인 파슨스(Parsons)는 그가 제시한 사회체계론(social system theory)에서 사회현상이란 실체로 존재하는 것이 아니라 여러 가지 변수가 작용하거나 상호의존의 관계에 있는 것이라고 말한다.

그는 영국의 정치 철학자인 홉스(Hobbes)의 이론에 공감하면서도 그가 이야기했던 사회 속에서 개인의 행동을 자율에 맡기면 질서를 잡기 불가능하기 때문에 강력히 규제해야 한다는 것과 다르게 행위에 대한 억압적 및 강제적인 제재를 받아들이지 않는다. 그는 강제력보다는 자발적 동의를 하여 행동하는 것을 강조하였으며, 이것을 전제하여 사회적 질서를 말하였다.

파슨스는 자신의 사회학적 분석방법을 통하여 사회에 구조기능분석의 주요 논리를 체계화시켰는데, 주요 이론적 특성 네 가지는 다음과 같다.

첫째, 사회는 부분들이 결합한 체계이며, 전체적으로 파악해야 한다.

둘째, 사회체계는 비록 완전하지는 않지만 기본적인 균형상태에 머물러 있다. 사회는 적응과 사회통제를 통하여 그 체계를 유지하고 안정화시키려는 경향이 있다.

셋째, 사회변화는 점진적 방식으로 일어나며, 급격하거나 혁명적이지 않다.

넷째, 사회통합을 이루는 가장 기본적인 것은 상호 간의 가치합의이다.

(4) 사회갈등론

독일 태생 영국의 사회학자인 다렌도르프(Dahrendorf)는 현대 산업사회에서 나타나는 갈등의 원천은 마르크스(Marx)가 주장했던 계급적 대립이 아닌, 사회 속에서 권위 또는 지위를 획득하려는 상반된 이해에서 나온다고 하였다.

Ralf Dahrendorf
(1929~2009)

다렌도르프의 사회갈등론은 혁명이 항상 필연적인 것은 아니다. 그 결과 기능주의의 단점과 마르크스 이론의 급진성을 극복하려고 했다. 이러한 다렌도르프의 이론은 터너에 의해 여섯 가지로 요약되었는데 다음과 같다.

첫째, 사회체계는 계속해서 갈등상태에 있다.

둘째, 이 계속된 갈등상태는 사회체계 속에 있는 대립된 이익에 의해 발생한다.

셋째, 사회 속에 지배집단과 피지배집단 사이의 권력 분배로 인하여 이해득실이 생긴다.

넷째, 두 집단 사이의 이해득실은 두 갈등집단을 양극화시키는 경향이 있다.

다섯째, 두 집단 사이의 갈등은 변증법적이며 갈등의 해소를 통하여 또 다른 새로운 대립과 갈등이 생기게 된다.

여섯째, 사회체계에 사회변화는 항상 존재한다.

(5) 사회문화론

일반적으로 문화변화란 기존의 문화가 다른 문화와의 접촉에 의해서 새로운 문화가 만들어지는 것을 말한다. 그러나 새로운 발명과 발견에 의한 문화변화에 의해서 사회가 변화하기도 한다. 최근의 문화변화는 과학기술의 발전과 세계화 속에 전 세계적으로 문화에 영향을 미치게 되었다. 사회문화론에 따른 문화변화의 몇 가지 예를 열거하면 다음과 같다.

첫째, 문화융합이다. 이는 기존 사회가 가지고 있는 특정 사회의 고유문화가 외래문화와 접촉함으로 인하여 새로운 문화가 만들어지게 되는 경우를 말한다.

둘째, 문화동화이다. 이것은 기존의 사회에 존재해 있었던 문화가 유입된 외래문화에 완전히 동화되어 해체되거나 소멸되어 버리는 것을 말한다.

셋째, 문화공존이다. 이것은 외래문화가 유입이 되었지만 기존에 존재하는 문화는 그것에 흡수되지 않고, 하위문화로서 외부문화와 동시에 그 사회 내부에 독자적으로 존재하는 경우를 말한다.

넷째, 고유문화 강화이다. 이것은 외래문화의 유입으로 인해 기존 고유문화가 정체성에 위협을 받을 경우, 이 고유문화는 외래문화를 거부한 채 원래의 고유문화를 강화하려는 것을 말한다.

2 사회변화의 원인과 과정

1) 사회변화의 원인

(1) 기술발전

기술발전에 의한 발명은 사회변화의 원인으로 상당한 영향을 끼친다. 기존에 존재하고 있었던 것에서 새로운 것의 등장은 당연히 사회변화의 원인이 된다. 미국의 사회학자인 오그번(Ogburn)은 그의 저서 『사회변동론』에서 기술의 발전으로 만들어진 발명품들에 의해서 사회의 변화를 촉진하고 있다고 말한다.

William Fielding Ogburn (1886~1959)

또한 기술의 발전은 우리가 살아가고 있는 사회를 크게 변화시켰는데, 첫째, 산업기술의 발달은 공장에서 대량 생산이 가능해지게 되었고, 건축기술과 자동차의 발명 그리고 높은 기술력으로 고도의 전자제품들을 개발함에 따라 인간은 풍요로운 생활을 누리게 되었다. 둘째, 의학의 발달은 사망률을 감소시키면서 인간의 평균 수명을 연장시키게 되었다. 이러한 기술의 발달은 사회변화의 지대한 원인으로 꼽을 수 있다.

(2) 인구의 변화

사회변화의 가장 큰 원인 중에 하나는 인구의 변화이다. 먼저 인구가 증가하면 주택이나 일자리가 필요하고, 당연히 그에 따른 교육시설이나 의료시설을 확충해야 한다. 또한 인구가 많아지면 아이들을 위한 시설 그리고 노인들을 위한 사회적 시설이 필요하다.

또한 결혼 및 직장과 노동 이주자의 인구가 증가하면서 다문화 사회가 되고 있으며 이에 따라 관계 기관은 여러 가지 정책을 마련하고 있다. 이처럼 인구의 증가와 해외 이주자의 증가는 기존의 사회조직에 변화를 가져온다.

(3) 가치관의 변화

Martin Luther
(1483~1546)

사회 속에서 사람들의 의식이나 가치관의 변화도 사회변화를 일으키는 원인이 될 수 있다. 중세를 지나면서 억압되었던 인권과 인간의 이성에 대한 자유는 루터(Luther)에 의해서 종교개혁이라는 사회변화를 가져오게 되었고, 중세의 사고방식에서 탈피하는 기회가 되었다. 자유와 평등의 가치를 위해서 폭력적인 절대군주인 루이 14세에 대항하여 프랑스혁명이 일어나게 되었고, 이를 통하여 프랑스는 엄청난 사회변화를 겪게 되었다.

또한 우리나라는 조선시대를 지나 근대화를 이루면서 남녀평등의 가치관이 확산되었다. 이것은 그동안 유교적인 사회 속에서 벗어나 한국사회의 커다란 사회변화를 초래하였다. 평등의식은 일상생활뿐만 아니라 정치, 경제, 사회 등 모든 곳에서 동등한 권리와 기회를 부여하게 됨으로 인하여 거기에 따른 새로운 사회 제도가 생겨나게 되었다.

(4) 자연환경의 변화

인간의 문명이 발전하면서 인류의 생활은 윤택해졌다. 그러나 사회의 새로운 문제들이 생겨났는데 그것은 공해와 자연환경의 파괴이다. 오래전부터 논의해 온 지구 온난화로 인한 북극 빙산의 해빙과 사막화현상 및 예기치 못했던 자연재해들이 일어나고 있다. 이와 같은 변화에 대응하기 위해서 국가나 관계기관 그리고 사회단체들의 변화가 일어나고 있다. 그러한 대처 방법 중 하나는 태양에너지 개발과 환경보호 운동 등이 있다.

미래의 열대우림은 더 이상 '지구의 허파'가 아니다. 지구온난화와 가뭄으로 열병을 앓고 있는 열대우림은 이산화탄소를 흡수하지 못하고 오히려 내뿜게 된다. 인간의 무분별한 벌채로 열대우림이 사라지는 현상을 허파가 손상된 모습에 비유했다.
출처: 세계자연기금(WWF).

그림 6-1 환경파괴

2) 사회변화의 과정

사회는 전체가 한 번에 변화되지 않는다. 사회변화는 사회 속의 어떤 곳에 외부의 새로운 문화의 접촉이나 자체적인 물리적 환경의 변화가 지속되면서 사회변화를 일으키게 된다. 이러나 변화의 과정은 옛것에서부터 새로운 것으로의 변화과정을 겪는다. 이러한 과정은 새로운 균형과 안정 상태로의 변화이다. 일반적으로 사회변화의 과정은 변화 속도에 따라서 그림 6-1의 네 단계를 거치면서 변화하게 된다(김병성, 2008).

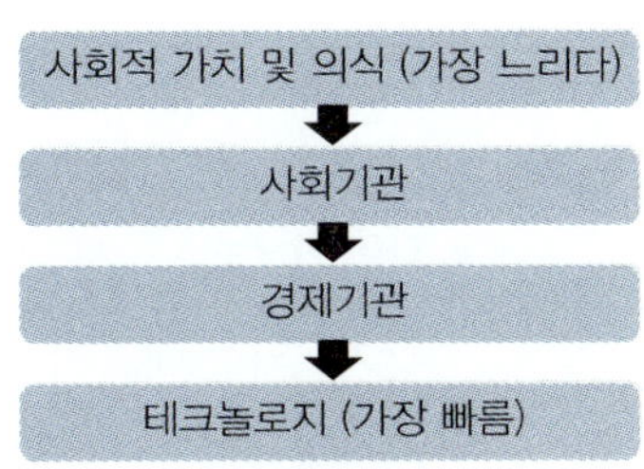

그림 6-2
사회변화의 과정

3 사회변화와 교육

사회변화에 있어서 교육의 역할이란 없어서는 안 될 중요한 부분이다. 교육은 기능적으로 사회화의 주체로 사회의 정치, 경제, 문화, 교육 체제 등 거의 모든 부분과 연관되어 있다. 그렇기 때문에 교육은 사회변화의 매개체로 작용할 수 있는 것이다.

1) 교육의 기능

교육은 개인이 사회생활을 하는 데 있어서 적응하고 잘 살아갈 수 있도록 도와주는 기능을 가지고 있으며, 동시에 인류문화의 계승 및 성장 발전을 위한 역할을 수행하며 그 사회적 기능을 다한다고 할 수 있다. 교육은 그 자체의 목적을 실현하기 위한 본질적 기능과 교육 외적인 부분에 대해 그 가치 실현을 위하여 교육이 수단과 도구로서 활용되는 기능이 있다. 인간 개인적이고 본질적인 면에서 그 기능을 살펴보면 다음과 같다.

- 균형적 발달 : 교육은 사회 속에서 인간 변화를 전제로 한다. 이러한 변화는 인간 개개인의 부분적인 특징의 변화로서 한정되는 것이 아니라 인간 전체로서의 전인적 변화를 의미한다.
- 자아의 형성 : 사회 속에서 인간은 자아를 형성하거나 자기 정체성을 갖게 되는데, 이것이 교육의 기본적 원리 중 하나이다.
- 인격의 형성 : 사회 속에서 교육은 인간의 행동을 위한 자기 결정과 자기 통제를 위한 능력을 형성하도록 도와준다.

다음은 인간이 사회 속에서 살아가면서 윤리적 그리고 도덕적 가치를 실현하기 위한 사상적 면의 기능이다.

- **입법적 기능**: 인간 개개인의 생활을 위하여 규범을 정하거나 사회 윤리나 규칙 혹은 규범을 자신의 것으로 내면화하는 것을 말한다.
- **집행적 기능**: 자신에게 내면화된 신념이나 규범에 따라서 행동하는 것을 말한다.
- **심판적 기능**: 자신에게 내면화된 행동을 하면서 원칙에 따라 자신의 구체적인 행동을 판단하는 기능이다.

2) 사회변화와 교육의 기능

(1) 보존적 기능

보존적 기능이란 사회에서 형성된 문화 유지·존속을 위한 전달기능을 말한다. 기존에 가지고 있었던 전통, 가치, 신념, 윤리체계 등을 다음 세대에 전달하여 그 문화를 계속적으로 유지하기 위한 기능을 말한다. 예를 들어서 한국적인 인간상이나 한국의 전통명절 같은 것을 다음세대로 전달하는 것 등이다.

(2) 창조적 기능

창조적 기능은 사회의 발전을 위한 교육을 말한다. 사회가 끊임없이 역동적으로 움직이도록 교육이 적극적으로 사회발전과 성장에 참여하여 새롭고 유익한 문화 창달을 위해 선도하는 기능을 담당해야 하는 것을 말한다. 예를 들면 인간의 정신개조 운동이나 환경오염과 지구에 닥칠 미래의 위험요소를 예방하기 위한 교육 등이다.

(3) 적응적 기능

인간이 속한 사회는 부단히 변화하고 있다. 특히 컴퓨터와 인터넷으로 대변되는 3차 산업혁명 이후에 세계는 급속한 사회변화를 겪고 있다. 적응적 기능이란 이러한 사회변화에 대해 부단히 능동적으로 적응하는 기능을 말한다. 교육적으로 급격한 지식과 기술의 변화에 적응할 수 있도록 과학적 태도를 함양시키며 의식의 변화를 위하여 지도해야 한다.

3) 사회변화와 교육의 역할

사회 속에서 사회화의 주체가 되는 교육이란 정치, 경제, 문화, 사회 등 여러 가지 분야에서 영향을 미치며 사회변화와 인간의 성장과 발전을 인도하는 활동이다. 이러한 사회변화의 주체로서의 특성을 가진 교육의 역할을 여러 가지 영역에서 알아보면 다음과 같다.

(1) 개인발전과 교육

① 정신의 계발 : 정신의 계발이란 개인발전에 기초가 되는 심리적 요인을 말하는 것이다. 이러한 요인들은 개인의 성향이나 가치관 그리고 도덕적 태도 등이나 혹은 창의적 성격이나 자아개념 등을 포괄적으로 이야기하는 것이다. 정신의 계발은 교육에 있어서 중요한 기능으로 발전과 더불어 사회변화와 발전을 위해서도 본질적인 것이다. 예를 들면, 중세를 지나면서 발달한 이성의 계발과 우리나라 새마을운동의 정신 등이 이에 해당한다.

② 지식과 능력 계발 : 변화되는 사회 속에서 인간의 발전은 정신적 계발과 더불어 그것에 맞는 필요한 지식이 있어야 한다. 이러한 지식의 획득을 위하여 교육이 항상 필요하게 된다. 또한 사회는 교육을

통하여 개인의 사회적 지위를 결정짓게 하는 역할을 한다. 그렇기 때문에 개인의 지식과 능력의 계발은 개인의 능력계발과 더불어 사회체계 속에서 자신에게 맞는 역할을 찾을 수 있도록 해준다.

(2) 정치발전과 교육

James Samuel Coleman
(1926~1995)

교육은 개인적인 발전을 도모하는 동시에 사회 정치발전의 실현을 위하여 국민적 자질을 함양시키는 역할을 한다. 미국의 사회학자인 콜맨(Coleman)은 사회 속에서 정치발전을 위한 교육의 기능에 대해 다음과 같이 말하였다.

첫째, 정치적 사회화를 위한 교육의 기능을 말했는데, 정치적 사회화란 그 역할을 실천해 나갈 수 있는 지식이나 태도 등을 습득해 가는 과정이라는 것이다.

둘째, 정치적 역할을 담당할 사람들을 길러 이들을 충원하는 정치적 충원의 기능을 말했는데, 정치체제가 유지 · 존속되기 위해서는 행정요원이나 정당요원 등 정치적 역할을 담당할 사람들을 양성하여 충원하는 것이 필요하다는 것이다.

셋째, 정치적 통합의 기능을 이야기했는데, 이것은 상호 이질적 특성을 가진 각자의 독립성과 고유한 기능을 유지하지만 조화를 이루어가는 상태를 말하는 것이다. 이러한 예로는 민족적 공동체 의식이나 애국심 등을 길러주는 것을 들 수 있다.

(3) 경제발전과 교육

① 인력양성 및 공급 : 교육은 경제활동에 직접적으로 영향을 미치지는 않지만 간접적인 영향 아래 인간의 의식과 행동양식에 변화를 주어 경제발전의 원동력이 되는데, 인력자원을 양성 및 보급하는 중요한 역할을 담당한다. 미국의 농업경제학자인 슐츠(Schultz)는 교육이란 교육 투자론의 입장에서 경제학에 중심 역할을 담당하고 있다고 말한다. 즉, 그는 교육을 위해 투자하는 것은 인간자본에 대한 투자와 같으며 이것은 경제발전에 밀접한 영향을 미치게 된다는 것이다.

② 성취동기 함양 : 욕구이론으로 유명한 미국의 심리학자인 맥클리랜드(McClelland)는 성취, 권력 및 소속에 대한 요구가 경영 맥락에서 사람들의 행동에 어떻게 영향을 미치는지를 설명하는 성취동기를 주장하였다.

David C. McClelland
(1917~1998)

그는 욕구이론을 통한 성취동기와 경제발전과의 상관관계에 대해 연구를 하여 개인의 성취동기가 높을 때 사회적 경제발전에 높은 기여를 하게 된다고 하였다. 이것은 경제발전을 위하여 인간을 교육하는 것에 대한 역할의 중요성을 말한 것이다.

③ 발전적 태도 함양 : 또한 교육은 인간이 사회 속에서 경제활동을 하는 데 합리적이고 효율적으로 할 수 있도록 올바른 태도와 가치관을 심어주는 데 중요한 역할을 한다.

(4) 사회발전과 교육

① 사회구조의 변화 : 교육은 직접적으로 사회구조를 변화시키지 못하지만 사회의 구성원인 인간을 통하여 사회구조를 변화시키며 사회문제에 올바로 대처하는 역할을 한다. 교육을 통하여 인간은 합리

적이고 성취지향적인 가치관을 형성하는 데 영향을 미치게 되며 사회분화와 전문화를 촉진시킬 수 있는 사회구조로 변화시킨다.

② 가치관의 변화 : 인간은 사회 속에서 자라고 사회와 함께 성장한다. 인간의 의식과 가치체계도 사회와의 계속된 상호작용 속에서 발전하고 자신의 자아와 정체성을 형성한다. 교육은 이러한 가치체계와 인간의 의식 변화를 위한 수단으로 작용한다.

③ 사회문제 예방 : 인간은 교육을 통하여 사회발전과 변화과정에서 발생되는 여러 가지 사회문제에 대처해 나가고 그것을 해결할 수 있는 능력을 고양시키게 된다.

(5) 문화발전과 교육

① 문화의 전달 : 교육은 기존 사회에 존재해 있었던 문화를 다음 세대로 전달하는 기능을 한다. 이러한 전달과정을 통하여 사회는 더 높은 문화를 창출해 낼 수 있게 된다.

② 문화의 교류 : 사회는 교육을 통하여 지역 간의 문화교류가 일어나게 된다. 또한 국가 간의 문화가 상호 교류되며 이러한 문화의 유입과 접근과정을 통하여 지역에 맞는 새로운 문화가 발전 및 형성된다.

(6) 기술발전과 교육

과학기술 발달은 인류 문명의 발전에 크게 기여했다. 1차 산업과 2차 산업에서 경공업과 중공업에서 일어난 산업혁명 그리고 컴퓨터, 인터넷을 중심으로 한 디지털 네트워크 혁명인 제3차 산업혁명에 이르기까지 인류는 계속된 발전을 거듭했다. 이제는 4차 산업인 융합으로의 발전을 하고 있는 중이다. 이러한 과학기술의 발전은 사회적 변화와 욕구를 충족시키는 데 일익을 담당했다. 그러나 이러한 과학기술의 밑바탕은 바로 교육의 힘이 있었기 때문에 가능했던 일이다. 교육은 이러한 과학기술이 발전되는 속도를 더욱 촉진시킬 수 있으며 더 새로운 과학기술의 발달을 이루어낼 수 있다.

의학 분야인 생명공학이 발달함에 따라 식량 부족 문제를 해결할 수 있는 대안을 줄 수 있게 되었고, 인류가 정복하지 못한 질병을 고칠 수 있는 새로운 치료법을 통해 건강한 삶을 누리게 되었다. 또한 컴퓨터와 인터넷의 발달로 인간의 지능과 유사한 로봇이 탄생할 날이 멀지 않았다. 이러한 발전의 근저에는 그 분야마다 인재들을 가르치는 교육이 있었기 때문에 가능했던 것이다.

그림 6-3 기술의 발전과 로봇

4) 근대화와 교육

근대국가의 출현과 발달을 통하여 교육의 역할은 정치 · 사회 · 경제에서뿐만 아니라 개인의 가치와 행동 등도 변화시키는 주체로의 기능을 발휘했다. 그러나 만일 인간이 전통적이고 과거지향적인 사고방식을 가지고 있다면 근대적인 사회변화와 의식과 가치의 변화를 이루기에는 부족할 것이다. 특히 교육에 대한 마음가짐과 새로운 변화의 물결에 대해 긍정적인 사고방식을 갖는 것이 중요하며 더 나아가 교육현장의 조직이완 프로그램도 근대적이고 창조적인 사회를 건설할 수 있도록 변화에 맞게 바뀌어야 할 것이다.

이렇게 근대적이고 창조적인 교육을 받은 주체로서 근대화의 전형적인 특성을 가진 인간의 자질은 다음과 같다(김병성, 2008 재인용).

- 새로운 행동방식과 경험에 대한 개방성
- 전통적인 권위를 갖는 인물로부터 독립성을 가지고 지도자들에 대한 존경심에서 이탈할 가능성
- 과학과 의학의 효용성에 대한 신념, 수동성과 운명주의를 떨쳐 버리는 일반적 경향
- 자신과 자녀들에 대한 높은 포부
- 정확한 시간관념과 신중한 계획성
- 공공 정책에 관한 강한 관심과 능동적 참여
- 국가적이고 국제적인 소식을 선호함

07 CHAPTER

Sociology of Education

사회계층과 교육

1 사회계층과 사회계급

1) 사회계층의 개념

사회계층은 재산 · 수입 · 직업 · 교육 · 종교 · 인종 · 혈연 등 객관적 조건이 동일한 사람들의 집적(集積)이다. 사회계층은 사회성층(成層)이라고도 하며, 일종의 통계학적 집단 또는 사회적 범주이다. 학자에 따라 소득을 위주로 계층을 구분하기도 하고, 직업 지위를 위주로 구분하기도 하며, 소득 · 직업 · 교육수준을 복합적으로 고려하여 구분하기도 한다.

계층은 계급을 포섭하는 상위 개념이며, 계급은 계층의 일종으로서 계급귀속의식과 이데올로기를 공유하는 집단이다. 계층 혹은 계급은 사회구조를 이해하는 기본적 개념이며, 권력의 차등에 의해 형성되는 계급을 사회구조의 근간으로 보느냐, 기능의 분화(分化)에 의해 형성되는 계층을 근간으로 보느냐에 따라 사회에 대한 인식이 크게 달라진다.

계급을 사회구조의 근간으로 보면, 권력과 이해관계의 대립으로 착취와 사회적 투쟁이 필연적으로 발생한다고 보게 되며, 계층에 따른 기능의 분화를 사회구조의 근간으로 보면 사회화 과정을 통한 지배적 가치패턴의 유지를 통해 사회의 질서와 안정이 유지된다고 보게 된다. 후기 산업사회에 들어와 권력과 이해관계가 뚜렷이 구분되는 계급의 양극화 현상이 줄어들고, 직업이 다양화되면서 그에 따른 수입이 사회적 지위와 권위를 결정하고 힘(power)을 부여한다고 보는 계층론이 확산되고 있다.

직업의 다양화는 횡적으로는 분야(分野)에 따른 분화를, 종적으로는 기능(機能)에 따른 분화를 초래하여 복잡한 계층화 현상을 낳고 있다. 직업의 다양화로 인해 분화된 계층들은 각기 그들 나름대로의 특이한 생활의식과 행위양식을 갖고 있다.

2) 계층 개념의 발전배경

계층 개념의 발전배경을 살펴보면 다음과 같다(김병성, 2017).

첫째, 세습적 신분(caste)을 들 수 있다. 세습적 신분은 인도의 카스트 제도에서 비롯되며, 출생과 함께 주어지는 폐쇄적이고 세습적인 계층이다. 가장 엄격하고 경직된 형태로서, 지위 간의 이동이 극히 어렵고 업적보다는 귀속적 요인을 중요시한다.

둘째, 이스테이트(estate)제도이다. 이는 토지 소유와 관련되는 것으로서 중세 영국의 봉건제도가 좋은 예가 된다. 봉건영주들은 토지를 많이 소유하여 높은 지위를 차지하였고 토지를 소유하지 못한 사람들은 그 지위가 낮았던 것이다.

셋째, 사회계급(social class)이다. 사회계급은 근대 산업사회에 있어서 전형적인 계층 형태를 말해 준다. 그리고 사회계급의 여러 특성 중에서 하나는 마르크스가 주장하듯이 사회계층의 결정은 경제적인 것, 즉 부와 수입이라는 형태에 의존하고 있다고 하였다. 대체로 카스트는 고대사회, 이스테이트는 중세사회, 그리고 사회계급은 현대사회에서 각각 지배적인 사회계층이라고 할 수 있다.

3) 계층 구조

사회이동의 가능성과 조건에 따라 계층화된 사회구조를 이르는 말이다. 계층의 수직 이동 가능성이 적은 폐쇄적 계층 구조와 사회이동이 비교적 자유롭게 이루어지는 개방적 계층 구조로 나누기도 한다. 폐쇄적 계층 구조는 사회에서 한 개인의 지위가 귀속적으로 결정되기 때문에 다른 계층으로 상승 또는 하강할 수 있는 기회가 극히 제한되어 있는 구조를 말한다. 고대의 노예제도나 봉건 사회, 카스트제 등에서 나타나는데, 부모의 지위와 자녀의 지위로 변함없이 이어지고, 성원 간의 혼인도 대부분 계층 내에서 이루어진다. 개방형 계층 구조는 개인의 능력이나 노력에 따라서 다른 계층으로 상승과 하강의 기회가 열려 있는 구조를 말한다. 근대사회와 현대사회는 성취 지위가 지배적인데, 계층 간의 엄격한 장벽이 없어서 사회이동이 비교적 자유롭다.

계층의 구성 비율에 따라 피라미드형 계층 구조와 다이아몬드형 계층 구조로 구분하기도 한다. 피라미드형 계층 구조는 하류 계층의 구성원 비율이 상류 계층에 비하여 높은 경우이고, 다이아몬드형 계층 구조는 중류 계층의 구성원 비율이 상류나 하류 계층에 비하여 많은 경우이다. 다이아몬드형은 산업사회에서 전문직·관료·사무직과 같은 직종이 크게 늘어나면서 나타났으며, 다이아몬드형 계층 구조를 가진 사회가 상대적으로 발전적이며 안정적인 사회라고 할 수 있다.

4) 사회계급의 개념

사회계급은 동일한 지위에서 유사한 의식과 생활을 공유하는 집단이다. 전체 사회구조에 있어서의 세력분배의 차등에 의해 형성되는 상하관계, 지배와 복종의 관계이다. 계급은 권력 등의 정치적 세력, 소유·부(富) 등의 경제적 세력, 권위·명성 등의 사회적 세력의 차별에 의해 분류되는 사회집단을 뜻한다. 계급은 사회구조와 변동의 실질적 내용이 되며, 인간의 태도와 행위를 좌우하는 중요한 요인이다.

애덤 스미스(Smith)는 계급을 경제적 지표에 의해 구분되는 일군의 집단으로 보았으며, 베버(Weber)는 재화(財貨)의 조달, 사회적 지위, 생활과 생산의 기회에서 같은 상황에 있는 집단으로 보았고, 마르크스(Marx)는 특정한 사회적 발전단계에 있는 사회적 생산체제 또는 사회구성체 속에서 생산수단(生産手段)의 소유관계와 양식에 따라 서로 구별되고 대립되는 집단으로 보았다.

후기 산업사회의 계급을 분석한 신마르크스주의자들은 생산수단의 소유관계만으로는 파악되지 않는 제3의 계급을 발견하고 그들을 중간 계급이라 이름하였다. 중간 계급은 타인의 노동력에 대한 통제력이라는 기준으로 볼 때, 자본가계급의 통제를 받으면서 동시에 노동과 계급을 통제하는 모순적 위치에 있는 집단이다. 한국과 같은 후발자본주의사회에서는 각 사회의 특수성을 부각시키는 계급범주들이 제시되고 있다. 자본주의적 생산양식과 더불어 소상품 생산양식이 병존하는 한국에서는 자본가 계급, 중간 계급, 노동자 계급 등의 계급범주를 공식 부문, 비공식 부문, 농업 부문 등의 부문별로 분해하여 범주화시키는 방식들이 제시되고 있다.

계급의 개념을 규정하는 데에는 여러 가지 기준이 사용되고 있지만 대체로 다음의 세 가지로 모아지고 있다(김병성, 2017).

첫째, 경제적 속성에 따른 구분이란 경제적 변수(變數)에 따라 층화를 시킨다는 것이다. 고전적 마르크스 계급론자들은 경제적 생산수단의 소유 여부에 따라 계급을 나누었고, 오늘날의 일부 계급론자들도 경제적 부와 소득을 계급 구분의 중요한 기준으로 설정하고 있다.

둘째, 단절적 집단이라는 의미는 계급이란 연속선상에서 임의의 분리점을 사용하여 층화를 시킨 집단이 아니라, 각 계급의 범주 간에는 자연스러운 분리가 이루어지고 있다는 것이다. 이렇게 나누어진 범주는 각기 독립된 존재 의미를 갖게 된다. 대표적인 것으로 생산수단의 소유 여부를 기준으로 하여 나뉘는 부르주아(bourgeois)와 프롤레타리아(proletariat) 계급을 생각할 수 있다. 이들 두 계급은 임의의 구획에 의한 것이라기보다는 각 계급이 역사적인 존재 의미를 가지고 있다고 규정되고 있다.

셋째, 계급의식이 있어야 진정한 의미에서 계급이 존재한다는 것으로서 이는 마르크스 이래 많은 사회학자들에 의해 공감되어 왔다. 예컨대, 센터스(Centers, 1949)와 같은 학자는 계급을 그 성격상 주관적인 특성을 갖는 사회심리적 집단으로 간주하고, 계급의식도 바로 집단의 성원의식(成員意識)이라고 보았다. 그 사회에서 자신의 위치를 주관적으로 어떻게 파악하고 있느냐 하는 것은 매우 중요한 문제이며, 계급의 형성과정에서 계급인식(class awareness), 즉 계급의 위계적 서열이 존재하고 있다는 사실을 알고 있는 상태는 구체적인 계급행동까지를 포함하는 단계인 계급의식의 단계로 발전하게 된다.

5) 사회계층의 측정방법

사회계층을 결정하는 요인은 전통적으로 생산수단의 여부, 직업, 정치적 지위, 기술, 가정배경, 인종에 의해 이루어지며 사회적 환경과 사회계층을 바라보는 관점에 따라 다소 간에 차이가 존재하고 있다. 이러한 차이는 사회계층을 명확하게 측정하는 것은 쉬운 작업이 아님을 의미한다고도 할 수 있다. 그러나 사회계층을 측정하는 데 활용된 방법은 크게 주관적 방법, 객관적 방법, 평판적 방법을 통해 이루어지고 있다.

(1) 주관적 방법

주관적 방법(subjective approach)의 경우 한 개인이 자신의 사회계층적 위치를 어느 수준으로 인식하는가 그리고 어떻게 그것을 인식하는가에 관한 것이다. 사람들은 자신 어떤 계층에 속한다고 평가를 내릴 수 있으며, 그들이 평가한 내용을 바탕으로 개인이 속한 사회계층 구조를 파악하는 것이다. 주관적 방법을 위한 측정 방법에는 자신이 어느 사회에 속하는가에 대해 직접 질문을 하는 방식과 미리 상·중·하로 분류된 범주에 응답하도록 하는 방법이 있다. 이와 같은 주관적 측정 방법은 객관적인 측정에 어려움이 있으며 대부분의 응답자들이 중간층으로 응답하는 경향을 지닌다.

(2) 객관적 방법

객관적 방법(objective approach)의 경우 사회구성원들의 사회적 지위를 대변하는 다양한 특성들에 의하여 구성원들이 속한 계층을 측정하는 것이다. 예를 들면 사회적 지위를 대변하는 직업, 소득, 교육수준, 거주환경 등과 같이 비교적 객관적인 항목들을 중심으로 척도화하여 측정하는 것이다. 대표적인 객관적 측정 방법으로는 미국의 사회학자인 워너(Warner)

가 개발한 지위특성지표(ISC: Index of Status Chatacteristic)를 들 수 있다. 그는 직업, 거주가옥의 형태, 거주지역, 수입, 수입원, 교육수준 등의 요인들을 점수화하여 상류, 중류상층, 중류하층, 하류상층, 하류하층 5단계로 나누었다.

① 상류계층 : 상류의 상하계층을 포함하여 상류계층의 행동특성은 가문과 전통을 존중하는 보수적인 경향이 짙다. 이들은 대개 상속받은 유산으로 살아가고 사회적으로 저명한 가정적 배경을 가지고 있다. 때로는 매우 배타적인 가치관을 나타낸다. 이 계층에 속한 사람들은 대체로 교육을 중요시하기는 하나 사회적 상승이동을 위한 것보다는 이들의 현재 지위 또는 품위를 유지하기 위한 교양교육에 더 관심을 갖게 된다.

② 중류상층 : 주로 전문직 종사자인 변호사·의사·저명한 목사·교수 등이 이에 속하며, 회사 사장·상공회의소 회원 등도 이 계층에 많다. 이들은 미래지향적인 가치관을 가지고 사회활동에 넓게 참여하는 행동특성을 가진다. 사회적으로 저명한 가문의 전통은 없으나 자신의 노력으로 현재의 위치를 이룩한 경우가 많다. 사회적 상승이동에 대한 관심이 매우 높고 만족을 억제하는 행동유형을 가지는 경우 많다. 이들은 재산축적에 대한 애착심이 높고 교육을 사회적 상승이동의 수단으로 생각하는 경향이 짙다. 성공은 노력의 결과라고 믿고 일을 열심히 하는 태도를 가지며 행동의 폭이 넓고 사교적이며 독립심이 강하다. 학교교육을 중시하기 때문에 자녀의 교육에 대단한 열의를 보여 주고 있다.

③ 중류하층 : 이른바 일반시민 계층으로서 인구의 많은 수가 이 계층에 속한다. 이들은 미래지향적이고 교육에 많은 비중을 두고 있다. 회사의 하부관리인·판매직·공장노동자 감독·숙련 기술자·철도기술자 등 하층의 관리직과 기술자들이다. 이들의 행동특성은 검소하고 경제적 독립성을 중요시한다. 학교와 교회를 존중하며 안

정적인 생활을 영위하는 대중적인 소시민들이다. 어떤 면에서는 중류상층과 같이 이상적인 교육환경을 이룬다.

④ **하류상층** : 주로 근로계층으로서 중류와 하류계층의 행동특성을 함께 지니고 있다. 미국에서는 이민 온 타인종 집단들이 대부분 이 계층에 속한다고 보고 있으며, 우리나라의 경우 영세상인, 자급자족을 겨우 하는 영세농가가 여기에 속한다고 보겠다. 부인들도 대개 일을 하는 것이 일반적이며, 이들은 텔레비전, 저속한 대중잡지, 그리고 주간지 등을 보기를 좋아한다. 교육에 대한 관심은 있지만 경제적 여건이 허락하지 않아 자녀들은 중등교육을 마치는 데에도 힘겨워 하며 고등교육은 매우 드물게 보내게 된다.

⑤ **하류하층** : 몇 세대를 사회 최하층에서 생활하는 사람들로서 막일로 생계를 유지하는 사람들이다. 이들은 대체로 미래에 대한 기대가 거의 없으며, 현재지향적 숙명적인 가치관을 가지고 있다. 자녀들은 학교에서 일탈(逸脫)행위나 비행을 저지르는 문제아나 지진아가 많다. 미국의 경우 오늘날에는 푸에르토리코·멕시코·아시아 계통의 이민족과 많은 흑인 빈민가 사람들이 이 계층에 속한다. 우리의 경우 일정한 직업과 거주지가 없는 떠돌이 생활자가 이에 속할 것이다.

(3) 평판적 방법

평판적 방법(reputational approach)은 사회계층 평가 대상이 자신이 아니며 그 대상(집단)에 전문가 또는 익숙한 사람들에 의해 평가가 이루어지는 것이며 적절한 평가자들을 선발하여 사회구성원들의 계층을 평가함으로써 사회계층을 측정하는 것으로서 주관적인 평가로도 볼 수 있다. 이러한 평판적 측정 방법은 대규모 집단보다는 소규모 집단에 적합하며, 적절한 평가자 선발에 어려움이 있다.

2 사회불평등

1) 사회불평등의 개념

사회의 불평등 현상은 어느 사회에나 존재한다. 왜냐하면, 자원의 희소성과 분배 방법이 공정하지 못하기 때문이다. 사회불평등은 모든 유형의 인간 사회에서 존재한다. 심지어 재산의 차이가 거의 없었던 가장 단순한 원시 사회에서조차도 사회구성원들 간에 남성과 여성 간의 불평등으로 존재하였다. '모든 인간은 평등하고 존엄하다'는 민주주의 기본 원리가 근대 이후의 기본적 원리임에도 불구하고, 사회적 불평등은 어떠한 형태로도 존재하고 있으며 앞으로도 지속될 것이다.

그러면 어느 시기, 어느 사회에서나 왜 사회불평등이 존재하는 것일까? 한 사회에는 부, 권력, 위신 등과 같이 모든 사람들이 소유하고 싶어하는 자원이 있다. 그런데 이러한 자원들은 모든 사회 성원들에게 공평하게 분배되지는 않는다. 사회적 자원이 개인 간이나 집단 간에 불평등하게 분배됨으로써 개인이나 집단 간에 일정한 수직적인 위계질서, 즉 사회불평등이 형성된다. 사회불평등은 하나의 사회구조로서 개인의 삶과 행동, 사고방식 등에 지대한 영향을 미치는 매우 중요한 사회 현상이다. 어느 한 사람이 상층에 속하는가 혹은 하층에 위치하느냐에 따라 그의 삶의 기회와 생활양식은 크게 달라진다.

2) 사회불평등 현상을 바라보는 관점

사회불평등 현상을 바라보는 관점은 대립적인 두 가지 시각으로 비교될 수 있다. 하나는 기능론적 관점이고, 다른 하나는 갈등론적 관점이다.

기능론적 입장은 사회계층을 조화롭고 자연스런 기능의 분화로 이해하려고 한다. 사회구성원은 사회적으로 수행해야 할 기능과 역할이 분화되며, 각자의 능력과 과업에 따라 역할 수행은 물론 분업을 기초로 전체적 목적을 위하여 협동적으로 과업을 수행하게 된다. 따라서 각자의 지위, 역할, 능력에 따른 보수, 사회적 대우, 평가를 받으며, 이러한 차등적 대가는 불평등하다기보다는 정당한 것이라고 믿게 된다. 상사와 부하의 보수와 위신의 차이는 근본적으로 그들이 수행하는 사회적 기능에 의하여 결정된다고 보는 것이다. 따라서 사회구성원들은 각자의 직업적·사회적 지위의 고하에 따라 경제적 소득이나 사회적 위광이 불평등하게 배분되는 것을 정당한 것으로 받아들여야 한다고 믿고 있다.

갈등론적 관점은 사회계층을 인위적인 불평등으로 보며, 그 근본원인을 자연적인 것보다는 사회적 제도에서 연유된 것으로 간주한다. 마르크스(Marx)는 사회계층은 인간이 제도적으로 구안해 낸 불평등이라고 보았다. 그는 인류의 불평등은 생산양식(生産樣式)에 의해 결정된다고 주장하고, 농경이 주된 사회에서는 지주와 소작인, 산업사회에서는 자본가와 노동자 간의 계급이 인위적으로 형성되어 이 같은 불평등을 종식시키기 위하여 계급투쟁이 야기되는 것은 필연적인 것이라는 주장을 이론화하고 있다.

마르크스에 의하면 부르주아는 근대 자본가나 생산수단의 소유자 및 임금 노동 고용자 계급을 의미하며, 프롤레타리아는 자신의 생산수단이 없기 때문에 노동력을 팔 수밖에 없는 근대 임금노동자 계급이라고 말하고 있다.

20세기의 사회경제학자인 베버는 마르크스가 주장하는 계급에 권력(power)과 권위(prestige)라는 두 가지 개념을 더 첨가시켜 사회불평등론을 제시하였다. 즉, 베버는 재산의 차이는 계급의 불평등을, 권력의 격차는 정치적 당파의 격차와 갈등을, 권위의 격차는 사회적 지위의 불평등을 초래하였다는 것이다.

베버가 말하는 계급이란 수입을 얻기 위한 재화와 용역을 처분할 수 있는 능력을 뜻하고, 지위란 명성에 의하여 얻는 경의의 분포체계에서 차지하는 자리이며, 권력이란 저항에도 불구하고 자기의 의사를 관철할 수 있는 힘을 뜻한다. 경제학적 입장에서 계급은 그 구성원인 개인들이 합리적으로 가질 수 있는 경제적 기회 및 기대와 관련된 생의 기회를 뜻한다. 베버는 계급투쟁을 마르크스와 같은 입장으로 보지는 않았고, 그것을 늘 가능성은 있지만 필연적인 것은 아니라고 보았다.

사회불평등 현상을 바라보는 두 가지 관점인 기능론과 갈등론을 구분해 보면 표 7-1과 같다.

표 7-1 사회불평등 현상을 바라보는 기능론과 갈등론의 관점

구분	기능론	갈등론
사회계층의 발생 원인	• 계층은 사회적 필요성에 의해 발생함 • 계층은 차등적 보상 체계의 결과물임	• 계층은 집단 간 갈등의 결과물임 • 계층은 지배집단이 기득권을 유지하기 위한 장치임
계층의 특징	• 계층은 세계 보편적이고 필수불가결한(필요한, 필연적인) 요소임	• 계층이 세계 보편적일지 모르나 필수불가결하지는 않음
사회적 희소가치의 배분	• 더 어렵고 중요한 일을 하는 사람이 더 많은 분배를 받음 • 개인의 능력과 노력에 의해 공정하게 배분되고 있음 • 사회구성원들의 합의와 동의에 따라 배분되고 있음	• 직업의 중요도가 아니라 지배집단의 권력과 강제에 따라 배분됨 • 개인의 능력이나 노력보다는 권력이나 가정배경에 의해 불공정하게 배분됨
사회불평등 현상의 기능	• 사회 성원들에게 동기를 부여하여 개개인의 자질을 최대한 발휘하게 함 • 인재를 적재적소에 배치함 • 개인과 사회가 최선의 기능을 수행하게 함	• 구성원의 상대적 박탈감, 집단 간 갈등, 사회적 혼란을 유발함 • 하위 계층이 상위 계층으로 진입할 수 있는 기회를 제한하여 지배집단의 기득권을 유지시킴 • 개개인의 능력을 발휘하여 어렵게 만들어 사회 전체의 발전에 장애가 됨
계층의 변화	• 계층은 진화 과정을 통해 변화함	• 계층은 혁명적 과정을 통해 변화함
한계	• 가정 배경의 영향력을 간과함	• 개인의 능력이나 노력에 의한 성취를 설명하지 못함

<table>
<tr><th>구분</th><th>기능론</th><th>갈등론</th></tr>
<tr><td>도식</td><td>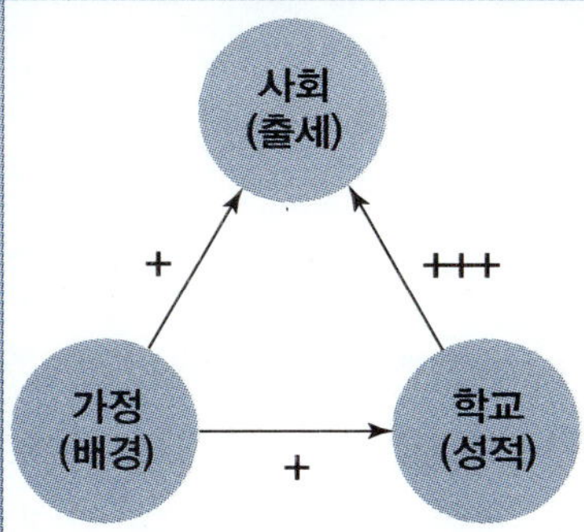

→ 영향방향 + 영향정도</td><td>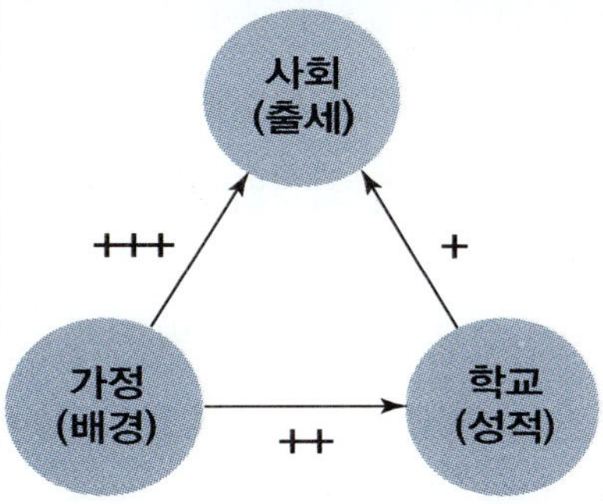
</td></tr>
</table>

3) 사회이동

(1) 사회이동의 개념

사회이동은 사회구조 또는 위계적(位階的)인 사회체제 속에서 개인이나 집단이 하나의 사회적 위치에서 다른 사회적 위치로 움직이는 과정이다. 사회적 지위와 역할이 바뀌지만 사회계층이 바뀌지 않는 경우를 수평이동(水平移動, horizontal mobility)이라고 하고 사회적 지위와 역할의 변화가 사회계층의 이동을 수반하는 경우를 수직이동(垂直移動, vertical mobility)이라고 한다. 수직이동은 다시 상승이동(上昇移動, upward mobility)과 하강이동(下降移動, downward mobility)으로 구분된다. 사회이동에서 중요시하는 것은 수평이동보다도 수직이동이며, 사회이동이라고 하는 경우에는 대개 수직이동을 의미하는 것이기 때문에 사회이동은 사회계층이동 또는 간단하게 계층이동이라고 표현되기도 한다.

사회이동은 개인의 능력, 지역사회의 크기, 산업화의 정도, 교육의 기회, 개인적·사회적 요인과 깊은 관계를 가지고 있다. 사회이동이 어떠한 형태로 어느 정도 진행되느냐는 것은 그 사회의 민주적인 평등성을 나타내는 척도로도 볼 수 있기 때문에 사회과학자들은 사회이동의 요인, 개인에 미치는 영향, 교육과의 관계, 사회이동의 정도 등에 대하여 깊은 관심을 나타낸다.

(2) 사회이동의 개인적 원인

사회이동의 개인적 원인은 동기이론(motivational theory)을 통해 설명된다. 개인이 어떤 지위나 계급과 관련되어 자기평가를 할 때는 타인의 평가에 의해 많은 영향을 받는다. 따라서 개인은 자기평가를 극대화시키기 위한 욕구를 갖게 되며 지위경쟁이 시작된다고 할 수 있다. 이러한 동기 외에 개인의 가정적 배경, 형제 수, 성별, 능력 등이 사회이동의 원인이 되기도 한다.

(3) 사회이동의 사회적 원인

립셋과 벤딕스(Lipset & Bendix, 1959)는 사회이동의 사회적 원인을 사회이동이 일어나는 원인을 수요와 공급의 측면에서 바라보았다. 사회가 변화함에 따라 사회가 요구하는 능력이 변화하거나 그러한 역할을 해낼 인재의 공급에 변동이 생길 때 발생한다.

① 구조이동 : 기술혁신이나 경제발전 등으로 인하여 산업구조 및 직업구조가 변하게 될 때 상위계층의 위치에 보다 많은 자리가 생겨 다른 사람이 굳이 하강이동을 하지 않아도 상승이동이 가능한 이동이다. 사회이동은 계층 간 교환 없이도 상승이동이 가능하다. 예를 들면 1차 산업 중심의 사회가 3차 산업 중심으로 변화함에 따라 파생되는 이동으로서 산업구조의 변화로 나타나는 것을 의미한다. 이때의 이동을 구조이동(structural mobility)이라 부른다. 우리나라의 경우도 근대화 이후 산업화가 진행되면서 자연스럽게 지위 공백이 형성됨에 따라 취업 및 승진이 활발하게 이루어진 시기가 있다.

② 재생산이동 : 상류층은 자녀를 적게 갖고 중·하류층은 자녀를 많이 갖게 된다면, 다음 세대에는 자녀가 부모의 지위를 완벽하게 세습한다고 하더라도 인구 구성의 차이 때문에 중·하류층에서의 상승이동 가능성이 높아질 것이다. 이같이 차별출산력에 의해 이동이 이루어질 때 이를 재생산이동(reproductive mobility)이라 부른다.

③ 이민이동 : 해외 또는 국내의 낙후지역으로부터 비숙련공들이 이주해 옴으로써 기존 거주집단들을 위로 밀어내는 이동을 이민이동이라 한다. 빈민국 노동자들의 선진국 이민으로 인해 누구나 꺼리는 노동시장을 점유함으로써 노동자 계급의 하층을 이루게 된다. 이민노동자들이 밑바닥에 충원됨으로써 기존 노동자 계급들은 직업적 지위와 수입에 있어서 사회적 상승이동을 경험하게 된다.

④ 순환이동 : 순환이동(circulation mobility) 또는 교환이동(exchange mobility)이라고 부른다. 구조이동이 직업구조 변화에 의해 나타나는 이동이라면 순환이동은 직업구조의 변화 없이도 일어나는 운동이다. 따라서 구조이동을 강제이동(forced mobility)이라고 하면 순환이동은 순수이동(pure mobility)이다. 자녀가 부모보다 높은 지위나 낮은 지위로 이동하는 것을 의미한다. 이는 부모와 자녀세대 간의 능력 차이에 기인하는 것으로 사회구조의 개방성 및 기회구조의 평등성의 정도를 측정하는 중요한 자료가 될 수 있다.

3 교육과 사회불평등

1) 평등화론

평등화론은 능력주의와 평등주의 관점으로서 학교교육을 통하여 사회적 평등을 실현할 수 있다고 보는 시각이다. 이는 프랑스 혁명 이래 진보주의자들과 자유주의자들이 모든 사람의 삶의 기회를 평등하게 만드는 가장 중요한 기관이 학교라고 생각하는 데서부터 시작되었다. 1960년대와 70년대에 구미에서 벌어진 보상교육 프로그램이 바로 이런 신념에서 생겨났던 것이다. 19세기 미국의 호레이스 만(Mann)은 초등의무교육운동에 앞장섰을 때 학교교육을 '위대한 평등장치'라고까지 주장하였다.

학교가 사회평등 장치라는 생각은 두 가지로 나뉜다. 하나는 평등주의 관점으로 불평등 구조를 해소하거나 축소한다는 것이고, 다른 하나는 능력주의 관점으로 사회적 지위를 능력본위로 결정한다는 것이다. 학교가 사회적 불평등을 없애거나 줄일 수 있다고 주장하는 초기 연구자 중 한 명이 해비거스트(Havighurst, 1961)이다.

2) 불평등재생산론

불평등재생산론은 마르크스주의 관점으로서 교육이 사회평등에 이바지하기는커녕 오히려 장애가 된다는 관점이다. 교육은 지배계층인 상층을 위하여 봉사하고 피지배계층인 하층에게는 억압과 불평등을 정당화시키는 수단으로 이용되고 있다는 것이다. 불평등재생산 이론가들은 주로 경제적 결정론에 근거하고 있다. 이 이론은 학교교육이 계층에 따라 불평등하게 분배된다는 점이 확실하게 입증되어야만 하는 단점이 있다. 불평등재생산 이론가들은 자녀들의 사회적 지위가 학교교육보다는 부모에 의한 사회·경제적인 가정배경에 의해 결정되기 때문에 결국 학교교육이란 사회적 불평등이 반영되어 이를 재생산하는 것뿐이라고 하였다.

신마르크스주의자인 보울즈(Bowles, 1971)는 교육불평등의 원인을 학교 밖의 계급구조와 그것을 발생시킨 자본주의 경제체제에 두었다. 카노이(Carnoy, 1972)도 교육은 지배층의 이익에 봉사한다고 하였다.

3) 무관계론

무관계론은 현실적 평등주의 관점으로서 학교교육 무효과론이라고도 하는 데, 이 이론은 교육이 사회의 평등 또는 불평등과는 관계가 없다고 보는 관점이다. 즉, 계층이동은 평등 방향이든 불평등 방향이든 교육이 아닌 다른 영향을 받고, 교육은 사회평등화보다는 다른 가치를 추구한다는 것이다. 무관론자들은 교육이 사회평등화에 확실하게 이바지하지 못한다는 소신이 뚜렷하다. 무관론자들은 교육을 위한 조직인 학교에 대해 지성의 계발과 인격의 함양이라는 본래의 역할을 제쳐두고 사회를 평등화시킨다는 교육의 외적 역할에 더 큰 관심을 두었기 때문에 학교의 기능에 관한 논쟁이 비교육적인 문제로 흐르게 되었다고 지적한다. 학교는 지적·인격적 성숙을 목적으로 삼는 조직이지, 소득분배나 사회적 지배분배 등을 위한 장치가 아니라는 것이다. 따라서 교육기관으로서의 기본기능 수행 여부에 더 큰 관심을 기울여야 한다고 주장한다.

08 CHAPTER

Sociology of Education

가정과 교육

1 가족과 가족건강성의 이해

1) 가족의 개념

사회학자들이 가족(family)은 사회조직의 기본 단위라고 확신하고는 있지만, 이 용어 자체는 가장 유연하게 정의되고 있는 것들 중 하나이다. 버제스(Burgess)와 로크(Locke)는 『가족』(1953)에서 다음과 같은 정의를 시도했다. "가족은 결혼, 혈연, 혹은 입양의 유대에 의해 결합된 개인들의 집단이며, 단일한 가구를 구성하며, 남편과 아내, 어머니와 아버지, 형제, 자매라는 각각의 사회적 역할 내에서 상호작용하고 상호의사소통을 하며 공통된 문화를 창조한다." 가족을 '서로가 혈연에 기초하며, 서로 친족이 되는 관계에 있는 개인들의 집단'이라고 정의한 킹슬리 데이비스(Kingsley Davis)의 정의보다는 훨씬 더 바람직하다.

이것은 아버지와 생부가 보통 하나이며 동일 인물인 현대 서구가족에서도 입양이 자주 이루어질 수 있고 가족구성원의 기초로 인식되고 있기 때문에 부적절한 정의가 될 수 있다. 단순사회에서는 가족의 유대는 사회적 인정을 필요로 하고, 아이의 '아버지'라고 스스로 확인하고 있으면 되는 것이고, 실제적인 필요에 의해 출산 그 자체에 대해서만 의존하고 있지는 않다.

예를 들면, 말레이시아의 한 지역에서는 아이가 소속해 있는 가족이 출생이라는 생리학적 행위에 의해 결정되지 않고 어떤 사회적 행위의 수행에 의존하고 있다. 어느 섬에서는 산파에게 돈을 지불하는 사람이 그 아이의 아버지가 되고 그의 아내는 어머니가 된다. 또 다른 섬에서는 그 집의 문 앞에 소철 나뭇잎을 심는 사람이 아버지이다. 출산에서의 명백한 남성의 생리적 역할을 이해하지 못하는 사회도 있다. 따라서 아버지와 자식 간의 생물학적 관계에 의한 관념은 문화적 이데올로기와는 별개이다. 그 관계가 거의 이해되지 않거나 그것에 중요성이 부여되지 않는 다른 사회도 있는데, 단순히 남편은 자기 아내에게서 태어난 아이를 자기 아이라고 간주한다.

그러나 버제스의 정의에서 커다란 결점은 특수한 사회 내의 가족구조에 존재하는 진정한 차이점을 간과하고 있다는 것이다. 사실상 그는 핵가족에 대하여 엄격하게 정의했다. 핵가족은 '나머지 공동사회로부터 떨어진 한 단위를 구성하는 남편과 아내, 그리고 미성숙한 자녀들로 구성되는 소집단'이다. 현대 산업사회의 특징인 이러한 특수한 가족 형태는 개인주의의 성장의 결과로 발전된 듯하고, 사유재산권, 법률, 개인의 행복과 자아실현에 대한 일반적인 사회적 관념을 반영하며, 지리적·사회적 이동의 당연한 귀결로 보여진다.

그것은 또한 개인적인 불행에 대하여 국가가 더욱 많은 것을 제공하고 있다는 사실에 의해 영향을 받았다. 즉, 개인은 이제 더 이상 곤란할 때에 가족에게 의지할 필요가 없다. 상대적으로 자율적인 핵가족이 현저하게 우세해진 것은 최근의 현상이며, 서구와 미국과 같은 선진공업국가에서 가장 완벽하게 나타난다. 그 유대는 남편과 아내, 그리고 부모와 자녀 간의 성적 매력과 동료의식에 크게 의존하고 있다. 유대는 핵가족이 어린 자녀들을 포함하고 있을 때 보통 커지며, 자녀가 성장해감에 따라 처음에는 친구집단의 영향력을 통해, 이후에는 사회적·지리적 이동의 결과로써 이러한 유대는 취약해진다.

단순한 사회의 사람들과 비산업사회에서의 핵가족은 종종 좀 더 크고 혼합적인 가족구조로 합병되거나 종속된다. 벨(Bell)과 보겔(Vogel)의 『현대가족입문』(1960)에서 확대가족은 '후손, 결혼, 혹은 입양과 관련된 핵가족보다 더 광범한 집단'으로 정의하고 있다. 더 유용한 것으로, 머독(Murdock)은 『사회구조』(1949)에서 혼합가족의 두 가지 주요한 형태를 구분하고 있다.

확대가족은 부모-자녀 관계의 확장을 통하여 연합한 둘 혹은 그 이상의 핵가족으로 구성된다고 말한다(예, 결혼한 성인과 그의 부모라는 핵가족이 연합한 것). 이러한 가족 형태는 '중혼에 의해 연합된 둘 이상의 핵가족으로 구성되는' 일부다처가족에서 특징적이다(예, 한 부모를 공유하는 것). 그러나 혼란을 더 심화시키는 것으로, 확대가족은 때때로 결합가족과 동의어로 사용되기도 한다. 여러 특징적인 성격들, 즉 동거, 공생, 때로는 공동재산, 공동의 가족종교 등을 공유하는 가족의 형태에 '결합가족'이라는 용어를 제한하는 것이 더 유용하다.

2) 가족건강성의 개념과 결정요인

(1) 가족건강성의 개념

가정이란 가족구성원이 생계 또는 주거를 함께 하는 생활공동체로서 구성원의 일상적인 부양·양육·보호·교육 등이 이루어지는 생활단위를 말한다. 건강가정이란 가족구성원의 욕구가 충족되고 인간다운 삶이 보장되는 가정을 말한다(「건강가정기본법」 제3조, 법률 제14440호, 2016). 즉, 가족원 상호 간에 규칙적이고 다양한 상호작용을 적절하게 수행하며, 가족의 공동체적·정서적·도덕적 관계 향상을 도모함으로써 신체적·정신적·사회적으로 안정된 상태를 유지하는 가족을 말한다(어은주·유영주, 1997).

건강가정기본법

[시행 2016.12.20.] [법률 제14440호, 2016.12.20., 일부개정]

제1조(목적) 이 법은 건강한 가정생활의 영위와 가족의 유지 및 발전을 위한 국민의 권리·의무와 국가 및 지방자치단체 등의 책임을 명백히 하고, 가정문제의 적절한 해결방안을 강구하며 가족구성원의 복지증진에 이바지할 수 있는 지원정책을 강화함으로써 건강가정 구현에 기여하는 것을 목적으로 한다.
제2조(기본이념) 가정은 개인의 기본적인 욕구를 충족시키고 사회통합을 위하여 기능할 수 있도록 유지·발전되어야 한다.
제3조(정의) 이 법에서 사용하는 용어의 정의는 다음과 같다. 〈개정 2018.1.16.〉
1. "가족"이라 함은 혼인·혈연·입양으로 이루어진 사회의 기본단위를 말한다.

2. "가정"이라 함은 가족구성원이 생계 또는 주거를 함께 하는 생활공동체로서 구성원의 일상적인 부양·양육·보호·교육 등이 이루어지는 생활단위를 말한다.

2의2. "1인가구"라 함은 1명이 단독으로 생계를 유지하고 있는 생활단위를 말한다.

3. "건강가정"이라 함은 가족구성원의 욕구가 충족되고 인간다운 삶이 보장되는 가정을 말한다.

4. "건강가정사업"이라 함은 건강가정을 저해하는 문제(이하 "가정문제"라 한다)의 발생을 예방하고 해결하기 위한 여러 가지 조치와 가족의 부양·양육·보호·교육 등의 가정기능을 강화하기 위한 사업을 말한다.

[시행일 : 2018.7.17.] 제3조

제4조(국민의 권리와 의무) ① 모든 국민은 가정의 구성원으로서 안정되고 인간다운 삶을 유지할 수 있는 가정생활을 영위할 권리를 가진다.

② 모든 국민은 가정의 중요성을 인식하고 그 복지의 향상을 위하여 노력하여야 한다.

가족건강성은 그 동안의 연구자에 따라서 기능적 가족(functional family), 강한 가족(strong family), 균형된 가족(balanced family), 정상적인 가족(normal family), 최적의 가족(optimal family), 건강한 가족(healthy family) 등으로 다양하게 제시되고 있다(Bloom, 1985; Olson et al., 1989).

기능적 가족(functional family)은 가족의 개별성을 인정하고, 외부상황을 통제 조정할 수 있으며, 가족 간에 친목을 도모하고, 가족의 사회성을 고무하는 가족이라고 하였다(Bloom, 1985). 또한, 벨킨과 나스(Belkin & Nass, 1984)는 다양한 기회를 제공해주어 가족구성원이 개개인이 성장할 수 있게 해주는 가족을 기능적 가족이라고 정의하였다. 최희진과 유영주(2003)는 기능적 가족이란 위기상황에서도 가족구성원 간의 상호작용을 지속하여 안정된 상태를 유지할 수 있는 가족이라고 하였다.

강한 가족(strong family)이란 가족 내에서 변화하는 요소가 상호적으로 관련되어 있고, 그 능력에 변화가 있다고 보았다. 스티네트와 디프레인(Stinnett & DeFrain, 1985)은 가족구성원 모두 부부관계나 부모자녀관계에서 행복감이 높고 만족스러운 관계를 유지하며, 가족성원들이 서로의 욕구를 충족시키기 위해 노력하는 가족을 강한 가족으로 정의하고 있다.

균형된 가족(balanced family)이란 오슬론(Olson, 1979)이 제시한 순환모델(circumplex model)에 나타나는 개념으로 가족의 적응력, 응집력과 기능수행과는 곡선적 관계로 나타나 어느 한 극단으로 치우침 없이 균형 있는 상태일 때 가장 효과적으로 가족 기능수행이 이루어지며, 가족과 가족 구성원의 발달에 가장 바람직하다고 정의하였다.

정상적인 가족(normal family)에 대해 오퍼와 샙샤인(Offer & Sabshin, 1966)이 네 가지 특징을 제시하였다. 첫째, 가족구성원 전체가 질병 및 장애의 증상이 없는 가족, 둘째, 보편적으로 기대되는 가족 형태와 부합되는 전형적인 보통의 가족, 셋째, 적절히 기능하거나 이상적인 특성을 가진 건강한 가족인 최적의 가족, 넷째, 사회적·현실적 상황 하에서 내·외적 요구와 관련되는 가족의 통합, 유지, 성장에 기초한 교류적 가족인 것이다. 월시(Walsh, 2012)는 가족구성원 전체가 질병 및 장애의 증상이 없다면 정상적인 가족으로 간주된다고 하였으며, 정상적인 가족과정의 관점으로 가족 단위의 통합과 유지, 자녀 양육과 보호 및 노인 부양과 같은 가족 구성원의 성장과 안녕을 위한 과업수행능력이 포함된다고 보았다.

최적의 가족(optimal family)에 대해 비버스와 볼러스(Baevers & Vollers, 1983)는 가족 상호작용 유형과 가족구성원 간 상호작용 형태의 질을 기초로 9개의 가족 유형을 갖는 체계모델을 제시하였다. 9가지 가족 유형 중 하나가 최적의 가족 유형이다. 최적의 가족에서는 가족구성원 간의 친밀감이 추구를 통한 현실로 이뤄지고 개개인의 선택과 사고가 존중되고 타협을 허용함으로써 가족 전체가 뛰어난 문제해결능력을 지니고 있다. 또한, 가족구성원 간의 경계선이 명확하다. 최적의 가족은 극단적인 원심성이나 극단적인 구심성을 보이는 경향은 드물고, 그 구조는 개인뿐 아니라 가족 전체의 효과적인 기능에 도움을 준다고 하였다.

건강한 가족(healthy family)이란 서로 상호작용하는 여러 자질, 즉 사고와 감정을 나눌 수 있는 능력, 가족들을 이끌어 가면서 모델로 작용하지만 권위적이지 않은 부모의 존재, 적응능력, 협상능력, 친밀하지만 개별성과 자유성을 존중하는 능력, 온화함을 표출할 수 있는 능력, 서로의 친구와 잘 지낼 수 있는 능력 등이 포함되어 있으며, 어느 단일 특성만으로는 건강한 가족을 설명할 수 없다고 하였다(Lewis et al., 1976).

(2) 가족건강성의 결정요인

Olson(1989) 등은 가족건강성을 가족적응력, 가족응집력, 가족의사소통의 상호 독립적인 세 측면(FACES: Family Cohesion and Adaptability Evaluation Scale)으로 보았고, 어은주와 유영주(1995)는 가족원 간의 유대, 가족원 간의 의사소통, 가족원의 문제해결 수행능력, 가족원 간의 가치체계 공유로 구분하였다.

① 가족원 간의 유대 : 건강한 가족은 가족원 간 서로 유대가 강하며, 가족 활동에 많은 시간과 에너지를 투자하지만, 가족원 간에 유대가 강하다는 것이 서로를 구속한다는 것을 의미하지는 않는다. 그들은 서로의 목표를 달성할 수 있도록 격려해주고 자율성을 인정한다. 따라서 자기 자신이 아닌 타인, 즉 다른 가족원과의 유대를 견고하게 맺음으로써 개인주의나 이기주의, 고립감 등이 나타날 소지는 별로 없다(어은주 · 유영주, 1997). 가족원 간의 유대는 학자에 따라 사랑, 배려, 이해, 신뢰, 인정, 행복 등과 같은 유사한 개념으로 제시되기도 하였다(Bloom, 1985; Curran, 1983). 즉, 서로의 목표를 달성할 수 있도록 격려해주고 자율성을 인정하면서 함께 즐기기, 일하기, 친밀감, 애정적 반응 등을 포함한다(이경은, 2003).

② 가족원 간의 의사소통 : 가족원은 의사소통에 의해 유지, 발전되는 공동체 집단으로서 의사소통을 매우 중요한 상호작용 매체로 인식하고 있다. 건강한 가족은 명확하고 직접적인 의사소통을 하며, 경청과 주목이 잘 이루어진다(Epstein et al., 1981; Wynne et al., 1982). 또한, 건강한 가족은 싸울 때 효과적으로 싸운다는 것이다. 화가 날 경우에는 그 갈등을 밖으로 표출함으로써 문제를 해결하려 하고, 모든 가족원들이 함께 최적의 문제해결 방법에 대해 대화한다(Stinnett & DeFrain, 1985). 즉, 가족원 간의 의사소통은 가족원끼리 사랑, 존중, 평등, 책임 및 민주적 의사결정으로 가족관계를 형성하도록 해주며, 다른 가족과

더불어 사는 가족을 말하는 것으로 긍정적인 가족 정체감을 창조하고, 만족스러운 상호작용을 도모하며, 가족원들의 잠재적인 발달을 도우며, 스트레스와 위기를 효과적으로 극복할 수 있도록 서로에게 도움을 준다.

③ 가족원의 문제해결 수행능력 : 건강한 가족은 위기나 문제를 긍정적인 방법으로 처리하는 능력을 가지고 있으며, 스트레스나 위기에 면역되어 있는 가족은 아니지만, 역기능적인 가족처럼 위기에 좌우되지는 않는다. 가장 힘든 위기나 문제상황에서조차 긍정적인 요소에 초점을 맞추며, 위기로 인해 와해되기보다는 위기를 다루면서 단합할 수 있다. 효과적인 문제해결 기술은 문제가 되는 것을 정확하게 규명할 수 있는 능력과 그 문제에 대해 논의할 수 있는 능력, 그리고 가족원들이 대안적 해결책을 개발하는 능력 등을 포함하며(Forgatch, 1989; Markman & Notarius, 1987), 문제나 갈등을 직접적으로 다루고 효과적으로 협상하는 의사결정과정까지 포함한다(이경은, 2003).

④ 가족원 간의 가치체계 공유 : 건강한 가족은 가치관 및 신념에 있어서 건강한 가치체계를 공유한다. 그들은 목표를 공유하고 무엇이 중요한 것인가에 대한 생각도 공유한다(Beavers & Vollers, 1983; Olson, 1993). 그들은 전통과 가족사에 대해서 자부심을 가지며, 가족 가치관이나 규율의 원리가 명확하게 설명된다(Stinnett & DeFrain, 1985). 이상과 같이 가족건강성의 특성으로 가족의 사회심리적, 관계적 특성이 중시되는 이유는 급변하는 사회 생활패턴이 개인주의의 삶의 위기에서 벗어나 안정과 휴식을 찾을 수 있는 일차적인 집단을 원하기 때문이다.

2 가정, 가정환경, 가정교육의 이해

1) 가정의 개념

가정(家庭)은 혈연관계에 있는 사람들의 공동생활체이다. 즉, 부부·자식·부모 등 가족이 공동생활하는 조직체를 말한다. 가정의 정의는 사람에 따라 다를 수 있으나, 가족이 공동생활을 하고 있는 장소라고 보는 것이 보통이며, 영어의 홈(home)이나 독일어의 하임(heim)이 이에 해당한다. 가정과 집(house : haus)을 비교해 보면, 전자가 인간이 만들어 낸 하나의 조직체, 즉 인간관계를 가리키는 데 대해서 후자는 구체적인 건조물을 가리키고 있어서 의미하는 바가 같지 않다.

또한, 집이라는 말은 가장(家長)을 중심으로 하는 가족제도를 의미하기도 하는 데, 이런 뜻을 내포하고 있는 영어는 패밀리(family)이다. 그것도 낡은 의미의 패밀리이며, 현재와 같은 의미의 가정이라는 조직체와는 그 구성이 전혀 다르다. 패밀리는 가족이라고 번역할 수도 있고 가정이라고 번역할 수도 있는데, 가족은 구성원인 '사람'이 중심이 되는 반면, 가정은 구성원인 사람들이 만들어 내는 시스템을 의미한다(보통은 공동체의 사람들이 사는 장소를 의미함). 그러므로 엄밀하게 가족과 가정은 중점이 무엇인가에 따라 차이가 있다.

역사적으로 인간이 만들어내는 가족관계·가족공동체의 구성·운영방법 등은 생활에 필요한 물자의 조달방법이나 생산방법의 차이에 따라서 그 형태를 달리하여 왔는데, 부부라는 남녀가 모여서 상부상조하고 인간의 가능성을 최대로 발휘하는 조직체인 '가정'이 완성되는 것은 오히려 지금부터의 일이라 할 것이다. 또한 그렇게 됨으로써 비로소 사회를 구성하는 최소단위는 개인이 아니라 가정이 되는 것이다.

한편, 가구(家口)라는 말은 주거와 가계(家計)를 같이하는 가족을 중심으로 한 집단을 말하는 데, 가족 이외에 가사 사용인(家事使用人)을 포함하는 경우도 있다. 이는 대체로 통계용어로 쓰이는 말이며, 가정과는 다른 범주에 속한다.

2) 가정환경의 개념

가정환경(家庭環境, home environment)은 가정 내에 있는 여러 가지 자극·조건·상황 등을 총괄한 것이다. 가정환경의 구성을 물리적 환경(物理的環境)과 심리적 환경(心理的環境)으로 구분하는 것이 일반적인 방법이다. 그러므로 가정의 문화시설이나 가옥 등은 가정환경이라고 할 수 있으며, 부모와 자녀의 관계와 같은 심리적인 상태도 이에 포함된다.

가정환경의 중요성은 인간발달에 미치는 영향이 크기 때문에 일찍부터 인정되어 왔다. 지금까지의 연구결과에 의하면 가정환경이 성격형성에만 작용하는 것이 아니라 개인의 지적 발달에도 상당한 영향을 미치는 것으로 알려져 있다.

가정환경을 분석적으로 연구하기 위하여 이를 하위개념으로 세분해서 고찰하는 것은 유익한 일이다. 가정환경을 지위(地位)·구조(構造) 및 과정(過程)으로 세분하는 것은 그와 같은 시도의 한 예라고 할 수 있다. 지위환경이라는 개념에 포함되는 것은 부모의 상태, 거주지의 생태적 조건, 가정의 사회경제적 지위 등이며, 구조환경의 개념 속에는 가정 내의 문화적 상태·위생상태·언어모형·가치지향성 등이 포함된다. 그리고 가정환경은 가족 간의 상호관계와 상호작용의 상태를 의미한다.

3) 가정교육의 개념

가정교육(家庭教育, home education)은 가정에서 부모가 자녀의 교육을 지도하고 돕는 교육형태를 말한다. 산업화 이전의 전통사회에서는 삶과 생산과 교육이 명백히 분리되지 않고 통합되어 이루어졌다. 아동들은 가정에서 생활하면서 생산과 관련된 지식과 기능을 배우고 지역사회 안에서 사회적 규범과 가치를 학습할 수 있었다.

산업화로 생산이 가정에서 분리되고, 교육의 기능이 가정과 교회로부터 국가가 관리하고 운영하는 체제로 변화하게 되었다. 생산과 교육의 장소였던 가정은 사회의 전문화와 분화로 인해 그 통합적 기능을 상실하게 된 것이다. 그러나 기술의 가속적 발달은 산업사회가 창출하였던 대규모 생산방식, 대중교육제도 등 생산과 문화를 포함하는 생활양식에 변화를 초래하고 있다.

컴퓨터를 통한 정보유통체제의 발달은 가정이 다시 생산과 교육의 장(場)이 될 수 있는 가능성을 넓혀 주고 있다. 또한 학교교육이 제공하는 획일적인 교육내용과 비교육적인 측면에 불만을 가진 학부모들은 학교에 자녀를 보내지 않고 가정에서 교육할 수 있는 권리를 주장하기도 한다. 이러한 여러 변화는 가정의 교육적 가능성을 넓혀 주고, 국가가 전담하였던 교육권에 대해 학부모와 학생이 그 권리를 되찾으려는 교육운동의 배경이 되고 있다.

3 가정과 교육, 가정과 교육과정의 이해

1) 가정과 교육의 개념

가정과 교육(家庭科敎育, home economics education)은 가정생활에 관한 지식과 기능의 교수를 통해, 가정에 대한 이해를 증진하기 위한 교과교육이다. 중학교 과정의 선택과 고등학교 과정의 필수 선택, 그리고 대학의 가정과 등에서 행해졌다.

가정생활을 이상적으로 이루어 나간다는 이념은 고대 그리스의 크세노폰(Xenophon)의 『가정론(家庭論)』에도 나타나 있지만, 산업혁명 이후 가정

내의 일도 과학적인 원리에 의해 이루어져야 한다는 자각과 함께 미국을 중심으로 한 '홈 이코노믹스 운동(home economics movement)'을 출발점으로 여성에 대한 고등교육의 필요와 함께 학문적 연구가 요구되기에 이르렀다.

가정과 교육의 내용으로는 가정경영 · 가정경제 · 가족관계 · 의생활 · 식생활 · 주생활 · 육아 등이 포함되었으며, 단편적인 지식이나 기능의 습득보다는 사회의 기본단위로서의 가정에 대한 이해 증진이라는 측면에서 접근함과 아울러, 여성의 본질과 사회적 위치라는 여성학적인 측면도 중시하였다. 2010년 현재 기술가정으로 과목명이 바뀌었다.

2) 가정과 교육과정의 이해

가정과 교육은 가정생활을 기초로, 본질적으로 가정생활의 요구에 근거하고 있다. 가정생활의 요구가 변화하면 가정과 교육의 내용은 자연스럽게 변화하는 등 가정생활의 요구는 시대적 · 사회적 요구에 따라 달라진다. 이와 같이 가정과 교육은 고정불변한 것이 아니라 시대변화에 따른 영향을 받는다. 전 교육과정 시기를 통해 가정과 교육이 공통적으로 추구하는 교육목표는 합리적인 가정생활, 가정생활에 필요한 기술과 지식을 실생활에 활용, 개인 · 가족 · 사회와의 관계에 대한 이해 등이다. 가정과 교육의 성격은 미래를 살아가는 데 필요한 지식, 기능, 태도를 종합적으로 길러 줄 수 있는 중요한 교과로서, 궁극적으로 개인과 가정생활의 질을 향상시키고 사회복지와 국가발전에 기여할 수 있도록 한다. 개인과 가정, 산업생활의 이해와 적응에 필요한 지식과 기능을 습득하여 가정생활을 충실하게 하고 정보화, 세계화 등 미래사회의 변화에 대처할 수 있는 능력과 태도를 갖게 하는 데 목표를 두고 있다.

제1차 교육과정(1954~1963)은 전쟁 직후로, 가정과 교육은 국가 · 사회적 목표인 물리적인 삶의 질 향상에 동참하였다. 이 시기의 교육과정은 추상적이고 이론적인 면에 치중하였던 교육을 바로 잡기 위해 학습자와 관련된 일상생활에서 교육의 내용을 찾고자 하였다. 즉, 조리와 재봉 및 위생과 같이 생존과 관련되는 문제의 해결을 통하여 삶의 질 향상을 가정과 교육의 목표로 제시하였다. 최근 등장한 '건강가정' 개념은 제1차 교육과정 시기부터 중요시 하는 기본적인 물적 토대인 가정의 경제적인 안정과 안정적인 의식주생활을 바탕으로 한다.

제2차 교육과정(1963~1973)은 경험중심 · 생활중심을 강조하는 진보주의 교육사조를 토대로 이루어졌다. 가정과 교육은 가정생활을 중심으로 한 생활교육에 주력하였다. 이 시기 가정과 교육의 세부목표는 가정생활에 대한 이해와 향상시키려는 능력과 태도를 함양시키는 것이다. 이는 문제해결력을 기르기 위한 것으로, 가정과 교육은 학습자들이 스스로 사는 삶 및 더불어 사는 삶을 영위하도록 도와주고, 나아가서 가정생활문화를 창의적으로 만드는 능력을 기르도록 한다.

제3차 교육과정(1973~1981)은 주체성을 강조하여 한국의 전통을 중시하고 창조의 정신을 배양함으로써 국가발전에 적극 참여해야 한다는 생각의 확산으로 국민교육헌장을 제정하였고, 국민교육헌장 정신이 교육과정에 나타났다. 이 시기 가정과 교육은 기술에 대응하는 과목으로 인식되어, 선택과목의 가사과목을 신설하였다. 가사과목의 수업은 직업의 선택과 연결되도록 하였으며, 당시 국가의 주력사업인 섬유사업 발달에 크게 기여하였다.

제4차 교육과정(1981~1987)은 전체적으로 이념이나 교육과정사조 또는 이론상 어느 한 사조나 이념만을 반영한 교육과정이 아닌, 종합적이고 복합적인 성격을 지녔다. 즉, 인간중심 교육과정으로서 개인적 · 사회적 · 학문적 적합성을 고루 갖춘 교육과정이었다. 이 시기 가정과 교육의 성격은 기초적인 생활교육과 진로선택에 도움을 주는 교과로, 부모로부터 독립단계에 있는 학습자에게 자신을 발견하고 본인의 일상생활과 소비생활능력을 기른다. 또한, 가족원 및 타인에 대한 이해의 바탕이 되는 의사소통능력과 가족 · 친구 · 이웃과 함께 살아가며, 자신의 미래가족 설계에 제기되는 문제해결력 함양 및 진로선택에 도움을 주는 것을 목표로 하였다.

제5차 교육과정(1987~1992)은 교육과정의 총론에서 우리나라 교육은 미래사회가 요구하는 자주적·창조적·도덕적이며 건강한 인간상을 기르는 데 주안점을 두고 이를 교과의 목표에 반영하도록 하였다. 이 시기 가정과 교육은 가정생활에 관한 학습을 통하여 개인의 능력을 계발하고, 가정과 사회의 일원으로서 필요한 능력을 습득하며, 이를 실생활에 응용, 실천할 수 있도록 이론과 실천을 병행하는 교육을 실시하였다. 즉, 가정과 교육은 4차 교육과정에 이르기까지 여성을 위한 교양교육의 측면을 강조하였으나, 5차 교육과정에서는 남녀 모두 행복한 삶을 살아가고 우리의 미래를 보다 성숙한 사회로 만들기 위한, 총론에서 제시한 자주적·창조적·도덕적 및 건강한 인간상 등을 강조한다.

제6차 교육과정(1992~1997)의 총론에서는 21세기를 주도할 건강하고 자주적이며 창의적이고 도덕적인 한국인 육성을 바람직한 인간상으로 제시하고 있다. 1차 교육과정에서 5차 교육과정까지의 교육과정도 모두 시대적·학문적·개인적 변화와 요구에 따라 개정되었지만, 20세기를 마무리하고 새로운 시대를 준비하는 교육개혁의 일환으로 개정된 점에서 특별한 시대적 의미를 지닌다. 이 시기 가정과 교육은 교과의 '성격' 항목을 신설하여 가정교과의 성격을 제시하여, '가정과는 가정생활에 필요한 기본적인 지식과 기능을 습득하게 하고 가정생활에 대한 이해를 깊게 하고 생활의 질을 향상시킬 수 있는 능력과 태도를 기르기 위한 교과'라고 제시하였다. 즉, 가정과 교육을 통하여 학생은 개인 및 가정의 안녕과 복지증진, 궁극적으로는 사회의 복지향상에 기여할 수 있어야 함을 나타내고 있다. 또한 6차 교육과정에서는 가정과의 목표를 상세하고 명확하게 제시하였다. 총괄목표로 가정생활에 대한 체험적 학습을 통하여 자신과 가정생활의 관계를 이해하고, 가정생활을 충실하게 하는 데 필요한 능력과 태도를 가지도록 한다. 이를 위한 하위목표 세 개를 제시하였다. 이와 같은 가정과 교육의 목표를 통해서 건강한 사람, 자주적인 사람, 도덕적인 사람, 옳고 그름을 판단하고 선한 일을 실천하는 사람, 개성 있고 자율적인 사람을 기르는 데 필요한 직접적이고 실천적인 경험을 제공할 수 있다고 하였다.

제7차 교육과정(1997~2007)은 정보화의 급속한 발달로 인한 학습자주도의 학습환경으로의 변화를 최대한 반영하고자 하였다. 이 시기 기술·가정의 특징은 미래사회를 살아가는 데 필요한 지식, 기능, 태도를 종합적으로 길러줄 수 있는 중요한 교과로서, 궁극적으로는 개인과 가정생활의 질을 향상시키고 사회의 복지와 국가발전에 공헌할 수 있어야 함을 나타내고 있다. 목표설정은 우리나라의 교육목표와 교육과정에서 추구하는 인간상에 부응하면서 교과의 성격, 학생의 발달 수준, 국가사회의 현실과 미래의 변화 등 여러 가지 측면을 고려하여 총괄목표 및 3개항의 구체화된 목표와 내용의 성격과 구성요소 등에 따라 내용요소를 통합하여 3개 영역의 영역별 학년목표를 포괄적으로 제시하였다. 7차 기술·가정교과는 21세기의 세계화, 정보화 시대를 주도할 자율적이고 창의적인 한국인 육성을 위한 개성을 추구하는 사람, 창의적인 능력을 발휘하는 사람, 진로를 개척하는 사람, 새로운 가치를 창조하는 사람, 공동체의 발전에 공헌하는 사람과 같이 다면적인 인간상을 기르는 데 부응할 수 있다고 하였다.

2007 개정교육과정(2007~2009)은 6차 교육과정의 기본철학과 체계를 유지하면서 탐구영역에서 강조되어오던 창의성이 특정영역이 아닌 필요한 모든 영역에서 다룰 수 있도록 강조하도록 하였다. 지식정보화 사회에서 필수적인 능력은 창의성이라 할 수 있다. 이 시기 가정과 교육과정은 개정의 중점 사항에서, 국가·사회의 시대적 요구에 따라 나, 가족, 사회의 관점에서 학생들이 경험하는 생활을 중심으로 학습내용을 통합하여 실제적인 생활에 도움을 줄 수 있도록 하였으며, 체험중심 학습과 실천적 추론학습을 강조하여 학생의 다양한 사고나 흥미, 관심을 존중하고 학생이 자발적으로 학습에 몰두할 수 있도록 하였다. 성격면에서 개인과 가족, 사회와 관련된 환경의 상호작용에 관심을 가지고, 건강한 개인 및 가정생활을 영위하고 이웃과 더불어 생활하며 궁극적으로 전체 사회구성원의 삶의 질을 향상할 수 있는 능력의 함양에 중점을 둠으로

써 인성교육이 추구하는 타인과 환경과의 상호작용을 강조하였다. 목표는 학습자가 현재와 미래를 영위하는 데 필요한 자주적인 생활역량을 기르고 전 생애의 진로를 탐색하도록 도움을 준다. 이를 위해 문제해결능력·창의력 등을 길러 학습자가 실제 삶의 상황에서 합리적인 의사결정을 하도록 함으로써 자신과 가족의 삶의 질 향상을 추구하도록 하였다.

2009 개정교육과정(2009~2015)의 총론은 전 교과와 창의적 체험활동을 통해 창의·인성함양을 강조함에 따라 인지적·정의적·심동적 측면의 고른 발달을 가져올 수 있는 실천 지향적인 기술·가정교과 교육의 중요성이 더욱 부각되고 있다. 2011 기술·가정교육과정 가정영역의 성격을 살펴보면, '생활 속에서 당면하는 문제를 해결하는 과정을 통해 고등사고능력을 기르고 자립적인 삶의 의미를 깨달아 자기주도적으로 삶의 질을 향상하고 실천하게 하는 실천교과'라고 하였다. '가정생활' 영역의 성격을 통해 창의·인성교육 요소로 기대되는 것은 자기관리능력, 문제해결능력, 창의력, 진로개발능력, 대인관계능력, 의사소통능력 등이다.

2015 개정교육과정(2015~현재)은 학습자 개인과 가족, 지역사회, 자원, 환경과의 건강한 상호작용을 통한 관계형성능력, 자립적인 생활능력, 실천적 문제해결능력을 기르는 데 중점을 두었다. 학습자가 자신의 발달을 이해하여 자아존중감을 향상하고, 건강한 가족에 대한 이해를 바탕으로 가족구성원 간의 배려와 돌봄을 배우도록 하며, 이를 친구·이웃공동체·자원과 환경에까지 확대하여 건강하게 관계맺는 능력과 태도를 기를 수 있도록 한다. 또한, 일상생활에서 직면하는 다양한 문제를 해결하는 새로운 지식을 창조하고 융합하는 역량을 기르고 이를 토대로 자기관리 및 자립적 생활태도를 내면화한다.

09 CHAPTER

Sociology of Education

학교조직과 교육

이 장에서는 학교조직의 사회적 성격을 알아보고, 학교의 사회적 기능 및 학교 안에서의 교사-학생 관계를 심리적·사회적 측면에 초점을 두어 살펴보고자 한다.

조직은 일정한 공동의 목표를 달성하기 위하여 두 사람 이상이 업무와 기능의 분담을 통하여 협동하는 사회체제라고 할 수 있다. 조직이 성립하려면 첫째, 공동의 목표, 둘째, 여러 사람들 간의 협력 관계, 셋째, 일정한 역할·의무·책임·과업 분담, 넷째, 조직 요구에 따라 행동하도록 하는 규범 등 네 가지 조건을 갖추어야 한다. 이러한 조건에서 볼 때 학교조직은 국가가 정한 학교교육의 목표를 달성하기 위해 법규로 정해진 규칙과 규정에 따라 교사들이 수업 및 학교업무를 수행하는 협동체제라고 할 수 있다(이병환 외, 2012). 학교조직은 일반적인 사회조직과는 상당히 다른 성격을 가지고 있다. 일반 조직처럼 학교조직을 생각하게 되면 학교에서 일어나는 여러 상황들을 이해하기 어렵다. 학교라는 조직의 특성을 이해함으로써 우리는 학교구성원들의 행동을 더 잘 이해하고 예측할 수 있을 것이다.

1 학교조직의 성격

학교조직은 관료적 성격이 강한 일반 기업이나 공공기관과 차별화되는 특성을 지니고 있다. 일반 기업이나 공공기관은 성문화된 규칙과 규정에 대한 순응과 조직 및 개인 간의 합법적 위계관계를 강조하며, 정해진 기준에 따른 성과 측정을 강조한다. 반면에 학교조직은 일반 조직의 특성도 나타나지만 학교교육의 복잡한 맥락과 과정들에서 일어나는 학생과 교사의 역동적이고 상호작용 속에서 형성된 다양한 교육경험과 삶의 양식과 문화를 더욱 강조한다. 학교조직의 특수성을 간략하게 제시하면 다음과 같다(이병환 외, 2012).

첫째, 학교조직은 다른 조직에 비하여 학생에게 다음 사회를 위한 '사회화'와 '문화적 적응'을 수행하는 기관이며, 공개성과 공공성을 추구한다. 사기업이나 공공기관의 경우에는 학교조직에 비하여 공개성이 약하며, 상품의 질과 서비스에 관한 의견을 제외하면 대중의 의견에 덜 민감하다.

둘째, 학교조직은 비인격적 상품과 서비스를 제공하는 기업이나 정해진 기준에 의해 세금을 징수하는 공공기관보다 기능상 복잡하다. 예를 들면, 교수·학습에 있어서 다양한 학습 수준과 능력과 독특한 성격과 인성을 지닌 학생들을 대상으로 개별화되고 다양한 수업과 학생지도를 실시해야 한다.

셋째, 학교조직은 조직의 목표를 달성하는 데 있어서 상대적으로 공식적 관계와 절차를 강조하는 사기업이나 정부기관보다는 교사와 학생, 학생과 학생, 교사와 교사, 교사와 학부모, 학생과 학부모의 관계 등 다양한 사적·비공식적인 관계를 강조한다.

넷째, 학교조직은 사기업이나 정부기관보다는 조직의 성과를 측정하기가 어려운 특성이 있다. 왜냐하면 학교조직의 성과는 학생들이 보이는 가시적이고 비가시적 특성의 행동 변화를 강조하기 때문이다. 행동의 변화란 지식, 기술 또는 태도의 변화를 포함하는 데 이를 측정하기 위한 절차나 도구가 개발되어 적용되기는 하지만 판매회사나 제조공장의 성과를 측정하는 것처럼 명확하지 않다.

이러한 측면에서 학교조직은 사회의 일반 조직과 구별되는 특성을 가졌다고 볼 수 있는데, 학교사회를 체계적으로 살펴봄으로써 학교조직만의 특수한 성격을 이해할 수 있을 것이다.

1) 사회체제로서의 학교

체제이론은 1950년 생물체제에 관심을 둔 버타란피(Bertalanffy)의 '일반체제이론(Gerneral System Theory)'에서 처음으로 제안되었으며, 1960년대에 많은 이론이 개발되어 현재에 이르고 있다(Owens, 1987).

체제란 일반적으로 상호작용하는 요소들의 복합체, 또는 경계선에 의해 둘러싸인 상호관련된 복합체로 설명할 수 있으며(Griffithe, 1956), 이것은 단순한 부분들의 총합 이상을 의미한다. 어떤 현상을 단편적·부분적으로 접근할 때 다른 해결책과 갈등이 생기고, 진정한 해결책이 되지 못하는 경우가 많다. 이와 같이 부분적인 접근의 문제점을 극복하고 종합적으로 접근하기 위해 체제이론을 적용한다(김규태 외, 2014).

체제의 개념을 중심으로 그 속성을 정리하면 다음과 같다(Immergart & Pilecki, 1973).

첫째, 체제는 시간과 공간 속에 존재한다. 즉, 모든 체제는 특정한 공간을 차지하며 연속적인 시간의 흐름 속에서 생성·진화·성장한다.

둘째, 체제는 생성·진화·성장을 거쳐 종국에 가서는 소멸하려는 경향을 가지고 있다.

셋째, 체제는 다른 체제와 구분이 되는 경계영역이 있다. 경계를 통해서 환경과 체제를 구분하게 된다. 체제에 따라서는 그 경계가 다소 모호한 경우도 있다.

넷째, 체제는 체제 밖의 모든 것을 의미하는 환경(environment)이 있다. 체제는 환경에 의해 자극을 받기도 하고, 통제와 평가를 받기도 한다.

다섯째, 체제는 체제의 구조와 기능에 영향을 주는 요소들을 가지고 있다. 체제 안의 요소를 변인이라 하고, 체제 밖의 환경에 속하는 요소를 매개변수라고 한다.

여섯째, 체제는 상위체제와 하위체제로 구성되어 있다. 상위체제는 체제의 범위를 넓힌 체제이고, 하위체제는 범위를 좁힌 체제이다. 모든 체제는 그보다 큰 상위체제에 포함되고 그보다 작은 하위체제를 포함한다.

따라서 학교체제 역시 부분들이 사회적 상호작용을 통해 이루어진 체제로 볼 수 있으며, 유기적인 관계를 지닌 상호작용하는 구성요소들을 포함하는 하나의 조직화된 통합체를 이루고 있다고 할 수 있다. 이러한 사회체제로서 학교의 특징을 왈러(Waller)는 다음과 같이 설명하고 있다(김병희 외, 2011).

- 학교는 일정한 사람들로 구성되어 있다.
- 학교는 독특한 자체의 문화를 가지고 있다.
- 학교는 우리의식(we-feeling)으로 가득 차 있다.
- 학교는 복잡하게 얽혀 있는 사회적 관계를 가지고 있다.
- 학교는 어떤 형태의 사회적 상호작용으로부터 생겨나며 아주 소수의 상호작용의 과정에 의해 영향을 받는 일정한 정치적 구조를 가지고 있다.

한편, 체제는 그를 둘러싸고 있는 환경과 상호작용하는 방법에 따라 개방체제와 폐쇄체제로 구분된다. 환경과 정보를 계속 주고받는 체제를 개방체제라 하고, 정보를 주고 받지 않는 체제를 폐쇄체제라 한다. 상호작용과정에서 외부환경으로부터 다양한 형태의 투입을 받아들이게 되며, 이러한 투입은 다시 체제의 전환과정을 통하여 외부환경에 산출의 형태로 되돌아가게 된다.

교육행정에 있어서 교육체제의 투입요소는 학생, 교사, 시설, 재정, 교육내용 및 매체, 교육관련 법규 등을 들 수 있으며, 이러한 요소들은 학교구조, 학교구성원, 수업활동, 장학지도, 행·재정 운영 등의 전환과정을 거쳐 산출로 변환된다. 교육체제의 산출로는 학생들의 학업성취도를 비롯하여 인지적·정의적·신체적 영역에서의 변화, 졸업생 등을 들 수 있다. 그리고 환경은 교육체제에 영향을 주는 모든 외적 요인이 되며, 여기에는 학부모, 지역사회, 정치, 경제, 사회, 문화, 과학기술 체제 등이 포함된다. 교육목적을 효율적으로 달성하기 위하여 교육행정에서의 체제이론 혹은 체제접근은 상호작용하는 체제 각 요소에 대한 효율적인 관리를 통하여 교육산출의 극대화를 추구하게 된다. 이와 같이 학교체제는 국가 사회의 정치·경제·사회·문화 등 다른 체제와 긴밀한 관계 속에서 교육활동이 이루어지기 때문에 개방체제라 할 수 있다.

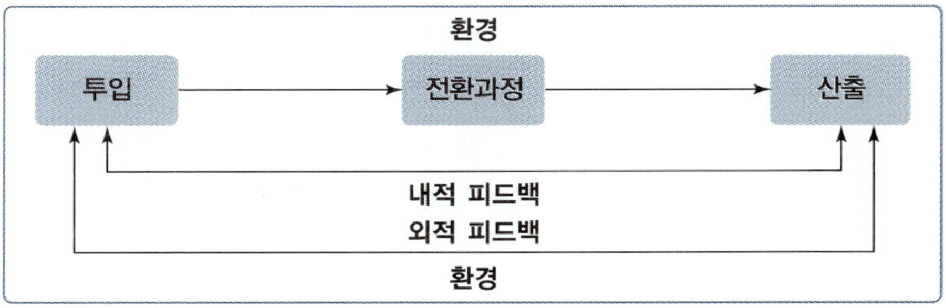

출처: 남정걸(2006). p. 98.

그림 9-1 체제이론의 기본모형

이상과 같이 학교조직을 사회체제로 파악하는 관점은 학교를 좀 더 명확하면서도 구체적으로 사고할 수 있는 기회를 제공해 준다. 특히 교육행정가가 체계적 안목에서 문제를 분석하고, 계획을 입안하고, 문제해결 방법을 모색하고, 평가된 결과를 활용하여 발전적 방향을 모색하려는 노력이 증대되게 되었다.

2) 중간집단으로서의 학교

인간은 태어나면서부터 어떤 집단에 속하게 되고, 성장하면서 가족으로부터 학교, 직장 등 여러 부류의 집단 속에서 상호관계를 맺으며 살아간다(김병희 외, 2011). 여기서는 학교의 경우, 다양한 사회집단 분류방식을 적용하게 되면 어떤 성격의 집단으로 분류될 수 있는가를 살펴보고자 한다.

① 내집단과 외집단

미국의 사회학자 섬너(Sumner)는 주관적인 소속감과 태도를 기준으로 내집단(in-group) 또는 우리집단(we-group), 외집단(out-group) 또는 타인집단(they-group)으로 분류하였다.

내집단은 집단을 구성하고 있는 개인들이 그 집단에 소속한다는 느낌을 가지며 구성원 간에 '우리'라는 공동체 의식이 강한 집단으로서 '우리집단'이라고 부르기도 한다. 사람들은 내집단을 통하여 자신을 인정받고 자아정체감을 얻으며, 판단과 행동의 기준을 배우게 된다. 아군, 자기 종교집단, 우리팀, 한민족 등이 대표적인 내집단으로 개개인의 경우 소속집단을 통해 자신을 인정받고 자신의 정체성을 가지게 된다고 볼 수 있다.

외집단은 내가 소속된 집단이 아닐 뿐만 아니라, 이질감을 가지거나 심지어는 적대감이나 공격적인 태도까지 가지게 되는 경우로서 '타인집단'이라고 부르기도 한다. 사람들은 외집단을 통해 집단의 성격을 파악할 수 있게 되고, 내집단 결속의 필요성을 인식하게 되며, 상이한 판단과 행동의 기준이 존재한다는 것을 알게 된다. 적군, 다른 종교집단, 상대팀, 이민족 등이 외집단에 속한다(김종두, 2013).

섬너의 내집단과 외집단의 비교에 의하면 학교라는 집단은 내집단에 속한다고 볼 수 있다. 하지만 구성원들이 학교에 불만을 가지게 되면 타인집단이 되어버려서 외집단적인 성격이 나타날 수 있기 때문에 중간집단적인 성격을 띠고 있다고 볼 수 있다(이병환, 2014).

② 공동사회와 이익사회

독일의 사회학자 퇴니스(Tőnnis)는 구성원들의 결합의지를 기준으로 사회집단을 공동사회(Gemeinschaft)와 이익사회(Gesellschaft)로 구분하였다. 공동사회는 사적생활, 면대면, 상호작용, 자연적 결합, 가족적 태도, 소규모, 구성원 간의 동정적 동일시, 변화에 대한 저항, 성원과 기술에 대한 일반적 지식(비전문화), 유일한 성원의식 등을 특징으로 하는 집단이다. 예컨대, 가족, 친족, 농촌사회, 민족 등이 포함되며, 매우 친밀하고 영속적인 인간관계를 유지한다. 한편 이익사회의 경우에는 공적 생활, 매우 느슨한 응집력, 계약의 강조, 공동체 분위기 결여, 대규모, 합리성에 기초한 상호작용, 가치 있는 변화, 직업의 전문화, 임의적인 성원의식 등을 특징으로 이루어진 집단이다(안병환, 2012). 예컨대, 회사, 조합, 정당 등이 이에 속하며 이해 타산적이며 형식적인 인간관계로 이루어져 있다.

이와 같은 공동사회와 이익사회의 특징에서 보면 학교는 공동사회적인 성격과 이익사회적인 성격을 모두 조금씩 가지고 있는 중간집단적 성격을 띠고 있다고 할 수 있다.

③ 1차 집단과 2차 집단

쿨리(Cooley)는 사회집단을 사회구성원의 접촉방식, 즉 집단 내 구성원 간에 친밀한 관계인지 형식적인 관계인지에 따라 1차 집단(primary group)과 2차 집단(secondary group)으로 분류하였다. 1차 집단은 대면접촉과 친밀한 관계를 바탕으로 관계 자체가 목적이며, 자연적이며 소규모의 성격을 지니는 집단으로 가족, 친구 등이 해당된다. 2차 집단은 간접적 접촉과 형식적인 관계, 그리고 목적달성을 위한 수단적 만남을 바탕으로 인위적·기능적·형식적으로 결합된 집단을 의미한다. 규칙, 법 등과 같은 공식적 수단으로 통제를 받는 집단으로 회사, 각종 단체 등이 해당된다.

쿨리의 집단분류 방식을 집단의 크기, 성원의 가입방법, 성원 간의 접촉유형 등을 기준으로 학교사회에 적용해 보면, 학교는 1차 집단적 성격과 2차 집단적 성격 모두를 아우르는 중간집단적 성격을 띠고 있다고 할 수 있다. 그러나 최근에는 급격한 사회변동과 가치관의 변화로 학교의 집단적 성격이 점차적으로 2차적인 성격을 띠게 되고, 학교교육 역시 2차 집단의 가치관이 지배하는 상태로 변하고 있는 실정이다(김병희 외, 2011).

3) 전문적 관료조직으로서의 학교

고전적 조직이론 가운데 가장 대표적이고 현대조직에 가장 많은 영향을 끼치고 있는 것이 베버(Weber)의 관료제이다. 베버는 조직에서 능률을 중시하였으며, 이러한 능률에 중심적인 것은 조직 속의 합리적인 이념이라고 생각하였다. 이와 같은 능률을 중시하는 합리·합법적 조직형태를 관료적 조직이라고 하였다(남정걸, 2006). 학자에 따라서는 관료제가 행정관리를 위한 가장 이상적인 도구라고도 하며, 인간의 기본적 자유를 헤치는 권위적·독신적인 도구라고도 한다. 하지만 거의 대부분의 현대조직이 관료제적 성격을 가지고 있다(이상기·옥장흠, 2007).

관료제는 국가 관공서 기관, 대규모 기업체, 종합병원 등으로 설명할 수 있는데, 모든 업무를 일관된 절차나 규칙에 따르며, 모든 구성원들은 일정한 지위에 따른 권한과 책임이 부여되고, 위계가 서열화되어 있어 업무를 신속하게 처리할 수 있는 형태이다(김병희 외, 2011). 베버의 관료제는 합리·합법적 권위에 근거를 두고 있는데 이를 토대로 관료제의 특징을 살펴보면 다음과 같다(김규태 외, 2014).

- **권위의 위계구조**(hierarchy of authority): 관료제에 있어 모든 직위는 계층적(또는 수직적)으로 배열된다. 상급의 지위에 있는 사람은 위계 피라미드의 하위 지위에 있는 사람을 통제한다. 대부분의 대규모 조직은 상급자와 하급자를 구분하는 위계구조를 가지고 있으며, 이를 근간으로 한 명령계통과 위계질서를 통해 조직의 기능과 여러 과업이 수행된다.
- **규칙과 규정**(rules and regulations): 베버는 "모든 관료제에는 대개 의도적으로 마련된 일관성 있는 체계가 있다"고 주장한다. 이러한 체계는 각 지위에 부여되는 권리와 의무, 조직의 위계구조에 따른 구성원의 행동지침 및 규칙을 의미한다. 규칙과 규정이 확고하게 마련됨으로써 인사이동 및 변화 시에 조직운영의 계속성을 유지할 수

있고, 고용인들의 행동에 관한 통일성과 안정성을 확보할 수 있게 한다.

- **사적감정의 배제**(impersonal orientation) : 직원은 개인적인 감정을 드러냄이 없이, 형식주의적 비정성 정신에 입각하여 직무를 수행한다. 이러한 사적감정의 배제는 고용인들을 차별 없이 균등하게 대우하고 의사결정에 있어서의 합리성을 촉진시킨다.
- **분업화 및 전문화**(division of labor and specification) : 조직목적에 필요한 정규활동은 일정한 방식에 의해 공식상의 직무로서 배분된다. 각 조직 구성원들을 특정 과업에 대해 전문화시킴으로써 조직 전체의 효율성을 도모하고자 하는 것이다. 학교조직에서의 전문화는 대개 과목별, 학년별 또는 교무, 서무 등의 분류를 기초로 이루어진다.
- **경력지향성**(career orientation) : 관료조직에서의 고용은 전문적 능력과 기술을 기본으로 하기 때문에 조직구성원들은 자신의 직업을 경력으로 생각한다. 직원의 보수는 계서제의 직위(rank)에 따라 책정되고 지급되며, 직원의 승진은 상위자의 판단에 달려 있으나, 조직에 대한 충성심을 기르기 위하여 특수한 기술을 가진 사람은 일방적인 해고나 승진을 거부하는 것으로부터 보호를 받게 된다. 뿐만 아니라 상급자가 공평한 결정을 내리도록 격려를 받고 있으며, 이에 구성원들은 보호를 받게 되는 것이다(Hoy & Miskel, 1996).
- **능률성의 강조**(efficiency) : 관료제는 합리적인 의사결정과 행정능률을 극대화하고자 한다. 관료제의 한 요소인 분업과 전문화는 전문가를 배출하게 되며, 사적 감정을 배제한 전문가는 객관적인 사실에 근거하여 정확하고 합리적인 의사결정을 내리게 된다. 이러한 합리적 의사결정과 위계구조를 통한 규칙·규정 및 조정은 하급자의 복종과 조직의 통일적이고 안정적인 유지의 바탕이 된다. 또한 관료제의 경력지향적 속성은 조직구성원들에게 조직에 충성하며 헌신하게 하고 특별한 노력을 하도록 하는 동기유발 요인이 된다.

표 9-1 베버 관료제의 순기능과 역기능

관료제 특성	순기능	역기능
권위의 위계구조	일사불란한 조직 운영	의사소통의 저해
규칙과 규정	지속성과 통일성, 질서와 안정	경직성 및 주객전도
사적 감정의 배제	합리성	사기저하
분업화 및 전문화	전문성과 효율성	권태감과 고립감
경력지향성	유인체계의 확립	조직 내 경쟁 연공서열과 업적주의 간의 갈등

출처: Hoy et al.(1996). p. 51.

학교조직도 우선적으로 관료제적인 특성을 갖는다고 할 수 있다. 그러나 학교조직의 관료제는 교사가 고도의 교육을 받은 전문가라는 점에서 다른 일반적인 관료제와 구별된다. 관료조직과 학교조직과의 차이점을 살펴보면 다음과 같다(Campbell et al., 1983).

첫째, 교사는 권한의 위계상으로는 하위에 있지만 대체로 학력수준이 높으며 자신을 전문가로 생각한다.

둘째, 교사의 주된 책임은 다양한 자극을 통해 학습속도와 성장 배경이 각기 다른 학생을 가르치는 데 있다.

셋째, 교사는 그 업무 특성상 비교적 많은 재량권을 보유한다.

이러한 차이점에서 알 수 있듯이, 교사들은 다른 관료조직의 하급자들에 비해 철저한 감독이나 획일적인 성취측정기준의 적용이 어렵다. 또한 일반적으로 관료제 이론에서는 하급자들이 모두 상사에 비해 기술적 전문성이 떨어진다고 가정하지만, 이러한 주장이 교육 조직에서 적용되기는 어렵다. 그것은 위계구조상으로는 더 낮은 지위에 있음에도 불구하고 교사들 자신이 오히려 행정가들보다 훨씬 더 뛰어난 능력이나 전문성을 보유하고 있는 경우가 종종 있기 때문이다(이군현, 1999).

학교라는 조직을 움직이는 행정은 관료적 성격이지만 교사들이 학생들을 가르치는 교육은 전문적 성격이다. 학교조직에서는 이 두 측면이

동시에 존재하기 때문에 내부적으로 갈등을 초래하기도 한다. 조직 내에서 교사들로 갈수록 전문화되지만 위로 올라갈수록 지위계층에 따라 관료화가 요구되기 때문이다(주삼환 외, 2009). 따라서 학교조직의 특성은 단순한 관료제만으로는 설명이 불가능하며, 관료제와 전문직제의 혼합적인 조직 형태로 전문적 관료조직이라고 설명하는 것이 바람직하다(이상기 · 옥장흠, 2007).

4) 규범적 조직으로서의 학교

미국의 사회학자 에치오니(Etzioni)는 조직이 사용하는 권력과 개인이 조직에 참여하는 형태에 따라 조직의 유형을 강제적 조직, 공리적 조직, 규범적 조직으로 분류하였다(Etzioni, 1961). 즉, 조직이 강압적인 수단으로 지배하느냐? 경제적 수단으로 지배하느냐? 규범적 수단으로 지배하느냐? 개인의 조직에의 참여가 배제되어 있는가? 주어지는 보상에 따라 타산적으로 참여하고 있는가? 양심에 따라 자발적으로 참여하는가?에 따라 다음과 같이 조직을 유형화했다.

표 9-2를 보면 9개의 조직유형으로 구분되는데, 이들 중 1, 5, 9의 세 지점만 사회에 있는 조직이라 하였다. 각각의 조직의 특성을 살펴보면 다음과 같다(임연기 · 최준열, 2014).

표 9-2 에치오니의 조직유형론

권력유형 \ 참여유형	소외적	타산적	도덕적
강제적	1 강제적 조직	2	3
보상적	4	5 공리적 조직	6
규범적	7	8	9 규범적 조직

출처: 이종각(2005). p. 238.

- **강제적 조직**(coercive organization): 부하직원을 통제하기 위한 수단으로 물리적 제재나 위협을 사용하며, 구성원들은 그에 대한 반응으로 소외적으로 참여한다. 교도소, 포로수용소 등이 이 조직에 해당한다.
- **공리적 조직**(utilitarian organization): 보상체제를 통해 부하직원에게 권력을 행사하며, 부하직원은 이해관계를 고려하여 타산적으로 참여한다. 회사, 시청 등 현대사회의 대부분의 조직이 여기에 해당되며 합리적인 조직의 모형이다. 적절하게 권력을 행사하고 합리적으로 참여하도록 하는 조직이다.
- **규범적 조직**(normative organization): 상징적이고 도덕적인 규범을 통해 권력을 행사하며 구성원은 양심에 따라 자발적으로 참여한다. 위신이나 존경, 애정, 신념, 사명감 등을 중시하여 구성원들에게 높은 귀속감을 지니게 한다. 종교단체, 학교 등이 여기에 속한다.

이러한 에치오니의 조직 분류 방식에 따르면 학교조직의 경우 구성원들이 조직체의 이념이나 규범에 동의하고 규범을 내면화하여 조직에 대한 사명감이 일반적으로 높은 조직으로 볼 수 있고, 학교조직의 내면에는 애정, 인격존중, 도덕적 가치를 바탕으로 통제가 이루어지기 때문에 규범적 조직의 특성을 지녔다고 할 수 있다(김경식 외, 2011). 따라서 규범적 조직으로서의 학교의 경우 구성원이 조직체의 이념이나 규범을 찬성하고 스스로 동일시하지 않을 경우 성과를 거둘 수 없으며 나아가 학생이 자발적으로 참여할 때만이 성과를 거둘 수 있다(김병희 외, 2011). 특히 교육이 인간을 인간답게 길러주는 것이므로 교사와 학생이 상호 인격적인 만남이 이루어지지 않고서는 참다운 인간됨이 나타나기 어렵기 때문에 공동체 의식이 더욱 강조된다(성낙돈 외, 2016).

5) 복합조직으로서의 학교

모든 사회조직은 사람들의 상호작용과 사회적 관계가 얽혀서 하나의 틀(구조)을 갖게 된다. 그러나 그 구조의 조직화된 정도, 즉 형식화의 정도가 다르다. 학교조직은 공식조직과 비공식조직의 복합성이 존재하는 복합조직으로서의 성격을 지니고 있다(이종각, 2005).

공식조직(formal organization)은 공식적인 조직표상에 나타난 조직으로서 학교의 교장 · 교감 · 부장교사와 같이 조직의 위계와 역할이 밝혀진 조직이다. 이러한 조직에서는 공식화된 분업의 계통과 인원의 배치, 공식적인 의사소통의 경로와 권한의 배분, 역할분담 및 업무수행의 절차 등이 명시적으로 규정되어 있다. 반면 비공식조직(informal organization)은 공식조직 내에 존재하면서 공식조직에 의해 충족되지 못하는 여러 가지 사회적 · 심리적 기능을 수행하며, 공식조직 내부에서 친밀한 인간관계를 바탕으로 자연발생적으로 생기는 조직이다. 예를 들면, 교직원 상조회, 교사들 간의 각종 동호회 모임, 동아리 활동 등이 이에 속한다(주삼환 외, 2011).

표 9-3 공식조직과 비공식조직의 비교

공식조직	비공식조직
• 공적인 목표달성을 위한 인위적 조직 • 제도화된 공식규범을 바탕으로 성립 • 권한의 계층, 명료한 책임분담, 표준화된 업무 수행, 비정의 인간관계를 특징으로 함 • 외면적이고 가시적임 • 능률 · 비용의 논리에 의해 구성 · 운영 • 계속 확대되는 경향	• 자연발생적 조직 • 상호 간의 상호작용을 바탕으로 성립 • 혈연, 지연, 학연, 취미, 종교 및 이해관계 • 내면적이고 비가시적임 • 감정의 논리에 의해 구성 · 운영 • 항상 소집단의 상태 유지

출처: 김규태 외(2014). p. 47.

공식조직은 조직표에 있기 때문에 누가 무엇을 해야 하고, 누가 누구로부터 지시를 받고 보고를 해야 하는지가 분명하다. 그러나 의사소통이 잘 되지 않고, 화합적인 분위기를 조성하는 데 어려움을 겪는다. 반면에 비공식조직은 서로 협력하고 원활하게 의사소통을 하며, 공식조직의 경직성을 완화하는 데 기여하지만, 업무를 수행하는 데 정실에 흐를 위험이 있으며, 왜곡된 정보로 인해 조직의 기능을 수행하는 데 부정적인 요인으로 작용할 수 있다(임연기 · 최준열, 2014).

6) 이완결합체제로서의 학교

학교조직은 각자의 가치관과 신념, 태도와 욕구가 복합적으로 상호작용하여 긴장과 모순을 야기하기도 하며, 학교 목표와 과정의 불확실성과 모호성 및 복잡성을 지니고 있어서 합리적이고 논리적으로 설명이 어려운 측면도 존재한다. 이러한 점을 강조한 이론이 학교조직의 이완결합체제(loosely-coupled system)이다.

웨익(Weick)은 학교조직을 이완결합체제로서 본(Weick, 1976) 주창자이다. 그에 따르면 이완결합은 "연관된 사건들이 서로 영향을 주고 있으나 각 사건들은 고유의 정체성을 가지고 있으며, 물리적으로도 또는 논리적으로 별개"를 뜻한다. 웨익에 따르면 학교에서는 업무를 어떻게 잘 수행할 것인가에 관한 사항들이 이완된 형태로 통제되고 있다고 본다. 이는 학교 내의 각 부서가 상호 의존적이라기보다는 다소 독립적이고, 교육과정에 연계되기보다는 단절되어 있고, 활동과 결과가 분리되어 있으며, 개인들은 통제를 받지 않는 상황에서 각각의 기능을 수행한다는 것이다.

이완결합체제로서의 학교조직의 특수성은 다음과 같은 다섯 가지로 설명될 수 있다(남정걸, 2006).

첫째, 학교는 각 단위부서들이 분리되어 독자적인 역할과 기능을 수행한다.

둘째, 한 부분의 성공이나 실패가 다른 부분의 성공이나 실패와 별로 연결되지 않는다.

셋째, 교원의 직무수행에 대한 엄격하고 분명한 감독이나 책임, 평가방법이 없다.

넷째, 학교에서는 활동과 그 결과가 분리되어 있다.

다섯째, 교육조직에서의 제반 과정이 지속적으로 연계되어 있기보다는 단절적이다.

학교조직은 교원의 자율성과 전문성을 중시하기 때문에 각 부서, 과정, 활동 및 개인 등 조직의 구성요소가 단단하게 결합되지 못하고, 조잡하고 느슨하게 연결된 조직이라 할 수 있다. 학교조직의 이러한 특성은 교수(teaching) 분야에서의 교사의 전문적 자율성과 판단을 존중하고 결합된 사건들(coupled events) 간의 신뢰의 논리를 충족시켜 준다는 장점을 가지고 있다. 그러나 비교수(non-teaching) 분야의 활동(예: 교사의 채용, 성적평가, 출결관리, 회계관리 등)은 엄격하게 통제되고 견고하게 결합된 형태로 이루어진다는 점에서 그 이론적 설명의 한계를 갖는다(이병환, 2014).

한편, 메이어와 로완(Meyer & Rowan)은 교육자들은 학교의 조직 구조를 수업활동 및 결과와 분리시키고 있으며 신뢰의 논리(logic of confidence)에 의지한다고 보았다. 또한 이들은 학교는 기본적으로 사람들에게 자격을 부여하는 사회기관으로 보았다. 표준화된 교육과정과 자격증을 가진 교사들은 표준화된 형태의 졸업생들을 배출하며, 이들 졸업생들은 자신이 획득한 배경에 따라 경제 및 사회계층 체제에서 적절한 위치를 차지하게 된다. 초등학교 교사, 영어 교사, 교장, 졸업반 학생 등과 같은 의례화된 분류는 엄격하게 구조화된 교육조직의 토대를 이룬다. 학교는 외부 사회의 법률적·규범적 기준을 따름으로써 지역사회의 지원과 합법성을 얻게 된다. 철저한 감독 및 엄격한 평가를 통해 수업 프로그램의 문제점이 발견되고 불확실성을 초래할 수 있기 때문에 교수 활동에 대해서는 거의 통제가 이루어지지 않는다. 또한 교수·학습과정의 효과성을 평가하는 것보다 추상화된 의례적인 분류를 따르고 있음을 보여준다. 따라서 학교는 의례화된 구조와 수업활동을 분리하고 있으며, 믿을 수 있다는 가정을 수용함으로써 이러한 분리를 정당화한다(Hoy & Miskel, 2001).

7) 조직화된 무질서 조직으로서의 학교

학교는 조직화된 무질서 또는 무정부상태의 조직(organized anarchies)의 범주로 설명할 수 있으며 코헨, 마치 그리고 올센(Cohen, March & Olsen) 등이 개념화한 것이다. 이 조직은 불분명한 목표, 불확실한 기술, 유동적인 참여를 특징으로 한다. 교육조직은 명료한 목표와 그 목표를 실천하도록 하는 기술이 무엇인가를 찾아내기가 어렵고 구성원의 유동적인 참여를 특징으로 한다는 점에서 그러한 조직적 특성을 보여 준다.

첫째, 불분명한 목표이다. 교육조직의 목표는 구체적이지 못하고 분명하지 않다. 교육조직의 목표는 수시로 변하며 대립적인 목표가 상존하고 구성원마다 다르게 규정한다. 그래서 구체적인 프로그램으로 만들 수 없다.

둘째, 불확실한 기술이다. 교육조직의 기술이 불명확하고 구성원들에게 잘 알려져 있지 않다. 교육조직에서는 아주 많은 기술이 활용되지만, 어떠한 기술이 학습자에게 어떠한 영향을 미칠지에 대해서는 분명하게 말할 수 없다. 특히 어떤 방법과 자료를 활용해야 개별 학습자들로 하여금 요구된 목표에 효과적으로 도달할 수 있는지에 대해 교사와 행정가, 장학담당자의 합의된 견해가 없다.

셋째, 유동적인 참여이다. 교육조직에서의 참여는 유동적이다. 학생들은 입학한 후 일정한 기간이 지나면 졸업한다. 교사와 행정가도 때때로 이동하며, 학부모와 지역사회 관계자도 필요시에만 참여한다.

이상에서 살펴본 것처럼 학교조직은 늘 불안정하고, 유동적이기 때문에 합리적이고 체계적인 의사결정이 어려운 무질서 상태에서의 의사결정이라는 측면에서 쓰레기통 모형으로 설명할 수 있다. 이 모형의 기본 특징은 의사결정 과정이 조직에서 독립적인 상황의 흐름에 따라 결정이 이루어진다는 것이다. 말하자면 학교와 같은 조직에서의 의사결정은 합리적이고, 체계적으로 이루어지기보다는 우연히, 주먹구구식으로 이루어지는 경우가 많다는 것이다.

2 학교의 사회적 기능

학교의 사회적 기능을 단 하나로 규정하는 일은 쉽지 않지만, 학교교육을 '개인이나 사회가 각자 원하는 가치나 목적을 성취하기 위한 수단으로 활용하는 활동'이라고 규정하면, 우리는 보다 현실적인 '학교의 사회적 기능'을 설명할 수 있게 된다. 이에 따라 교육의 사회적 기능은 크게 개인 차원과 사회·국가 차원 등으로 나눌 수 있다. 개인적 차원에 초점을 맞추면 교육은 사회이동이나 개인 출세의 수단이 되고, 사회·국가 차원에 초점을 맞추면 교육은 특정의 가치나 이념 등을 전승하는 규범적·제도적 장치이거나 국가 발전의 도구가 될 것이다(김병욱, 2013).

1) 사회화 및 사회통합의 기능

사회화는 규범을 학습하여 내면화함으로써 그 사회에서 승인된 행동을 하게 되는 과정이다. 학교는 학생들을 일정한 목적과 계획 하에 사회화하는 기관이다. 학생들의 사회화는 사회의 여러 기관과 사회활동을 통해서 진행된다. 학생들을 사회화시키는 중요한 기관은 지역사회에 있는 가족집단, 동료집단, 학교 및 일반 사회 집단들이다(주동범 외, 2015). 학교는 이질적 요소를 동질화시키고 갈등 현상을 극복하여 합의에 기초한 안정된 사회를 이룩하는 데 중요한 기능을 하며, 조직적으로 학생들을 사회화하여 장차 성인이 되는 경우 그들이 담당한 사회적 역할을 원만히 완수할 수 있도록 교육하는 대표적인 형식기관이다.

그렇다면 학교는 어떤 방법으로 사회화를 수행하는가? 대략 다음과 같은 네 가지 방법을 들 수 있다(차경수 외, 2006).

- 직접적 교수 : 학교는 직접적인 교수를 통해 그 사회의 행동양식, 지식, 가치 등을 가르친다. 그러나 학생들은 정규 학교수업뿐 아니라

과외활동에서도 이를 배운다. 학교가 과거의 유산을 학생들에게 가르치는 일은 새로운 세대와 오래된 세대 간의 간격을 좁혀 주고, 의견의 대립을 감소시킴으로써 사회를 안정적으로 유지하는 데 공헌한다. 특히 역사, 일반사회 등은 정치사회화에 중요한 교과목이며, 학생자치회는 정치기술을 배우는 장소가 된다. 그러나 때로는 어떤 내용을 주로 가르칠 것인가에 대하여 갈등이 일어나기도 한다.

- 사회적 단체의 제공: 학교는 아동들이 함께 어울릴 수 있는 친구와 장소를 제공해 준다. 아동들은 또래의 놀이친구(play group) 또는 동료집단(peer group)을 통해서 여러 행동양식을 배운다. 이들 집단을 통해서 아동들은 순수한 인간관계 및 어떤 목적이나 결과를 위한 수단으로서의 인간관계를 배우고, 성인시기에 직면할 다양한 인간관계의 여러 문제를 다루는 기술을 습득한다. 동료집단은 평등한 관계에 입각한 자발적이고, 자주적인 집단이기 때문에 아동들은 민주적인 지도력을 훈련받을 수 있다. 동료집단의 큰 장점은 아동들이 인간관계를 배울 때 실수를 할 경우에도 큰 희생을 지불하지 않고도 이를 배울 수 있다는 점이다.
- 행동모델의 공급: 사회화는 다른 사람을 모방함으로써 많이 이루어진다. 가정의 부모가 아이들에게 행동의 모델이 되듯이 학교의 교사, 교직원은 물론 친구들도 학생들의 모델이 되어 언어, 복장, 기본적 가치관의 형성에 중요한 영향을 미친다. 학생들에게 어렸을 때에 사회화의 모델이 된 이런 인물들은 일생 동안 행동평가의 기준이 된다. 학교의 여러 인물은 장기간에 걸쳐 자주 접촉하기 때문에 학교와 접촉이 끊어진 뒤에도 오랫동안 학생들에게 모델로 남아 있는 경우가 많다. 따라서 사회는 교사들을 끊임없이 재훈련하는 일이 필요하다.
- 부정적 제재 또는 긍정적 칭찬: 학교가 수많은 벌과 상을 통해 부정적 또는 긍정적 강화(reinforcement)를 함으로써 인간의 행동발달에 영향을 미친다는 것은 20세기 최고의 심리학자의 한 사람인 스키너(Skinner)의

연구에 의해 널리 알려져 있다. 우등생, 성적, 상, 낙제, 정학 및 퇴학 등은 어떤 행동은 장려하고 어떤 행동은 억제하는 결과를 초래함으로써 특정한 행동의 발달을 유도한다. 최근 들어 학교의 제재력이 약화되는 추세지만, 학교에서의 상과 벌은 학생의 행동발달에 상당한 효과를 지닌다고 할 수 있다.

학교는 사회화 기능을 통해 구성원과 집단들이 서로 잘 통합되도록 해 준다(Parsons, 1959). 개인과 집단의 통합을 촉진시키는 사회적 관계구조와 연결망, 호혜적 규범, 신뢰, 도덕성, 구성원 간의 협력과 응집력 등을 학교교육을 통해 이루자는 논리(홍영란, 2003)도 교육의 통합기능을 말한 것이라 할 수 있다.

2) 문화유산 전달의 기능

문화란 한 사회의 생활양식 그 자체를 가리키는 것이며, 각 사회가 처한 환경에 따라 가장 알맞은 생활양식을 창출하고 이것을 사회성원들과 함께 공유하면서 만들어진 생활양식을 말한다. 즉, 선천적 · 역사적으로 형성된 내 · 외면적인 생활양식의 체계이며 집단 구성원에 의해 공유되는 것을 말한다(김병희 외, 2011). 이러한 문화는 학교 바깥에서도 다양한 방법을 통하여 전달되지만, 학교의 경우는 외현적 교육과정(manifest curriculum)을 통하여 전달되기도 하고, 잠재적 교육과정(latent curriculum)을 통하여 전달되기도 한다. 이와 같이 학교교육은 앞 세대인 교사가 다음 세대인 학생들에게 문화유산을 내면화 · 재생산시켜 한 사회를 보존 · 유지시키는 데 중요한 기능을 한다(성낙돈 외, 2016).

학교는 사회의 여러 기관이 다음 세대에 문화유산을 전하는 데 실패하거나 적당하지 못하였기 때문에 발생하였고, 오늘날에 있어서와 같이 거대하게 발전했다고 볼 수 있다. 그러므로 학교의 중요한 교육적 기능은 사회의 문화유산을 전달하는 데 있다. 모든 문화유산이 학교에 의해서만 전달된다고 말하기는 어렵지만 가장 질서 있게, 정확하게, 다량으로, 효과적으로 전달할 수 있는 기관은 학교임에 틀림없다(주동범 외, 2015).

학교가 발달하기 전에도 문화유산의 전달 작용이 있었는데, 그것은 가정, 인근 직장에서 일상의 생활 및 체험을 통해서 행하여졌다. 그러나 사회문화가 점점 축적되고 복잡해짐에 따라 일상생활에 의한 무의식적 문화의 전달은 어렵게 되어 의도적이며 조직적인 방법으로 특정한 사람에 의해 전달되도록 만들어진 것이 학교인 것이다(김홍규, 1990).

그러나 실제로 학교에서 무엇을 가르치고 있느냐에 대해서는 관점에 따라 서로 입장을 달리 하고 있다. 기능주의자들은 학교를 성인세계에서 성공적으로 수행하는 데 필요한 문화를 전달하는 곳으로 간주한다. 학교는 따뜻하고, 보호적이며, 수용적인 가정의 환경으로부터 작업세계의 경쟁적이고 과업지향적인 환경으로 이동하는 데 도움을 준다. 어린이들은 동일한 규칙이 모든 사람들에게 적용된다는 것을 배운다. 이러한 방법으로 학교는 청소년들을 사회에 대비하도록 하는 결정적인 기능을 수행하는 곳으로 간주된다. 그러나 갈등론자들은 이러한 규범과 가치 등의 문화전달을 개인들의 욕구라기보다는 자본주의 사회의 요구로 작용한다고 보고 있다(Ballantine, 2001).

현대사회 특히 근대화가 진행되는 개발도상국과 같이 사회변동이 급속하게 일어나는 사회에서는 어떤 내용의 문화유산을 전달할 것인가 하는 문제가 제기된다. 왜냐하면 개발도상국가에서의 산업화는 물질적인 생활을 변화시킬 뿐 아니라 인간의 가치관도 변화시킨다. 이 경우 그 사회에는 전통적인 가치관과 근대적인 가치관이 공존하며, 종종 이들 간에 대립되는 양상이 나타나기 때문이다(차경수 외, 2006).

3) 사회구성원 선발 및 분류의 기능

모든 사회는 서로 다른 사회적 지위 및 직업체계로 이루어져 있다. 하지만 이들 사회적 지위와 직업의 종류에 따라 기술, 훈련, 어려움 등이

다르기 때문에 보수와 위신이 다르고, 결과적으로 보수와 위신이 높은 사회적 지위에는 경쟁이 심하게 된다.

학교는 교육을 통하여 서로 다른 사회적 지위에 개인을 적절하게 분배한다. 학교는 능력이나 소질 및 흥미 등을 기초로 하여 학생을 선발하여 일정 기간의 교육을 시킨 후 알맞은 사회적 지위를 갖게 한다.

이러한 것은 개인적으로 보면 하나의 사회이동(social mobility)이 된다. 인간은 누구나 사회적 상승이동에 대한 욕구가 있을 수 있다. 우리나라의 경우, 특히 고등교육의 정도가 사회계층이동에 상당한 영향을 미치는 것으로 인식되고 있기 때문에 어느 나라보다도 고등교육에 대한 열망이 강하다. 그 결과 과외문제 등으로 인하여 사교육비의 과다지출은 이제 사회문제로 대두되기에 이르렀다. 그런데 오늘날 대학을 마쳤다고 해서 모두가 원하는 직업을 갖는 것도 아니다. 따라서 학생의 선발 기준문제, 입시제도, 인력수급문제 등 다각적인 연구가 요청되고 있다(성낙돈 외, 2016).

학교교육의 선발과정에 대해 상반되는 이론적 관점에 따라서 매우 다른 해석을 내리고 있는데, 기능주의적 관점과 갈등주의적 관점 간의 차이점을 정리해 보면 다음과 같다(송병순, 1994).

첫째, 기능주의 이론은 사회체제의 유지 및 안정을 직업적 분화와 관련시켜 학교교육의 선발을 인력분배라는 관점에서 설명하고 있으나, 갈등주의에서는 정치 · 경제 · 문화와 교육과의 관계에서 선발과정에 내포된 불평등요인을 지적함으로써 기능주의적 선발관을 비판하고 있다.

둘째, 기능주의 이론에서는 교육기회의 확대로서 평등사회 이상실현을 낙관하고 있는 반면에, 갈등주의 이론에서는 이를 허구라고 비판한다. 그 이유는 교육기회의 평준화 이념은 학생선발의 실제에서 무관하게 작용하고 있기 때문이다.

셋째, 기능주의 이론에서는 개인의 능력이나 적성을 고려하여 능력별 반편성 등을 교육적 선발에 고려하고 있으나, 갈등주의 이론가들은 이를 교사의 편의, 학교당국의 학사행정, 학교와 유관한 의사결정체의 압력에 의한 것으로 보며, 나아가 기능주의에서 주장하는 학교의 선발과정에서 고려되는 능력별 분류에 따른 최적 교육기회 확대론은 기능주의의 또 다른 교육적 신화라고 주장한다. 또한 갈등주의 이론에서는 아동의 능력평가에 사용되는 측정도구의 객관성과 과학성을 의심한다.

기능주의의 관점에서는 고학력자가 더 높은 사회적 지위로 배분되는 것은 당연하다고 본다. 그러나 갈등주의의 관점에서 학교교육은 기존의 사회계급을 재생산한다고 주장한다. 이러한 입장은 학교교육에 대한 기회가 부모의 사회계층에 의하여 상당한 영향을 받고 있다는 것이다.

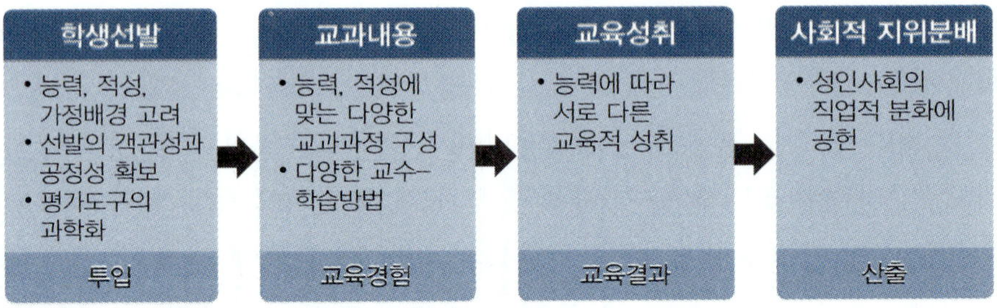

출처: 송병순(1987), p. 117.

그림 9-2 기능주의의 능력별 선발관에 따른 사회진출도

4) 사회변화 및 혁신의 기능

학교의 기본적인 기능은 문화유산의 전달이지만 이는 사회화를 통해 현상을 유지하려는 보수적인 기능이다. 학교가 사회화에만 치우칠 경우 사회는 현재의 사회적 현상과 생활양식을 사회의 구성원들에게 따르도록 요구하기 때문에 사회를 침체시킬 우려가 있다. 따라서 학교는 한편으로는 사회화를 도와주면서 다른 한편으로는 새로운 사회규범과 가치관을 도입하고 새로운 지식이나 발명과 발견을 자극하고 격려하여 변화를 촉진하는 데, 이러한 학교의 기능을 변화 및 혁신의 기능이라고 한다(차경수 외, 2010).

사회변화에 기여하는 학교의 역할을 논의할 때, 특히 주목할 만한 이론은 근대화이론과 인간자본론이다. 먼저 근대화이론(modernization theory)에 의하면, 사람들은 근대화된 제도에 참여하지 않고서는 근대적이 될 수 없다고 하면서 학교는 효과적으로 근대화하는 중요한 제도라는 것이다. 다음으로 인간자본론(human capital theory)에서는 교육을 인적 자원 또는 인적 자본을 형성하기 위한 투자로 정의하고, 경제성장을 달성하는 데는 학교교육이 필수불가결한 요소라고 강조한다(성낙돈 외, 2016).

제2차 세계대전 이후 일본의 발달은 학교교육을 처음부터 경제적·사회적 발전에 필수적인 것으로 간주하여 의도적으로 활용한 대표적인 예라고 할 수 있다. 교육이 경제발전에 직접적으로 공헌할 수 있다는 신념은 서구 전체 사회에 아주 광범하게 보급되어서 제2차 세계대전 후에 이미 개발된 국가들이 탈공업화단계로 도약하는 데는 물론 저개발 국가들이 산업화로 도약하기 위한 가장 필수적인 원동력으로 간주되었다(Fangerlin & Saha, 1983).

그렇다면 학교는 구체적으로 어떤 변화와 혁신을 가져오도록 노력해야 할 것인가? 차경수 외(2006)는 다음과 같은 혁신적인 변화를 위한 노력을 기울여야 한다고 하였다.

- 발전에 대한 지성적인 공헌: 학교가 변화를 얼마만큼 촉진할 것인가는 변화에 대한 전체 사회구성원의 태도에 많이 달려 있다. 발전을 위한 변화가 사회의 목적이 되어 있는 현실에서는 학교가 젊은 세대에게 미래사회에 적용할 수 있는 지식과 기술을 전수하고, 동시에 사회의 전반적인 발전에 지성적으로 공헌할 수 있는 비판적인 정신을 갖추도록 노력해야 한다.
- 과학기술의 발전에 따른 사회적 환경 변화에 대한 대응 능력 함양: 자연의 구조를 잘 아는 것도 중요하지만 과학기술의 변화로 인한 사회적인 변화를 이해하고, 이에 대처하는 실천적인 방략을 강구하는 일은 더욱 더 중요한 작업이다. 따라서 학교는 사회의 모든 구성원이 자연적 환경이나 복잡하고 급격하게 변동하는 가정, 사회 그리

고 국가 및 세계의 문제들에 효과적으로 대응할 수 있는 능력을 기르도록 노력해야 할 것이다.

- 자율성과 생존교육의 강조: 학교는 학생들이 현대사회가 당면하고 있는 대기오염, 식량난, 전쟁, 인구문제 등의 여러 위험요인들을 체제적 관점에서 자각할 수 있도록 해야 하며, 이러한 문제들에 대해 스스로가 결정하고 대처할 수 있도록 생존교육을 강화해야 한다.

이처럼 학교교육은 사회를 변화시키는 힘을 지니고 있으며, 기존의 사회에 적합하고 유능한 인재를 길러내며, 사회적 모순을 개혁할 수 있는 저력의 소유자를 배출함으로써(김병욱, 2013) 사회의 혁신과 발전을 이끌어가는 주도적인 역할을 수행한다고 볼 수 있다.

3 교사-학생관계

학교는 인간 간의 바람직한 사회적 관계 기술을 습득하는 기초적 공간이자 성인의 사회적 역할학습인 예기적(豫期的) 사회화를 경험하는 공간이다. 또한 학교는 학생과 교사의 생활공간이기 때문에 그들 간의 삶과 문화가 공존하면서도 그들 각자의 다양한 문화가 나타나는 곳이기도 하다. 교육현장에서 학습효과를 증대시키기 위해서는 학급 학습 환경의 개선이 중요한데, 교사-학생 간의 관계는 학습효과에 영향을 미치는 중요한 내적인 요인이라 할 수 있다.

1) 교사-학생 상호작용의 특징

교실 내에서 교사-학생 상호작용은 다른 장면에서의 상호작용과는 다른 독특한 성격을 지니고 있다. 교사-학생 관계를 이해하기 위하여 독특한 특징들을 살펴보면 다음과 같다(김병성, 1991).

① 교사-학생 상호작용은 역동적이고 변화 가능성을 갖는다

교실 내에서는 교사-학생, 학생-학생 간에 모든 형태의 상호작용이 일어난다. 한 명의 교사는 학급 내 모든 학생들과 개별로, 그룹으로 혹은 전체 학급과 상호작용하며, 학생들 간에도 그러한 형태로 상호작용이 일어난다. 또한 한 학급은 서로 상호작용할 가능성이 있는 여러 집단으로 분열될지도 모른다.

학생들은 수업 중이나 수업이 끝난 후에도 교사들과 계속 상호작용한다. 학생들은 한 교실에 앉아 있으면서 서로 무관심할 수 없다. 그들은 교사가 질문할 시에는 공개적으로 상호작용하며, 교사가 그것을 허락하지 않을 때도 몰래 상호작용한다.

교실 상호작용은 보통 교사의 출현과 더불어 시작된다. 상호작용을 통해 교사는 서로 다른 학구적 주제나 학생의 특별한 개인문제, 혹은 전체 학급의 사회적 문제를 언급함으로써 여러 번 그것의 주제를 변화시킬지도 모른다.

② 교사-학생 상호작용은 행동을 수반한다

상호작용은 행동을 수반하며, 개인이나 집단은 행동을 나타냄으로써 서로 상호작용한다. 그리고 행동을 통해서 의사소통한다. 행동들은 언어적 혹은 비언어적으로 나타난다. 즉, 상호작용은 언어적 교류나 비언어적 교류, 혹은 그 둘 다를 포함한다.

교사와 학생 간 상호작용의 지배적인 형태는 언어에 의한 상호작용이며, 그들 간의 언어는 단순하지 않고 매우 복잡하고 다양하다. 특히 교실수업에서 교사-학생 간의 언어적 상호작용은 학습에 매우 중요한 변인이 된다. 교사와 학생의 사회계층에 따른 사회언어학적 분석에서 볼 때 각기 다른 언어 모형을 사용하고 있는데, 즉 학교에서 가르치는 교육내용이 담고 있는 어법과 교사가 사용하는 어법이 중류층의 정교한 어법과 더 친숙함으로써 중류층 아동들이 학업성취에 더 많이 성공할 수 있다.

③ 교사-학생 상호작용은 공동의 영향을 수반한다

교실의 지도자로서 교사는 학생 행동에 많은 영향을 미친다. 아울러 교사는 상호작용을 통하여 학생들에게 행동방향을 제시하고 조정한다. 교사는 학생들에게 그들이 해야 할 바를 말하고, 그들의 학업성과를 평가하고, 동시에 그것을 그들에게 피드백(feedback)한다.

이러한 상호작용의 과정에서 교사의 기대가 학생들에게 영향을 미치게 되는데, 즉 교사가 낮은 학업성취를 기대한 학생에게는 높게 기대한 학생들보다 학습에 불리한 방법으로 대함으로써 결국 낮은 학업성취를 보일 수 있기 때문이다.

한편, 상호작용과정에서 학생도 역시 교사에게 영향을 미친다. 학생들도 교사들의 행동에 피드백을 보낸다. 즉, 교사의 행동을 평가하고 교사가 반응해야만 하는 행동을 주도한다.

④ 교사-학생 상호작용은 규칙을 갖는다

교사-학생 상호작용은 규칙을 가지며, 교실의 규칙은 그 집단의 모든 성원들에 의해 공유된다. 교사와 학생들은 언제 말하고, 무엇을 말할 수 있으며, 얼마나 오랫동안 이야기하고, 어떤 종류의 비언어적 행동을 동반할 수 있는가 등의 교실 상호작용의 규칙을 따르는 것을 배운다.

⑤ 교사-학생 상호작용은 다양한 요소들에 의하여 영향을 받는다

상호작용은 물리적·사회적 환경 속에서 일어나며, 상호작용이 일어나는 환경은 그것에 영향을 미친다. 교실 상호작용의 다양한 환경들, 즉 교실의 크기, 책상의 배열, 학생의 배열, 학생들의 좌석배치, 학생 수 등과 같은 특성들은 상호작용의 과정과 결과에 영향을 미친다.

⑥ 교사-학생 상호작용은 측정될 수 있다

교사-학생 상호작용은 상호작용의 내용, 사용된 행동의 양과 범위, 참여 차이의 역할 비율, 교사-학생 간 다양한 면의 변화, 교육자들에게 관심이 있을지도 모르는 다양한 범주 등과 같은 변인들에 따라서 측정되고 특성화될 수 있다.

교사와 학생, 학생 상호 간 인간관계가 어떻게 맺어지고 있으며, 이들 구성원 간의 상호작용과정이 어떠한가에 따라서 학급의 풍토가 달라지게 된다. 학급의 풍토는 학습효과에 영향을 미치므로 교사와 학생은 인간적인 유대관계를 바탕으로 교사는 학생들로 하여금 자발적으로 협동하여 과업성취를 할 수 있도록 동기를 부여하고 조력하는 생산적 풍토를 조성해가는 것이 바람직하다.

2) 교사의 지도유형 및 기대효과

하그리브스(Hargreaves, David)는 미드의 상호작용이론을 적용하여 학교의 구성원인 교사와 학생 간 상호작용을 기술하였다. 교사와 학생의 관계에서 주도권을 가지고 학급상황을 규정하는 쪽은 교사이므로, 교사가 상황을 어떻게 규정하는가를 파악하는 일이 중요하다고 지적한다. 특히, 교사들이 자신의 역할을 어떻게 규정하느냐에 따라 학생을 대하는 방식이 달라진다고 본다(김병욱, 2013). 그는 교사를 자아개념에 따라 맹수조련

사형, 연예인형, 낭만주의형의 세 가지 유형으로 구분하였다.

첫째, 맹수조련사형은 학생들에 대한 지식의 전수를 대단히 강조한다. 교사는 가르칠 내용에 대한 전문적 지식과 능력을 갖추고 있어야 하고, 학생들을 다루는 수완이 뛰어나야 하며, 학생들은 교사의 훈육을 충실히 받아들여 모범생으로 길들여져야 한다.

둘째, 연예인형은 학생들이 흥미를 갖도록 수업을 조직하고 재미있게 수업을 진행하면 학생들이 수업에 적극적으로 참여하여 수업의 효과를 높일 수 있다고 믿는 교사들이다. 그들은 학생들을 친구처럼 대하며 학생들의 탐구학습, 자기주도적 학습을 강조한다.

셋째, 낭만주의형 교사들은 학생들이 공부할 의욕이 왕성하다고 생각한다. 다만 여건이 갖추어져 있지 않고 교사가 흥미 있는 자료를 제시하며 재미있게 수업을 진행하지 못하기 때문에 학습의욕을 잃고 있다는 것이다. 따라서 교사는 학생들과 의논하여 학습할 것을 정하는 등 학생들의 의욕과 욕구를 존중할 것을 강조한다(김경식 외, 2011).

머튼(Merton)의 자기충족예언이론에 의하면, 한 예언이 형성되면 그 예언은 인간행동에 어떤 구속력을 가하여 바로 예언 자체의 실현을 위한 강력한 수단이 된다(김병성, 2008). 따라서 교사－학생의 관계에서 교사에게 호의적으로 기대되는 학생은 높은 수준의 성취를 나타낸다는 것이다. 즉, 교사의 기대가 학생에게 전달되어 자기충족적 예언으로 나타난다.

교사의 기대가 자기충족적 예언으로 되어 가는 과정은 다음과 같다(Brophy & Good, 1970).

- 초기에 교사는 학생들의 행동과 학업성취에 대해 다른 기대를 형성하고 있다.
- 이러한 기대들은 일치하며 교사는 다양한 학생들에 대해 다르게 행동한다.
- 이러한 처치는 학생들이 어떻게 학문적 과정을 수행하고 교실에서

어떻게 행동해야 하는가가 기대된다.

- 만약 교사의 처치가 과도하여 학생들이 교사의 처치에 강력히 저항하거나 바꾸지 못하게 된다면 그들의 자아개념, 성취감, 교사들과의 상호작용, 학급생활에 영향을 준다.
- 일반적으로 이러한 효과들은 교사기대를 강화하고 격려할 것이며, 그래서 학생들은 그들이 다른 방법으로 행동하는 것보다 이러한 기대들을 더 많이 따르게 된다.
- 궁극적으로 이러한 상호작용은 학생들의 학업성취에 영향을 준다.

이상에서 교사가 학생들에 관하여 가지고 있는 지식은 그의 역할 인식에 매우 중요한 영향을 미치게 된다. 뿐만 아니라 교사와 학생은 상호작용의 관계에 있으므로 교사의 학생에 대한 역할은 학생들의 행동에 의해서도 영향을 받는다(김신일, 2009).

3) 교사에 대한 학생의 지각

교사와의 상호작용 관계에 있는 학생들은 장기간 학교에 다녀야 하고 학교에서 많은 시간을 보낸다. 학생들이 학교생활을 어떻게 받아들이느냐에 따라 하그리브스는 크게 네 가지의 존재유형으로 나누었다. 첫째, 학교에 잘 적응하여 열심히 공부하거나 비교적 학교생활을 성실히 하는 유형, 둘째, 대체로 나태하고 무기력한 유형, 셋째, 학교규범을 거부하고 저항하는 유형, 넷째, 학교를 떠나 대안을 추구하는 유형으로 나누었다. 하그리브스는 거부와 저항행동을 반학교문화로 정의한다. 대체로 성적이 좋지 않은 노동자계층 학생들에게서 많이 나타난다고 하였으며, 반학교행동을 학교조직의 인과적 산물로 보고 실패로 규정하며 부정적 평가를 내렸다(장재천, 2009).

나시(Nash, 1976)의 연구에 따르면, 학생의 교사에 대한 지각은 결과적으로 일련의 규범적 신념에 대한 하나의 관점을 획득하는 과정이다. 교사의 이상적인 상에 부합되는 학생들로 구성된 학급은 교사가 그의 직무를 잘 수행하는 것으로 보며, 거부되고 있는 학생들은 그들의 기대에 부응하는 교사를 갖고 있지 못하다고 본다. 만일 학생들이 보수적이어서 교사가 권위적이기를 바란다면 아무리 좋은 의도를 가지고 새로운 진보적 기술을 채택하려는 교사도 적대감에 부딪치게 될 것이다.

학생은 수동적 존재가 아니라 교실수업 상황에 있어서 적극적 행위자이며 교사의 상대자인 것이다. 그러므로 학생이 상황을 어떻게 인식하는지, 그들이 수업을 통하여 학습하고자 하는 것은 무엇인지, 교사의 역할을 무엇이어야 한다고 믿고 있는지 등은 수업상황을 결정하는 데 중요한 영향을 미친다. 따라서 학생에 관한 이해 없이는 교육상황을 이해할 수 없다(김신일, 2009).

CHAPTER 10

청소년의 비행과 교육

여러 사람이 공존하는 인간 사회는 언제나 어디서나 문제가 생기게 된다. 특히 성장기에 있는 청소년들은 그들의 의식과 생각의 변화 및 신체의 변화 속에 불안정한 과정에 있다. 이러한 청소년들에 대한 문제는 계속해서 존재해 있었고, 현대 산업사회의 발달과 함께 사회문제로 자리 잡게 되었다. 이 장에서는 청소년의 개념과 이론 그리고 청소년문화와 비행이론 등 청소년문제와 교육에 대한 관계를 알아보고자 한다.

1 청소년의 개념

아동이란 유아기와 청소년기의 중간단계로 약 6~12세 정도의 어린이를 말하며 교육법에서는 만 6세~만 12세까지 초등학교 의무교육을 받아야 할 학령아동으로 규정되어 있다. 이와 다르게 청소년(靑少年)은 어린이와 청년의 중간 시기이다. 흔히 청소년이라 하면 만 13세 이상 만 19세 미만이며, 통상 중학교와 고등학교의 시기에 다니는 학생이 해당된다.

청소년(adolescent)이란 단어의 라틴어 어원은 성장하다 혹은 성숙하다의 뜻을 가진다. 이러한 뜻에서 볼 수 있듯이 아동 및 청소년기의 학생들은 성장과 변화를 경험하는 시기이다. 이 시기는 신체적으로 상당한 변화를 경험하게 되며 심리적으로도 많은 스트레스와 함께 자아가 형성되는 시기이다.

청소년기의 특징에 대해서 간단히 알아보면 다음과 같다.

첫째, 청소년기는 특별히 신체적인 변화가 두드러진다. 이 시기에는 남녀의 성적인 특성들이 갖추어진다. 남성은 성대에 변화가 생겨 변성기를 경험하고 신체적으로도 강인해지고, 여성은 성 호르몬의 발달로 여성적인 외모로 발달한다. 이러한 신체적인 변화와 발달은 청소년의 성격과 사회성의 발달에 영향을 주게 된다.

Jean Piaget
(1896~1980)

둘째, 이 시기에는 지능이 상당히 발달된다. 특히 지능은 12~14세에 급상승하며 17~18세에 최고점에 이르게 된다. 이 시기에는 보이는 현실 세계뿐만 아니라 생각 속에서 이루어지는 추상적인 사고활동이 활발하게 이루어진다.

스위스의 철학자이며 심리학자인 피아제(Piaget)는 인지발달이론을 말하면서 인간은 도식－동화－조절－평형화라는 단계를 거치면서 인지가 발달된다고 보았다. 그런데 그가 말한 청소년기의 단계는 형식적 조작기(formal operation period)의 단계로 이 시기에는 추상적(abstract) 사고인 진리, 정의, 행복, 아름다움 등에 대한 사고와 가설적 상황에 대한 이해 및 연역적 사고를 할 수 있다.

셋째, 청소년기에는 정서적으로 상당한 변화를 경험하며 성장하게 된다. 그래서 이 시기를 가리켜서 질풍노도의 시기라고 한다. 이 시기에는 감정의 기복이 커서 양면성을 나타내며 자신에 대한 열등감, 의존, 애정 등의 감정과 함께 그러한 감정의 반대적인 우월감, 자립, 경멸 등과 같은 상반된 감정을 갖기도 한다.

이러한 청소년기의 시작과 끝을 명확히 하기는 어려우나 요인별로 몇 가지 알아보면 다음과 같다(안병환, 2012 재인용).

첫째, 청소년기에 생물학적·신체적인 사춘기의 시작을 한다. 그리고 끝 지점에서는 신체적·성적인 성숙의 달성을 한다.

둘째, 정서적으로는 부모로부터 자율성이 시작되고 청소년기의 끝에서는 개인의 정체성과 정서적 자율성을 달성한다.

셋째, 인지적으로는 논리적이고 추론적인 문제를 해결하고 의사결정하는 기술이 생기며, 그 끝 지점에서는 논리적 추리와 자율적인 의사결정이 확립된다.

2 청소년기에 대한 이론

1) 생물학적 이론

인간의 성장 발달에 대한 이론은 다윈의 진화론에서 알 수 있다. 다윈(Darwin)은 생물의 모든 종이 공통의 조상으로부터 이어졌다고 보고 생존경쟁을 거쳐 생물의 성장 발전이 이루어지는 자연 선택(Natural Selection)을 소개했다.

Charles Darwin
(1809~1882)

여기에서 영향을 받은 미국의 심리학자인 홀(Hall)은 다윈의 생물학적인 이론이 청소년 발달과 유사하다고 하였다. 홀은 아이들을 다음 세 가지 기본 단계를 거쳐 발달하는 것으로 간주했다. 그는 아동에서 청소년기의 발달이 세 단계를 거치며 이루어진다고 보았다.

Granville Stanley Hall
(1844~1924)

첫 번째 단계는 대략적으로 8세 이전의 아동들이며 동물과 비슷한 육체 감각을 통해 삶을 경험한다. 그들의 육체적 성장은 빠르며 에너지 수준도 높지만, 추론은 아직 개발되지 않았으며 종교나 사회화에 민감하지도 않다.

두 번째 단계인 8세 때부터 뇌가 전체 크기로 발달한다. 그는 이 단계에 정규 교육이 시작되어야 한다고 주장한다. 이 단계는 추론능력이 발달하기 때문에 아동들에게 잔인하고 무례하며 복잡한 추론이나 도덕적 문제에 대해 다룰 준비가 되어 있지 않다.

세 번째 단계는 청소년기로 이 단계에서는 성적 존재로 발전하는데 남녀 공학이 적절하지 않다고 주장했다. 이성에 대한 관심이 없으면 아이들은 더 잘 배울 수 있고, 또한 도덕적 문제와 사회에서 살아가는 법을 배울 준비가 되어 있다고 한다.

그는 "Storm and Stress" 라는 어구를 독일어 "Sturm und Drang-movement" 에서 가져와 부모와의 갈등, 기분 장애 및 위험한 행동의 시기를 나타내었다. 그는 모든 청소년들이 폭풍과 스트레스를 경험하는 것은 아니지만 청소년기에는 다른 연령대보다 가능성이 더욱 크다는 사실을 말하였다.

2) 학습이론

학습이론이란 생물학적 이론과는 다르게 청소년의 발달과정이 특정한 환경 속에서 행동이 일어나는 원인을 규명하게 된다. 이 이론은 한 개인이 특정 환경에서 어떤 반응을 하고 행동을 하는가에 관심을 둔다. 학습이론은 두 부류로 나뉘는데 그것은 행동주의 학습이론과 사회적 학습이론이다.

Ivan Petrovich Pavlov
(1849~1936)

첫째, 행동주의 학습이론은 학습을 개인이 특정한 환경 속에서 취하는 경험이나 관찰의 결과로 일어나는 비교적 영속적인 행동의 변화 혹은 또는 행동잠재력의 변화로 본다. 행동주의 학습이론의 대표적 학자로는 러시아의 심리학자 파블로프(Pavlov)와 미국의 심리학자인 손다이크(Thorndike) 그리고 스키너(Skinner) 등을 꼽는다.

이러한 행동주의 학습이론의 중요한 점은 학습자의 행동을 강화와 벌의 과정으로 설명한다. 강화란 학습자가 행동을 더 많이 하도록 하는 것을 말하며, 벌이란 반대의 경우로 행동이 일어나지 않도록 하는 것이다. 예를 들면, 파블로프의 개의 침샘 실험에서 발견한 조건반사와 무조건반사이다. 이 이론은 특정 반응을 이끌어내지 못하던 자극이 무조건적으로 이끌어내는 자극(무조건자극)과 조건적으로 이끌어내는 자극이 반복적으로 연합되면서 그 반응을 유발하게끔 하는 것을 입증하여 행동주의 학습이론의 토대를 이루었다.

둘째, 이와는 다르게 사회적 학습이론은 다음의 네 가지로 설명한다. ① 사회적으로 보상받은 행동은 강화되며 만약 그렇지 못하다면 학습자의 행동은 약화된다는 행동주의와 심리학적 강화의 원리가 적용된다는 것이다. ② 학습은 대인관계를 통해 이루어지며 타인의 행동을 모방 및 관찰함으로 인하여 학습된다는 것이다. ③ 사회적 상호작용 관계에서 서로 주고받는 상과 벌 또한 보상과 희생의 이해관계로 보는 관점이다. ④ 개념, 태도, 신념 같은 인간의 내적 혹은 심리적 과정을 강조한 것이다.

3 청소년의 문제

1) 청소년의 문화

현대 산업사회가 발전하고 모든 가치가 상대화되어 가면서 청소년들의 문화가 기성세대와는 다르게 형성되고 있다. 특히 매스미디어를 앞세운 대중문화는 교육적인 부분도 있지만 부정적인 면들이 청소년들에게 영향을 미치게 되었다. 특히 이윤창출과 오락성을 지향하는 대중문화의 영향력이란 이루 말할 수 없다. 청소년들의 문화적 특성을 살펴보면 다음과 같다.

첫째, 인터넷세대이다. 1900년대 후반에 만들어진 퍼스널 컴퓨터(personal computer)의 발전은 이제 스마트폰으로 대변되는 혁명을 이루게 하였으며, 이 스마트폰과 인터넷은 청소년세대의 가장 커다란 특성이라고 할 수 있다. 특히 스마트폰으로 정보를 즉흥적으로 찾아내는 기능 외에 오락적인 게임과 폭력적인 면들은 또 다른 청소년 문화가 되었다.

둘째, 우리의 고유문화와는 다르게 서구문화의 물결로 개인주의적이며 모방적인 문화적 특성을 가진다. 미국과 일본에서부터 파급되는 문화를 그대로 따라 하거나 변형하는 것은 이제 너무나 쉽게 찾아볼 수 있다. 특히 영상으로 대표되는 대중문화는 스타들을 앞세워 청소년들에게 모방문화를 선도하고 있음은 부인할 수 없다.

셋째, 자유주의적이고 반(反)권위주의 및 개인주의적이다. 청소년 문화의 특징 중 두드러진 것은 포스트모더니즘으로 대표되는 상대성의 원리이다. 이제는 청소년들에게 권위적인 모습이나 기성세대의 모습을 답습하게 하는 행위들은 청소년들에게 오히려 반감을 불러일으키게 한다. 청소년들은 생각의 자유와 평등의 모습 속에서 자신들만의 고유한 문화를 만들어 가고 있다.

넷째, 급변하는 사회 속에서 심리적인 갈등을 가지고 있다. 청소년은 사회적이며 정치, 경제적인 변화 속에서 앞으로 자신들이 속해서 살아야 할 미래사회에 대해서 불안감을 가지고 있다.

2) 청소년 비행의 개념

청소년들은 신체적·심리적·정서적으로 불완전한 상태로 성장하고 있다. 그들은 부모 슬하에서 자라거나 독립을 했어도 온전하지 못한 경우가 대부분이다. 이러한 가운데 청소년들은 자기가 속한 학교나 사회에 부적응하거나 다른 청소년들과 함께 비행을 저지를 수 있다.

청소년에게 부적응(maladjustment)이란 자기가 처해 있는 환경과 조화로운 관계를 이루지 못하는 상태를 말한다. 이러한 부적응의 상태는 욕구불만 혹은 갈등상태에 놓이게 된다. 이러한 상태가 계속되면 청소년은 갈등, 압박, 욕구불만 등 스트레스를 받게 되는데 이것이 부적응의 모습이다.

청소년 비행(delinquency)이란 실정법을 위반한 것과 실정법을 위반할 우려가 있는 경우를 포함한다. 비행 청소년이 발생하는 원인에 대해서는 여러 의견이 있다. 첫째, 생물학적인 이론에서는 청소년기에 많이 분비되는 호르몬인 테스토스테론으로 인하여 공격적인 성향 때문에 일어나는 것으로 본다. 둘째, 심리학적 이론에서는 잘못된 교육이나 주변 환경으로 인해 생긴다고 본다. 셋째, 도덕발달이론에서는 정신적 성장을 경험하는 과정에서 나오는 심적 고통으로 청소년 비행이 발생한다고 본다.

만14세 이상에서 만20세 미만인 청소년 비행은 범죄행위, 촉법행위, 우범행위 세 가지로 나눌 수 있다.

첫째, 범죄행위는 만14세 이상 만19세 미만인 소년 소녀의 형벌 법령에 저촉되는 행위를 말한다.

둘째, 촉법행위는 형벌법규를 위반하였으나 만10세 이상 만14세 미만인 형사미성년자의 행위로 형사책임을 묻지 않는 행위를 말한다.

셋째, 우범행위는 10세 이상인 소년이 행한 다음의 행위로, 성격이나 환경에 비추어 앞으로 형벌 법령에 저촉되는 행위를 할 우려가 있다고 인정되는 행위를 말한다.

- 집단적으로 몰려다니며 주위 사람들에게 불안감을 조성하는 성벽(性癖)이 있는 행위
- 정당한 이유 없이 가출하는 행위
- 술을 마시고 소란을 피우거나 유해환경에 접하는 성벽이 있는 행위

3) 청소년 비행의 발생원인

청소년은 신체적 · 정신적 · 심리적으로 발달과 성장을 하는 시기이다. 또한 청소년은 여러 가지 새로운 환경에 처하면서 자신의 자아를 형성하고 있다. 이러한 가운데 부적응의 상태가 이루어질 수 있으며, 이러한 부적응의 상태 속에서 청소년의 비행이 나타날 수 있다. 청소년의 비행에는 여러 가지 원인이 있을 수 있다. 다음은 주요한 청소년 비행 발생을 일으키는 부적응의 원인이다.

(1) 생물학적인 원인

이것은 생물학적 유전인자를 가지고 태어나는 개인의 특성을 말하는 것으로 체질, 기질, 지능, 염색체 등을 말한다. 이러한 생물학적인 요인은 청소년이 자기가 속한 학교나 사회 속에서 행동할 때 부적응을 일으켜 비행의 원인이 될 수 있다.

(2) 욕구의 좌절

청소년을 넘어 인간은 자신의 행동에 불만족하고 성취 욕구가 좌절이 될 때 상당한 스트레스를 받게 된다. 이러한 욕구의 좌절로 인한 스트레스는 그가 속한 사회에서 부적응의 원인이 된다. 이러한 부적응의 상태가 지속되는 가운데 청소년 비행이 될 수 있는 가능성이 생길 수 있다.

(3) 가정환경

가정의 환경이나 조건도 한 개인에게 상당한 스트레스로 작용될 수 있다. 전통적인 한국의 가족제도가 사라지고 대가족은 핵가족으로 변하면서 조부모들의 도덕적이고 윤리적인 가르침 등이 사라지고 또한 자녀들은 부모에 대한 공경 등이 사라졌다. 또한 현대 산업사회의 극단적인 이기주의는 부모들의 이혼으로 쉽게 이어지게 되거나 혹은 사별로 인하여 한부모 가정이 늘게 되었다. 이러한 부분은 청소년 개인들로 하여금 많은 스트레스를 받게 하였다. 그리고 부모의 양육방법이나 태도 등도 청소년의 학교생활이나 사회에 부적응의 원인이 될 수 있다.

(4) 학교환경

현대의 산업사회는 국가의 부국강병의 기틀을 이루었고 이를 위하여 국가의 인재가 필요하게 되었다. 학교교육은 점점 국가 인재의 요청을 위한 기관으로 되었으며 학교교육은 수능과 입시위주의 교육으로 전락했다. 입시 위주의 교육으로 인해 학생들은 교육의 진정한 가치를 잃어버리게 되면서 시험과 입시지옥을 경험하게 되었고 이에 따른 여러 가지 문제들이 발생하게 되었다. 또한 옛말에 맹모삼천지교(孟母三遷之教)라는 말이 있다. 이 말은 자녀가 성장하고 교육을 받는 환경이 중요하다는 것을 반증하듯이 학교환경의 중요성도 간과할 수 없게 되었고, 열악한 학교환경이나 비인간적인 교육풍토 등도 학생들로 하여금 스트레스와 긴장과 압박을 받게 하는 요인들로 작용하게 되었다.

다음은 청소년 비행에서 나타나는 특징들을 요약한 것이다(성낙돈 외, 2013 재인용).

① 학교에서의 실패 : 청소년들이 학교에서 실패를 경험하는 것과 비행 사이에는 상관관계가 있는데, 관련된 보고에 의하면 10대 청소년들의 학습장애가 비행과 관련이 있다고 한다.

② 사춘기의 환경 : 청소년들은 학교를 비행 청소년들이 어울리는 장소라고 생각할 수 있다. 이러한 또래들과 어울리는 것은 약물남용의 가장 큰 원인이 된다.

③ 사춘기의 환경적 상황 : 청소년 시기의 환경은 중요하다. 가족, 또래, 학교 등에서 심한 갈등을 겪고 있을 때 주위환경이 어떠한가가 매우 중요하다.

④ 두려움과 불안 : 청소년기에는 불안함 및 미지의 세계에 대한 두려움이 있다.

⑤ 시기별 주요인 : 청소년 시기별로 우울, 약물남용, 싸움 등이 주 요인이 된다.

⑥ 사회경제적 지위: 사회경제적 지위가 더 낮은 청소년들이 문제가 더 많았고 가정에서 어른들과의 관계가 더 적을수록 더 많은 문제를 가지고 있었다.

⑦ 교육에 대한 기대: 교육에 대한 기대와 학교에서의 성취도가 매우 낮다.

⑧ 부모의 영향: 부모의 감독이 거의 없고, 지원도 거의 하지 않으며 비효과적인 방법으로 훈육한다.

⑨ 또래의 영향: 비행 또래들과의 접촉이 있고, 또래 압력에 대한 저항이 낮다.

⑩ 사회경제적 지위: 계층이 낮은 남자들에 의해 더 빈번하게 일어난다.

⑪ 이웃: 높은 범죄지역에 사는 청소년들은 비행 가능성이 높다.

⑫ 긴장: 지나친 기대에 의한 긴장이 크다.

⑬ 소년들의 비행 빈도: 소년들이 소녀들보다 빈번하게 비행을 저지른다. 통계적으로도 소년들이 소녀들을 크게 앞지르고 있다.

4) 청소년 비행이론

청소년 비행이론을 크게 심리학적 이론과 사회학적 이론으로 나누어서 설명할 수 있다.

(1) 심리학적 이론

사회에서 비행을 저지르는 청소년을 보면서 과연 어떤 청소년은 정상적으로 학교를 다니는데 다른 청소년들은 왜 비행을 저지르는지 의문을 갖게 된다. 오스트리아의 정신과 의사이자 정신분석학파의 창시자인 프로이트(Freud)는 인간의 의식을 원초아(id), 자아(ego), 초자아(superego)로 상정하고, 이러한 세 요인이 서로 상호작용하며 인간의 성격과 의식이 발달해 간다고 설명하였다.

프로이트가 제시한 세 요인 원초아, 자아, 초자아는 정지된 상태에 있는 것이 아니라 역동적으로 움직이며, 개인이 처한 상황이나 조건 혹은 상태에 따라서 세 요인들이 서로 우위를 차지하며 상호 간에 갈등관계 혹은 긴장관계를 가지게 되며 변화를 일으키는데 이러한 부분이 개인의 성격을 형성한다.

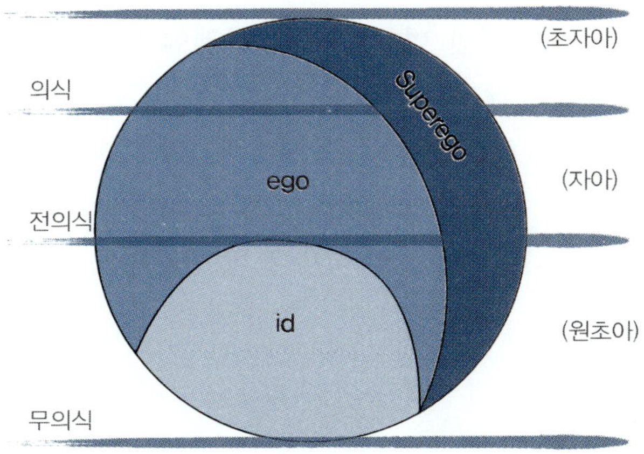

그림 10-1 인간의 성격구조

그는 인간 본성의 어두운 면을 원초아(id)가 조정하고 통제되지 않을 때에는 인간의 폭력, 비행, 무분별한 성행위 등 본능적 충동들을 충족시키는 쪽으로 표출된다고 말한다. 청소년기에는 이러한 원초아의 성향이 두드러지게 된다. 이러한 원초아는 인간이 성숙해지면서 통제가 된다. 나이가 들면서 초자아(superego)를 발전시킨다. 이것을 양심이라고 부른다. 범죄자나 혹은 비행을 저지르는 사람들은 이러한 초자아를 발전시켜 내면화를 시키지 못했기 때문이다.

(2) 사회학적 이론

① 사회통제이론

사회통제이론(social control theory)은 고전주의의 영향으로 생겨났으며 범죄 통제에 대한 연구를 바탕으로 발전한 이론이다. 인간은 누구나 법을 위반하고 비행을 저지를 수 있는 잠재력을 가지고 있다는 것을 전제로 하여 이러한 인간의 잠재적인 범행은 사회 통제에 의해서 억제될 수 있다고 한다.

청소년 시기에는 사회적 규범이 충분히 내면화되지 못하거나 역할 기대가 전달되지 못한 가운데 자제력과 통제력을 상실하고 범죄와 비행을 저지를 수 있다. 사회통제이론은 이렇게 통제력을 상실한 사람들을 사회통제가 범행 잠재력을 억제한다고 주장한다.

② 아노미이론

Robert K. Merton
(1910~2003)

아노미이론(theory of anomie)은 인간 행동의 원인을 사회구조적인 측면에서 보려고 한다. 미국의 사회학자인 머튼(Merton)은 사회구조적 모순은 인간의 물질적 성공을 바라는 문화적 가치와 이를 성취하는 데 필요한 합법적 수단 사이에 간극이 있는데, 이것의 불일치로 나타난다고 보았다.

그는 범죄나 비행은 개인적인 허물이나 결핍에서 오는 것이 아니라 사회문화적 요인들인 사회구조, 가치 및 규범의 작용에 대한 정상적인 반응으로 간주한다. 사회구성원들은 모두 사회의 성공적인 목표를 추구하려 하지만 일부 구성원들은 사회구조적 장애인 인종, 사회계층 등으로 인하여 평등하게 성공할 수 없다는 것이다.

인간의 능력의 차이와 사회계층에 따라 성공할 기회가 달라지기 때문에 목표와 수단 간의 간격이 커지고 이때 아노미조건이 유발되어 분노와 좌절이라는 긴장이 생겨난다. 합법적인 방법으로 이러한 목적을 이루기 불가능한 경우에 법을 무시한 행동을 하게 되며 이것은 결국 범죄나 비행이 된다.

머튼의 아노미 이론(긴장이론)은 다음의 다섯 가지 유형으로 나눌 수 있다.

- 동조형(conformity) : 정상적으로 자신의 성공을 달성할 수 없지만 그래도 제도화된 수단에 적응한다. 정상적인 방법으로 자신의 목표를 달성하려고 하며 이는 반사회적인 것은 아니다.
- 혁신형(innovation) : 범죄의 가능성이 가장 높은 유형으로 제도화된 수단을 거부하며 적응을 한다. 비합법적인 수단으로 자신의 목표를 달성하려고 한다. 이는 대부분 범죄, 횡령, 탈세, 매춘, 강도, 절도 등으로 빠지게 된다.
- 의례형(ritualism) : 자신의 성공적인 목표를 위해서 제도화된 수단만을 수용한다. 사회의 공유의 목표보다는 절차적 규범이나 규칙만을 준수하는 데 치중한다.
- 도피형(retreatism) : 제도화된 수단을 모두 거부하고 스스로 사회로부터 도피해 버린다. 이들은 스스로 고립을 자초하며 만성 알코올중독자 또는 마약상습자로 전락한다.
- 반역형(rebellion) : 제도화된 수단을 모두 거부하며 자신이 옹호하는 새로운 제도화된 수단으로 대치하려고 한다. 이러한 유형의 사람들은 사회운동가, 히피 등을 들 수 있다.

③ 문화전달이론(cultural transmission theory)

문화전달이론(cultural transmission theory)은 사회 속에서 범죄행위는 하위문화로부터 학습이 된다는 것이다. 1920년에서 1950년대까지 범죄와 일탈행위에 대해서 연구한 시카고 학교의 쇼우와 맥케이(Shaw & McKay)는 경험적 연구를 통해 하위문화로부터의 범죄 및 일탈행위를 연구하였다.

그들은 시카고의 다운타운에 인접해 있는 빈민지역들의 범죄율이 주민들의 인종구성의 변화가 있음에도 20여 년 동안 지속적으로 매우 높게 나타나고 있음을 발견하였다. 그들은 이러한 연구를 바탕으로 일탈행위도 집단이나 공동체에 문화유형의 한 형태로 내재해 있으며 학습을 통해서 전달된다는 주장을 하였다.

쇼우와 맥케이 모델
주민 이동성, 가난, 인종의 혼합성 → 해체, 분열 → 범죄

Edwin Sutherland
(1883~1950)

쇼우와 맥케이의 영향을 받은 서덜랜드(Sutherland)는 차별교제론(theory of differential association)을 주장하였는데, 그에 따르면 범죄나 일탈행위는 차별교제(differentiation association) 과정의 결과로 나타난다고 한다. 예를 들면, 나쁜 친구와 사귀면서 그의 행동을 따라 하면서 실제로 나쁜 짓을 하게 되며, 그러한 모방을 통해 범죄나 비행 등이 학습된다고 한다.

그는 자신의 일상생활에서 벗어나는 일탈의 행동이란 사회화의 실패로 인한 결과가 아니라 사회적 환경 속에서 다른 일탈자들과 접촉하면서 그들의 문화와 행동을 학습한 결과라고 이야기한다. 그렇기 때문에 일탈이란 역시 사회화의 산물이다. 만약 청소년이 비행청소년집단과 어울리게 되면 그들의 비행이나 범죄를 학습하고 다른 비행청소년들과 같이 비행을 저지르게 된다. 이러한 것은 바로 사회화의 부정적인 일면으로 생각할 수 있다.

④ 낙인이론

낙인이론(Labeling Theory)은 미국의 사회학자인 베커(Becker)에 의해서 주장되었다.

Howard S. Becker
(1928~현재)

그는 일탈이란 사회적으로 세력이 강한 집단이나 사람들이 자신들과 다른 행동이나 태도를 가진 집단이나 사람들을 일탈자로 규정한 결과라고 이야기한다. 즉, 일탈이란 다른 사람들에 의한 규칙과 제재의 적용의 결과로 인하여 생겨난다는 것이다. 이 이론은 일탈자의 행위에 초점을 둔 것이 아니라 행위를 지속적으로 하는 사람에 관심을 두는 것이다. 그렇기 때문에 이러한 행위는 사회적인 거부의 행위이며 그 결과로 낙인이 찍힌 사람들은 사회적 불이익을 당한다는 것이다.

또 다른 미국의 낙인이론가인 레머트(Lemert)는 한번 일탈자라는 딱지가 붙여지면 이후 그 일탈자는 그의 일탈적 행위에서 벗어나기 힘들다고 보았다. 그렇기 때문에 그는 일탈자라는 딱지가 일탈자의 자아형성에 결정적 영향을 미친다고 하였다.

그는 이러한 낙인의 관점을 설명하기 위해 일차적 일탈(primary deviance)과 이차적 일탈(secondary deviance)을 구분하였다. 일차적 일탈이란 다양한 사회적 · 문화적 · 심리학적 · 생물학적 요인들에 의해 발생할 수 있는 것이다. 반면, 이차적 일탈은 일단 일탈을 저지름으로써 어떤 한 사람 또는 그의 행위가 다른 사람들에 의해서 일탈이라는 낙인 혹은 딱지가 붙여지고 그는 곧 일탈자가 된다고 주장한다.

Erving Goffman
(1922~현재)

다른 미국의 낙인이론가인 고프만(Goffman)은 일상생활의 상호작용과정에서는 사람들 간에 통상적으로 기대되는 것들이 있는데 이것들과 다른 특성을 낙인이라 하였다.

그가 주장한 다른 특성들은 흑인은 모두 야만적이라거나 이혼한 사람들은 모두 비정상적이라고 보는 것 등이다.

낙인이론에 의하면, 대부분의 일탈행위는 다른 사람들에 의해서 발견되지 않는다. 비록 일탈행위가 발견되어도 범죄통제기관에 의해서 발견되지 않는다면 별 문제없이 지나가는데, 이러한 범죄를 숨은 범죄(hidden crime)라고 한다.

4 청소년 비행의 실태

청소년기는 신체적으로나 생리적으로 빠르게 성장·발달하고 사회적 환경의 변화와 심리적인 불안정한 상태 등은 청소년들에게 부정적인 영향을 미치기도 한다. 여기에서는 이러한 청소년 비행의 실태에 대해서 알아보고자 한다.

1) 청소년 비행현황

우리나라 청소년 인구는 1965년 51%이었다가 계속 감소되어 2016년 여성가족부 통계자료에 따르면 우리나라 청소년(9~24세)의 인구는 전체 인구의 18.5%를 차지하였고, 학령인구(6~21세)는 16.9%이다. 이렇게 청소년 인구의 감소추세에도 불구하고 청소년 범죄는 해마다 그 심각성이 더해지고 있다. 통계청 자료에 의하면 지난 10년 사이에 청소년 범죄는 54%가 증가되었다.

최근 5년간 경기도에서 발생한 청소년 범죄는 9만2,000여 건에 달했다. 이들 범죄 10건 중 6건은 절도·폭력 범죄로 분석됐다. 2017년 경기남부 북부경찰청으로부터 제출받은 청소년 범죄 발생 현황 자료에 따르면 절도가 2만9,556건(32%)으로 가장 많았으며, 뒤를 이어 폭력 2만5,894

건(28%), 지능범죄 1만2,520건(13.6%) 등의 순이었다. 강력범죄도 잇따랐다. 살인 25건, 강도 320건, 방화 184건 등이었으며, 성폭행은 2,494건에 달했다.

2) 청소년 범죄의 특징

최근 몇 년 사이에 청소년 범죄는 계속해서 늘어나고 있는 추세에 있는데 그 양상은 점점 저연령화, 상습화, 성범죄의 증가, 흉포화, 조직화, 집단화되어가고 있다. 이러한 청소년 범죄의 중요한 특징을 알아보면 다음과 같다.

(1) 청소년범죄는 계속해서 조직적인 집단화가 되어가고 있다

이러한 집단화의 이유는 먼저 청소년들은 집단소속의 욕구가 강하고 개인적인 활동보다 집단을 더 좋아하고 즐기고 있다는 것이다. 또한 청소년 시기에는 친구의 의사와 행동이 절대적인 영향을 미치기 때문에 집단화가 되어간다.

따라서 청소년범죄는 성인범죄보다 집단화 형식이 더 많다. 집단범죄란 3명 이상의 비공식적(informal)이고 계속적인 모임을 갖는 집단을 말한다. 이러한 집단범죄의 특징은

- 집단의 구성원은 공통적 관심과 흥미를 가진 학생들로 형성되어 있다.
- 집단의 구성원은 같은 학교의 동급생이나 일정한 지역에서 활동하는 학생들의 한 패들이다. 보통은 그들 중 한 사람이 두목이 되어 집단을 통솔한다.
- 구성원은 조직 속에서 활동하며 범죄에 대한 책임감이나 양심의 가책이 박약하다. 집단의 일원으로 안도감을 가지며 안전하다고 생각한다. 집단의 두목이 처벌을 받지 않게 해 줄 것으로 생각하거나 처벌을 회피하려 한다.

- 집단에 지배되어 도덕적 판단이 둔화되고 범죄행위에 무감각하거나 무책임해진다. 집단적으로 행동하기 때문에 범행에 대해 만용이 생겨 흉악한 범죄도 별 어려움이 없이 행한다.

(2) 조폭화(粗暴化) 경향이다

청소년 범죄가 상승세 추세에 있는 것은 세계적으로 공통된 현상이며 조직화 또는 악질화되어가고 있다. 우리나라 청소년 범죄의 경우 폭행, 상해, 협박을 하는 조폭범이 매년 증가하는 추세를 보이고 있다. 다음은 청소년 범죄 조폭화의 몇 가지 원인에 대하여 알아본 것이다.

첫째, 근대화 과정에서 가정에서의 부모의 권위, 학교에서의 교사의 권위, 사회에서의 어른들의 권위가 약화되었고, 이는 인간성 회복을 위한 윤리 도덕교육이 부족하였기 때문이다.

둘째, 학교교육에서 생명에 대한 존경심과 휴머니즘을 강조한 교육의 결여 때문이다.

셋째, 인터넷 TV 등 영상매체를 통해 범죄의 잔인성 등의 공개로 모방학습이 되기 때문이다.

넷째, 사회적으로 인간 존엄에 대한 경시풍조 만연 등의 원인을 들 수 있다.

(3) 청소년 범죄의 저연령화 경향이다

선진국에서는 범죄의 연령층이 점점 낮아지면서 저연령화(low-teen)되고 있다. 우리나라 청소년범죄의 경우 2005년도 이후 성인 범죄율에 비해서 증가하거나 혹은 증가된 상태에서 머무르고 있다. 또한 범죄율에 있어서도 저연령화 현상을 나타내고 있다.

이것은 우리나라뿐만 아니라 세계적으로 청소년 비행이 점차 저연령화되어 10대 초반까지 확대되는 추세에 있다.

(4) 청소년 범죄의 도시화 경향이다

우리나라 청소년 범죄는 농촌보다 도시에 집중하고 있다. 범죄가 도시에 집중되어 있다는 것은 도시에 인구가 집중되어 있다는 것이며 대도시의 청소년 범죄가 급증하는 경향은 그만큼 도시는 농촌보다 범죄 유혹이 훨씬 더 많으며 비행의 기회 및 대상이 많기 때문이다.

1990년 지역별 청소년 범죄의 발생률은 대도시 38.6%, 중간도시 30.4%, 도시 외 19.6%, 소도시 11.4% 이다. 이러한 경향은 다른 연도에도 비슷하고 청소년의 대도시 범죄가 꾸준히 증가하는 경향이 있다.

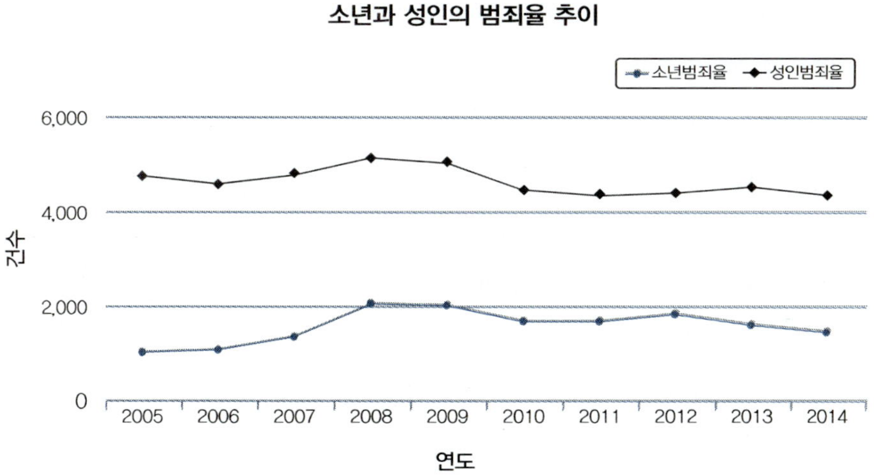

출처: 법무연수원(2015).

그림 10-2 청소년과 성인의 범죄율 추이

(5) 성범죄의 증가경향이다

현대사회의 윤리관의 타락과 정조관념의 희박성 그리고 성개방 풍조 및 개인주의와 이기주의의 팽배 등은 청소년의 의식에도 영향을 미쳐 성범죄의 증가 현상으로 나타나고 있다. 이러한 현상의 가장 커다란 원인은 유해환경의 범람과 방송매체와 불건전한 유흥장 등 유해한 사회환경의 영향으로 볼 수 있다. 또한 청소년기에 발육이 매년 빨라져 신체적 변화와 함께 성적으로 조숙하고 있는데 그에 따른 학교나 기관의 성교육의 부재현상 등도 그 원인으로 볼 수 있다.

청소년들의 범죄가 증가되는 가운데 청소년 비행과 범죄의 원인이 될 수 있는 우리나라 청소년들이 직면하고 있는 문제들을 살펴보면 다음과 같다(김병희 외, 2010 재인용).

① 학교불만 : 학교의 물리적 건물 및 위치 불만, 학교 규칙과 규율에 대한 불만, 학교 지위와 위상 그리고 학교 평판에 대한 불만

② 공부와 성적의 문제 : 시험불안과 압박감, 성적 저하로 인한 스트레스 및 사회의 지나친 경쟁의식에 대한 반감, 교과서적인 학습에서 오는 회의

③ 진로문제 : 장래에 대한 무계획과 부족한 진로교육으로 인한 인생관의 부재 및 희망과 현실의 괴리

④ 신체적 조건의 문제 : 신체적 결함이나 질병, 외모와 체형 등으로부터 청소년들은 불만을 가질 수 있다.

⑤ 성(性) 문제 : 정확한 성 지식 부족 및 성에 대한 지나친 호기심과 죄책감 등을 통한 성 정체감 혼란

⑥ 행동의 문제 : 공격적 일탈행동(폭행, 금품갈취, 괴롭힘 등), 비공격적인 일탈행동(거짓말, 도벽, 가출 등), 약물사용이나 성과 관련된 일탈행동들

⑦ 시간과 돈 : 건전한 놀이문화 부족, 취미와 여가활동의 부족, 부적절한 용돈관리 및 시간관리

⑧ 습관 : 수면습관, 약속어김, 전화나 인터넷과 게임의 사용 과다
⑨ 생활문화 : 연예인의 행동 모방 및 유행에 대한 맹목적인 동조, 유명 상표 선호, 외국에 대한 막연한 동경
⑩ 가치관 : 공중도덕과 질서의식, 예의와 공경심의 부족, 이기적인 풍토, 물질만능주의 및 향락주의

5 청소년 비행의 대책

청소년기는 신체 및 정서발달이 가장 급격하게 일어나는 시기와 더불어 사회생활을 위하여 준비하는 중요한 시기이다. 그렇기 때문에 이 시기에 불안정한 정서를 가지는 것은 어쩌면 당연한 일이다. 이러한 청소년의 시기적인 특성으로 인하여 때로는 많은 불만과 불평 그리고 문제점들을 가지게 되며 그것이 청소년기 학생들에게 많은 스트레스로 작용하게 된다. 이러한 스트레스와 억압을 온전히 정상적인 방법으로 풀지 못하게 된다면 그것은 다른 방법으로 풀게 되고 비행과 범죄의 원인이 될 수 있는 것이다.

청소년 비행과 범죄는 이제 사회적으로 가볍게 넘길 수 있는 단계를 넘어섰으며 점점 더 흉포화되고 지능적이며 집단적이 되어가고 있다. 또한 매스미디어와 인터넷과 함께 스마트폰의 발달은 청소년 비행을 더욱 더 부채질하고 있다. 이제 국가 기관이나 학교에만 책임과 대책을 논의하기보다는 청소년 비행과 범죄에 대해서 국민적인 대책과 관심이 필요한 때라고 여긴다.

이러한 청소년범죄에 대한 대책을 몇 가지 관점에서 제시하면 다음과 같다.

1) 가정적인 차원

인간은 태어나서 가정이라는 테두리 안에서 자라게 된다. 가정 내에서 성격, 가치관, 사고방식 및 행동방식을 배우고 익히게 되며 부모로부터 앞으로 학교나 사회에 진출하여 살아가는 법을 직·간접적으로 알아간다. 그렇기 때문에 청소년 비행과 범죄의 가장 근본적인 원인은 가정에서 찾아야 한다. 가정에서는 부모가 청소년들이 온전히 미래의 사회생활에 적응을 할 수 있도록 배려해야 됨은 물론이고 비행 청소년이 가정에 복귀하고 적응할 수 있도록 도와주고 실천해야 할 것이다.

부모들은 먼저 자신들의 자녀들을 위하여 한 인간으로서 청소년들이 가질 수 있는 갈등과 고민 및 스트레스를 공유하며 자녀를 인내심으로 지켜볼 수 있는 자세를 가져야 한다. 또한 만일 자녀 중에 비행 청소년이 있다면 따뜻한 대화와 물질적·정서적인 지원을 하여 비행 청소년의 예방과 복귀를 위하여 세심한 주의가 필요하다.

만일 필요하다면 이러한 비행과 범죄 청소년의 예방과 복귀를 위하여 교육 프로그램에 참여하도록 하는 방법도 좋을 것이다. 지역사회는 이러한 부모와의 연계 프로그램을 위하여 준비하고 부모들이 자신들의 자녀들을 위한 비행 청소년 예방 및 복귀를 위한 프로그램을 강화하도록 하여야 할 것이다.

2) 학교 및 교육적인 차원

(1) 교육적인 차원

현대 산업사회가 발달하면서 부국강병을 위한 인재등용은 학교에서 진정한 교육과는 거리가 먼 기술교육 차원에서 학생평가 그리고 수능시험 등으로 일관해 왔다. 출세만 하고 돈만 벌면 된다는 식의 입시위주의 교육은 학생들의 정서적·윤리적·도덕적 측면을 병들게 하고 있다.

이러한 가운데 청소년들의 갈등과 스트레스는 더욱 더 심화되었다. 그렇기에 이제 학교교육이 변화해야 한다. 전인적인 교육을 위해서 인간교육 측면의 윤리 및 도덕교육을 강화하며 학생들에게 또래들 간의 따뜻한 인정을 베풀 수 있는 환경을 조성해 주어야 한다. 이것을 위하여 학교 당국과 교육 당국은 철저한 기초조사를 통하여 새로운 학교교육 시스템을 근본적으로 개선할 수 있도록 노력해야 할 것이다.

이러한 개선책으로 몇 가지를 알아보면 다음과 같다.

- 인성교육방법의 개선: 청소년들에게 기본적인 도덕과 윤리적인 교육 차원을 훨씬 넘어서 그 학생들이 가지고 있는 인격과 성격을 잘 활용하여 전인적인 교육이 될 수 있도록 해야 한다.
- 입시교육의 개선: 출세와 돈만 벌면 된다는 생각의 자본주의식 입시교육을 지양하고 평가방법의 획기적인 변화를 주어 학생 자신이 앞으로 사회에 나아가 적응할 수 있는 교육이 되어야 한다.
- 진로교육 개선: 입시교육의 개선과 함께 학생들이 사회에서 적절한 직업을 선택하고 그것을 통하여 자아를 실현하고 자신의 정체성을 가질 수 있는 교육이 필요하다.
- 평생교육 시스템화: 학교에서는 학생을 한번만 가르치면 그만이라는 생각을 버리고 학생들이 평생 동안 더 완전하게 배울 수 있도록 해 주어야 한다.

(2) 학교제도 차원

① 상담

학교는 예방와 재발 방지를 위하여 비행 청소년을 대상으로 하는 지속적인 상담이 필요하다. 전문화된 상담교사를 상주하게 하여 학생들을 관리하여야 하며 형식적인 상담에 치우치지 말고 비행 청소년의 심리치료 및 개선 등을 위하여 체계적이고 지속적인 진정한 상담이 이루어지도록 해야 할 것이다.

② 교사의 역할강화

학교에서 담임교사는 개인의 다양한 능력과 문제들을 파악하는 데 최선을 다해야 한다. 교사는 마음의 문을 열고 학생들과 대화하는 가운데 학생들의 생각과 고민 그리고 문제들을 공감적으로 이해하고 함께 해결하기 위하여 노력해야 할 것이다. 이 같은 방법은 청소년 비행과 범죄 예방에 많은 도움이 될 것으로 본다.

또한 교사는 지나친 평가 방법을 지양하고 친구들 간의 정상적인 또래관계를 형성케 하여 자아존중감을 가지고 학업에 임할 수 있도록 하며 또래와의 갈등을 해결하여 긍정적인 학교생활과 유대감이 형성되는 분위기가 될 수 있도록 노력해야 한다.

③ 학생후원 부모후원

청소년 범죄와 비행의 예방 및 복귀를 위하여 가정이 빈곤한 청소년의 경우 상대적 박탈감의 해소를 위하여 장학금제도나 보조금 지원 등을 활성화하여 학생들이 정상적인 상태에서 학업에 정진할 수 있도록 후원한다.

또한 청소년 범죄와 비행의 예방 및 복귀할 수 있는 프로그램을 개발하여 학생과 부모들을 함께 교육시킬 수 있는 후원제도를 활성화시켜야 한다.

3) 국가 및 사회적인 차원

(1) 국가적인 차원

우리나라에는 이미 「소년법」, 「근로기준법」, 「아동복지법」 등 청소년에 대한 법령이 제정되어 있고 체육청소년부에서는 1991년에 한국 청소년 기본 계획을 수립하였으며 청소년대책위원회에서는 청소년 기본법이 법제화되어 있다.

그러나 이러한 법령들은 현대사회 청소년 범죄와 비행 예방과 사회복귀를 위한 청소년의 선도, 보호 등에 대해 부족한 부분을 개선해야 할 필요가 있다. 첫째, 현대의 시대적 조류, 사회풍조 및 청소년 가치관 등을 충분히 고려하여 실현 가능한 각종 법규와 법령의 개선, 보완 및 재검토가 요구된다. 둘째, 이러한 법령을 구체화시키기 위한 각종 갱생단체나 청소년 단체의 신설, 확장 등이 요구된다.

(2) 사회적인 차원

청소년 범죄와 비행의 예방 및 복귀를 위하여 사회적으로는 사회의 중추적인 여러 기관이나 단체에서 전문가들을 참여시켜 세미나 혹은 심포지움, 포럼 등을 열어서 청소년 범죄와 비행의 예방 및 복귀를 위한 사회적인 저변 확대를 위하여 노력해야 할 것이다.

CHAPTER 11

Sociology of Education

교사와 교육

1 교사에 대한 이해

1) 교원의 신분

교원 혹은 교사라는 명칭은 근대적 교육 도입기에 소개된 '직업인' 혹은 '생활인'으로서의 '선생'을 지칭하는 것으로 교사라는 개념은 19세기 말 개화기 시기에 현대적인 학교가 세워지고 '가르치는 사람'을 교사라고 부르게 되면서 생겨났을 것으로 추론되고 있다. 그리고 교원이라는 용어는 1895년 4월 16일에 공포된 '한성사립학교관제'(칙령 제79호)의 제6조 및 제10조에 처음 등장하였다. 학교 급별 및 설립 형태에 따라 교사·훈도·교원·교관·교구 등 다양하게 호칭되어 왔으며, 해방 후 교육법 제정 이후 법적인 용어로서 교원은 각급 학교에 근무하는 교사·교수·학교장 등을 포괄적으로 지칭하는 용어로 사용되어 왔다. 그리고 신분상의 호칭으로서는 교육공무원으로 자리매김되었는데, 이는 국·공립의 학교 교원 및 교육기관에 종사하는 교육전문직원에만 해당된다(김영봉 외, 2008).

교육공무원으로서 교원은 자격·임용·보수·연수·신분보장 등에 관하여 「교육공무원법」 등에 따라 특례를 적용받는다. 교육공무원은 교육을 통하여 국민 전체에 봉사하는 직무와 책임의 특수성을 가진 공무원으로서 그 자격, 임용, 보수, 연수 및 신분보장 등에 관하여 「국가공무원법」 및 「지방공무원법」에 대한 특례를 규정한 「교육공무원법」의 적용을 받는다. 교원은 수업활동과 학생지도에 필요한 교직소양과 지식을 갖추고 고도의 자율성과 사회적 책임성을 같이 가져야 한다는 점에서 경력직 공무원 중 특수한 지식과 기술을 담당하는 특정직으로 분류되고 있다.

교육공무원을 좀 더 자세히 분류해보면, 교육기관에 근무하는 교원 및 조교, 교육행정기관에 근무하는 장학관 및 장학사 그리고 교육기관,

교육행정기관 또는 교육연구기관에 근무하는 교육연구관, 교육연구사 등이 있다. 교육지원청이나 시·도 교육청 등 교육행정기관에서 근무하는 교육공무원을 교육전문직이라 한다.

교원의 범위는 ① 유치원의 원장, 원감, 교사, ② 초·중·고 및 공민·고등공민·고등기술·특수학교·각종학교의 교장, 교감, 교사, ③ 대학의 총장, 교수, 부교수, 조교수 등이 있다. 여기서 '교원'은 국·공·사립 각 학교에 근무하는 교원을 모두 포함하나, '교육공무원'에는 사립학교 교원이 포함되지 않는다.

사립학교 교원은 「사립학교법」에 따른 적용을 받는 것을 원칙으로 하고 있다. 이러한 설립주체별 교원의 구분에도 불구하고 우리나라는 국·공립학교 교원과 사립학교 교원에게 동일한 수준의 권리와 의무를 부여하고 있다. 왜냐하면 우리나라는 사립학교를 공익을 추구하는 공교육기관으로 보고 사립학교에 대해 인건비 및 운영비 등을 국고로서 지원하고 있기 때문이다. 사립학교 교원의 근무관계에 관해 규정하는 「사립학교법」은 임용권자가 서로 다름에 따른 교원 임용 절차에 대한 규정만을 달리할 뿐, 그 밖의 자격요건·복무·연수의무·신분보장 및 사회보장 등에 있어서 국·공립교원과 동일하게 처우하고 있다. 이에 따라 사립학교 교원은 교육공무원법에 따른 국·공립학교 교원과 같이 정년이 62세까지 보장되고 있으며, 보수 및 복무 사항도 비슷하다(김규태 외, 2014).

2) 교원의 권리와 책임

(1) 교원의 권리

민주국가에서 공무원의 지위는 국민 전체를 위한 봉사자에 불과하며, 어떠한 신분상의 특권도 가질 수 없다. 그러나 공무원은 일반 국민이 부담하지 않는 특별한 의무와 책임을 지고 있는 만큼 일반국민에게는 인정되지 않는 여러 가지 권리를 갖는다(이형행·고전, 1999). 구체적으로 교육공무원의 권리를 전문적 교육활동에 전념할 수 있는 여건조성과 관련된 적극적 권리와 법규적인 측면에 관련된 소극적 권리로 나누어 살펴보면 다음과 같다(문종철 외, 2016; 서정화, 1989).

① 적극적 원리

- 교육권 : 교직을 전문직적 특성에 비추어 전문직이라 규정할 경우 교사가 그 직무를 수행하는 데 따른 권위와 자율성이 보장될 수 있는 여건이 조성되어야 한다. 여기에는 교육과정 결정 및 편성권, 교재의 선택 · 결정권, 교육내용과 방법 및 수업할 권리, 성적 평가권, 학생지도 및 징계권 등의 권리가 있다(이병환 · 박미란, 2012).
- 생활보장권 : 교사가 안정된 생활 기반 위에서 가르치는 일에 몰두할 수 있는 여건을 마련해 주어야 한다. 모든 직업의 기본적인 권리이나 교직이라는 직업의 성격상 이러한 권리를 지킬 자위권이 매우 약하다.
- 근무조건 개선 : 전문직인 교직의 경우 교육의 효과와 능률을 높이기 위해 적정량의 근무부담이 주어져야 한다. 교사 1명당 학생 수의 변화, 학급당 학생 수의 변화, 교사의 주당 수업 시수의 변화, 교수-학습과 관련이 먼 잡무 등의 경감이 근무조건 개선의 대상이 된다.
- 복지 · 후생조건의 확충 : 교사들의 생활 안정과 함께 가족에 대한 부양 책임을 덜어줌으로써 교사가 교육활동에 전념할 수 있도록 하는 데 그 의의가 있다. 건강을 유지할 권리, 자녀교육의 권리, 거주할 주택의 권리, 노후를 안락하게 생활할 권리 등이 보장되어야 한다.

② 소극적 권리

- 신분상의 권리: 모든 교사는 「국가공무원법」 및 「교육공무원법」에 의하여 강력한 신분상의 권리를 보장받고 있다. 여기에는 신분 및 직위보유권, 직무집행권, 재심청구 및 행정소송권, 의사에 반한 신분 조치를 당하지 않을 권리, 권고사직 당하지 않을 권리, 불체포특권, 처분사유 설명서 교부권 및 후임자 보충발령의 유예를 받을 권리, 여교원의 동등 신분보장권 등이 있다.
- 교원단체 참여권: 교원은 상호 협동하여 교육의 진흥과 문화의 창달에 노력하며, 교원의 경제적·사회적 지위를 향상시키기 위하여 각 지방자치단체 및 중앙에 교원단체를 조직할 수 있다.

(2) 교원의 책임

교원에게는 교육의 목표를 효율적으로 달성할 수 있도록 법률적으로 보장된 권리와 함께 교원으로서의 책임이 있다. 교원의 책임을 구체적으로 제시하면 다음과 같다.

① 행정적 책임: 교사는 학기 설정, 수업일수 조정, 학급 편성 운영, 수업 시간, 조기 진급 및 조기 졸업, 입학과 수료 및 졸업 등 법령에 규정한 기준에 부합하도록 학사운영을 해야 하며 복무, 승진, 연수, 징계 등을 규정하는 법규 및 행정규칙을 이행해야 한다. 그리고 교사는 학생의 학업성취도 및 인성 등을 종합적으로 관찰·평가하여 학생지도 및 상급학교의 학생 선발에 활용할 수 있는 자료를 교육부장관이 정하는 기준에 따라 작성·관리해야 한다.

② 전문적 책임: 교사는 교육자로서 갖추어야 할 품성과 자질을 향상시키고, 그 직무를 수행하기 위하여 연구와 수양에 부단하게 노력해야 한다.

③ 학생과 학부모의 필요와 요구에 부응하는 책임: 교사는 학생의 수준과 흥미 및 요구에 맞는 교과서를 선택해야 함은 물론, 학생의 수준에 맞는 교재 및 자료를 개발해야 한다.

④ 도덕적 책임: 교사는 직무를 수행하는 데에 필요한 개인적이고 단체적인 수준의 윤리를 실천할 필요가 있다. 「국가공무원법」(법률 제11392호, 2017.7.26)의 제7장은 공무원들이 수행해야 하는 윤리적 복무사항을 제시하고 있다. 교사들은 성실 의무(제56조), 복종의 의무(제57조), 직장 이탈 금지(제58조), 친절·공정의 의무(제59조), 비밀 엄수의 의무(제60조), 청렴의 의무(제61조), 품위 유지의 의무(제63조), 영리 업무 및 겸직 금지(제64조), 정치 운동의 금지(제65조), 집단 행위의 금지(제66조) 등의 도덕적 책무를 이행해야 한다.

3) 교직관

교직관은 교사가 자신이 수행하는 교직활동을 어떻게 바라보는가에 관한 것으로 가르치는 업무를 수행하는 전문직, 임금근로자로서의 노동직, 헌신과 봉사의 정신으로서의 성직으로 보는 견해가 일반적이다. 각각의 관점을 설명하면 다음과 같다.

첫째, 성직관은 교사를 성직자와 같이 소명의식을 가진 직분을 수행하는 사람으로 보는 입장으로 전통적 교직관이다. 즉 교직을 단순한 지식과 기술을 가르치는 직업이라기보다는 주로 인간의 인격형성을 돕고, 고도의 정신적 봉사활동으로서 목사나 승려와 같이 세속적인 직업과는 구분한 것이다(문종철 외, 2016). 성직관의 교사에 대한 역할 기대는 학습자와의 관계에서 가치 있는 지식의 전달자이며, 윤리적인 모범으로서의 역할을 강조하면서 제자에 대한 한없는 사랑과 헌신, 희생과 봉사 그리고 정신적 활동에 전념해야 하고 학생들에게 학문적으로 모범이 되어야 할 뿐만 아니라 윤리적으로도 모범을 실천해야 한다는 점을 강조한다. 그래서 성직관에 기초한 교사들은 교사의 물질적 보상, 근무형태, 인사

문제에 대한 요구 등을 세속적인 관심으로 간주하고 교사에게 어울리지 않는 것으로 생각하는 경향이 있다(김규태 외, 2014).

둘째, 노동직관은 근대사회 이후 자본주의적 사회에서 마르크스주의 영향으로 교사의 행위, 즉 직무와 직위는 노동자의 그것과 유사하다는 것이다(김병희 외, 2011). 교사 역시 생산수단이 없이 학교라는 직장에 고용이 되어 노동을 하고 임금을 받아 생계를 유지한다는 점에서 일반근로자와 같다는 견해이다. 근로자라 함은 직업의 종류를 불문하고 임금·급료 기타 이에 준하는 수입에 의하여 생활하는 자이다(「노동조합 및 노동관계조정법」 제2조 제1호). 따라서 교사 또한 노동법에서 규정하는 권리와 의무를 행사할 수 있다고 본다. 그리하여 교사의 처우개선과 근무조건 향상을 위해 노동 3권인 단결권, 단체교섭권, 단체행동권을 가져야 한다고 주장하지만 단체행동권은 금하고 있는 실정이다.

셋째, 전문직관은 성직관과 노동직관을 변증법적으로 통합한 교직관으로서, 오늘날 가장 널리 받아들여지고 있으며, 교직을 전문성을 갖춘 전문직이라고 보는 관점이다. 전문직관은 교사를 고도의 지적·정신적 전문성을 실천하는 봉사자로서 본다. 사회적 봉사가 경제적 보수보다 우선하며, 그 자체의 직능을 수행하는 데 준수할 직업윤리를 가지고 있는 것이다. 전문직관에 입각한 교사는 현대사회 속에서 변화해 가는 지식으로 아이들을 지도하려면 인격성 외에도 교직에 대한 전문적인 지도기술, 즉 교과내용에 관한 지식과 함께 교과를 가르치는 방법에도 정통해야 하며, 개별 학생에 대한 이해를 바탕으로 최상의 학습 및 생활지도를 실천할 수 있어야 한다.

교직에 대한 관점은 성직관을 통해서는 바람직한 교사상의 의미를, 전문직관을 통해서는 교육활동의 전문성을 반영한 직업적 요구를, 노동직관을 통해서는 교원의 근로자로서의 기본적인 보장과 사회·경제적 지위에 대한 이론적 토대 위에서 변화·발전되어 왔다. 이와 같은 교직관은 각각의 주장을 하고 있지만 현실적으로는 세 가지 성격이 혼재한다. 이렇게 다양한 관점이 혼재하는 것은 교육과 가르치는 행위를 하는 것, 행위 자체와 사회적인 것이 혼재하기 때문이다(김병희 외, 2011).

따라서 세 가지 교직관 중 어느 것이 우월한가를 논하는 방향으로 논리를 전개하는 것은 지양해야 한다. 교직의 본질 속에는 이미 윤리성, 전문성, 노동성의 속성이 함께 존재하기 때문이다(김진한, 2009).

2 교사 전문성

'전문'이라는 용어의 사전적 의미는 "어떤 분야에 상당한 지식과 경험을 가지고 오직 그 분야만 연구하거나 맡음"이다. 따라서 어떤 사람을 '전문가'라고 부를 때는 그 사람이 어떤 분야에 상당한 지식과 경험을 가지고 그 일을 잘한다는 말이다. 이렇게 어떤 특정 분야에서 그 일을 잘 수행하는 사람에게 우리는 '전문성'을 가지고 있다고 한다(염지숙 외, 2011).

전문성을 가진 직업이 갖는 일반적인 기준으로는 첫째, 다양한 상황에서 응용이 가능한 이론체계를 가진 전문지식을 갖고 있어야 한다. 둘째, 전문지식을 갖추기 위해서 장기간의 직전교육(preservice education)과 전문직에 종사하면서도 현직교육(inservice education)을 통해서 전문적 지식을 지속적으로 발전시켜 나가야 한다. 셋째, 이러한 전문지식을 갖추었는지 확인하고 인정하기 위한 시험이나 자격증 제도를 가진다. 넷째, 전문직은 전문적 지식을 갖고 자율성을 발휘하여 맡은 직무를 수행하게 된다. 자율성이란 직무를 수행하는 데 불필요한 외부의 통제나 간섭을 받지 않고 스스로의 판단에 의해서 행동하며 이에 대한 책임을 스스로 지는 것이다. 이러한 자율성은 자신을 위해서가 아니라 고객의 이익을 위해서 발휘된다. 이러한 과정에서 스스로를 통제하는 윤리강령을 지키게 된다. 다섯째, 외부의 불필요한 간섭이나 통제로부터 자신의 권익보호를 위해서 전문적 단체를 결성하게 된다.

이와 같은 기준에서 볼 때 교직은 다음과 같은 전문성을 지닌다고 할 수 있다. 첫째, 교직은 장기간의 훈련을 받은 후 교원자격증을 취득한 교사가 전문적 지식체계인 교수 실천에 대한 지식, 내용지식, 교육과정 실행지식을 실천하는 곳이다(Doyle, 1990). 둘째, 교직은 교육행위를 통하여 복잡하고 애매모호하고 불확실하며, 개별적이고 주체적인 인간의 경험을 풍부하고 충실하게 이해하고 바람직한 방향으로 변화시키는 행위를 수행한다. 이러한 점은 교수자의 특성이 범상하지 않은 어려운 일을 수행하고 있다는 것을 시사한다. 셋째, 교직에서 직무를 수행하는 교사는 자신의 지식과 기술에 따라 스스로 결정할 수 있는 재량권을 행사한다. 넷째, 교직은 다른 직업에 비하여 사회적으로 존중되기 때문에 교직만의 특수한 교원윤리강령, 사도헌장, 사도강령을 가진다.

표 11-1 전문직의 특성과 교사의 전문성

전문직의 특성	교사의 전문성
고도의 전문화된 지식과 기술력 및 활동 수반 요구	• 교육에 대한 전문적 지식, 임상적인 경험을 통한 실천적인 지식과 전문적인 능력 요구 및 실시
장기간의 사전 전문교육과 훈련, 자격증, 지속적인 현직교육을 요구	• 2~4년의 교육기간, 교사자격증, 현장과의 밀접한 관계유지, 각종 교육전문단체를 통한 현직교육 실시, 높은 대학원 진학률
자율성과 책임감을 요구	• 교육과정운영 및 학급관리의 자율권과 책임감 요구
권익보호단체 구성 요구	• 교사의 교권확보와 신장, 교원복지증진, 교사의 전문성 고양을 위한 전문 교직단체 구성
고유의 윤리강령 요구	• 교원윤리강령, 사도헌장, 사도강령

출처: 임부연 외(2015), p. 55.

이러한 관점에서 보면 교직이 전문성을 가진 직업이라는 주장에는 의의가 없으나 과연 교직이 현실적으로 전문직인가에 대해서는 명확한 해답을 얻지 못하고 있다(문종철 외, 2016). 따라서 전문직과 비전문직의 차이를 비교하면서 교직의 전문적 특성에 대해 좀 더 고찰해보면 다음과 같다.

전문직은 전문직에 종사하는 사람의 독특한 경험과 기술이 존중되며 일을 처리하는 과정에서 표준화가 되어 있지 않다. 또 의사결정에 대한 책임을 지며 조직보다 고객과 동료에 대한 충성심을 강조하며, 업무의 처리과정에서 특수한 이론적 지식이 실천보다도 더 중요시된다. 이에 비하여 관료직과 같은 비전문직은 업무처리 능력이 표준화되어 있고, 의사결정의 과정이 중앙에 집중되어 있으며, 업무의 처리에서는 실천이나 경험을 중시하며, 결과적으로 나타나는 효율성을 강조한다.

표 11-2 관료직과 전문직의 차이

관 료 직	전 문 직
(1) 높은 수준의 표준화 • 업무처리의 통일성 강조 • 업무처리자의 교체 가능 • 고도로 특수하고 획일적인 업무처리 규정과 절차	(1) 낮은 수준의 표준화 • 고객의 독특성 강조 • 업무처리자의 교체곤란 • 업무처리의 규칙과 절차의 융통성 및 대안 가능
(2) 중앙 집중적인 의사결정 • 의사결정에 대한 고용인의 책임 없음 • 주로 조직과 행정에 대하여 책임짐	(2) 분산적인 의사결정 • 정책결정에 참여하고 책임이 있음 • 조직보다 고객과 동료에 대한 충성심 강조
(3) 과제 지향적인 특수화 • 실천과 경험 중심 • 과제의 결과적인 성취중심 • 효율성과 기술중심	(3) 고객 지향적인 특수화 • 실천보다 이론적인 지식중심 • 기술이나 효율성보다 고객을 도와주는 능력중심

출처: Corwin, R. G.(1965). pp. 229-247.

관료직과 전문직의 차이에서 볼 때 교직은 관료적 성격과 전문적 성격을 모두 가지고 있는 이중적 구조로 볼 수 있다. 즉, 학교라는 조직을 움직이는 행정은 관료적 성격이지만 교사들이 학생들을 가르치는 교육은 전문적 성격이기 때문이다.

교사들은 자신의 교과목을 가르치기 위해서는 그 과목에 대한 지식과 가르치는 방법에 대한 고도의 전문성과 자율성을 가진다. 그러나 이와 동시에 한편으로 교사들은 표준화된 교육과정에 얽매어 있으며, 그의 임무는 교육행정가 또는 관료에 의하여 평가된다. 또 정부나 학교의 고용인으로서 교사들은 결정된 정책을 따르도록 요청받고 있으며, 정책결정과정에 참여하여 영향력을 행사하는 일은 드물다. 이러한 이중적 구조의 특성으로 학교라는 조직에서 교사는 관료적 성격과 전문적 성격을 동시에 수행해야 한다. 따라서 교사를 전문직으로 볼 수 있느냐에 대해서는 전문직의 성격을 가지고 있으나 한편으로는 전문직이 갖추어야 하는 중요한 조건들이 잘 충족되지 않은 점도 있다고 할 수 있다(차경수 외, 2006).

한편 교사 전문성의 내용 또한 분명하지 않은데, 이것은 교사가 수행하는 교육활동은 직무 자체가 불명료하며, 교사의 역할도 시대와 사회에 따라 매우 다양하기 때문이다. 이러한 점들을 고려하여 여기서는 학습자들의 잠재능력 계발과 우수한 인재육성에 필요한 지식과 능력 및 신념을 토대로 몇 가지 측면에서 교사의 전문성을 분류해 보면 다음과 같다(조동섭, 2005).

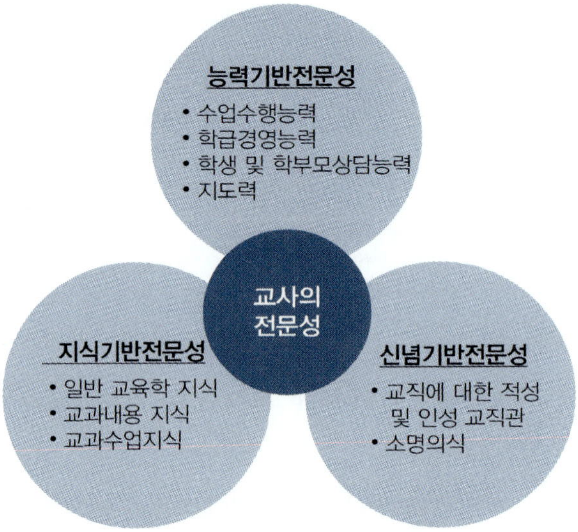

출처: 조동섭(2005). pp. 399-419.

그림 11-1 교사 전문성의 유형

- 지식기반 전문성: 교수-학습활동과 아동지도와 관련된 지식을 의미하는 것으로, 일반교육학과 교과지식 및 교과교육학에 대한 지식, 교과수업과 관련한 제반 지식의 다양한 활용방법들 그리고 교육활동 수행과 관련된 제반 배경이 되는 상황적 지식이 그 기반이 된다.

- **능력기반 전문성**: 지식을 활용하여 학교교육활동을 성공적으로 수행할 수 있는 수행능력과 관련된 전문성으로 수업수행능력을 포함하여 학급경영능력, 학생상담능력, 지도력 등이 그 기반이 된다.
- **신념기반 전문성**: 교직 수행과 관련한 적성, 인성, 뚜렷한 교직관과 소명의식 그리고 태도 등 교직소양과 자질에 관련된 전문성이다. 영유아교사로서의 적성과 바람직한 인성의 구비, 교육목적과 학생교육에 대한 뚜렷한 신념, 교사를 천직으로 여기고 그 사명을 소명으로 실천하는 정신력, 교사로서의 긍지와 자신감, 정의로움과 공정함을 가지고 영유아들을 대우하고 애정과 열정으로 지도하는 성실하고 정직한 태도 등이 그 기반이 된다.

교사 전문성의 유형은 연구자마다 초점을 어디에 두느냐에 따라 달라질 수 있으며, 그 내용에는 지식만이 아니라 자질과 태도 등을 포함한 능력과 신념의 요소들을 개념적으로 내포한다. 또한 교사의 전문성과 관련한 내용들은 고정되어 있다기보다는 교사의 역할수행과 관련하여 시대와 사회의 요구에 부합하는 방식으로 그 교육적 요구에 필요한 지식과 능력들을 새롭게 정의할 필요가 있다.

3 교사사회화

특정 직업과 관련하여 이루어지는 사회화는 직업사회화이며, 이에 비추어 교사와 관련된 사회화는 교사사회화 또는 교직사회화라고 할 수 있다. 교직은 다른 직업과 달리 학교라는 공간을 벗어나 다양한 경험을 갖지 못한 사람들이 다양한 사회 영역으로 나갈 학생들을 가르치는 곳이란 특성을 갖고 있다. 교사사회화는 학생일 때는 교사로부터, 교사가 되어서는 선배교사나 동료교사로부터 이루어진다고 할 수 있다. 교사사회화는 기존 교사사회화의 틀 내에서 이루어진다고 할 수 있다(김병희 외, 2011).

교직생활을 하는 동안 교사는 끊임없이 성장하고 변화해 나가는데, 즉 단계적인 발달과정을 거쳐 충분한 자질을 갖춘 유능한 교사로 성장해 간다. 물론 교사 개인에 따라 성장해 나가는 속도와 발달단계를 거치는 데 걸리는 시간은 다르다(권건일, 2004).

실제로 모든 것을 갖춘 상태로 교직에 입문하는 교사는 많지 않다. 예비교사들이 많은 시간 동안 직전교육을 통해 교사로서 갖추어야 할 기본적인 소양과 자질을 갖추고 있을지라도 교사생활을 하는 동안 지속적으로 다양한 형태의 재교육과 새로운 경험을 통해 발달을 계속해 나가야 한다(최윤아, 2015). 이러한 측면에서 교사사회화의 각 단계별 특징과 교사들의 노력들을 살펴보면 다음과 같다(강유정 외, 2017).

첫째, 생존기 단계는 교직생활 첫 1년에 해당하는 시기로서 신임교사가 교직이라는 새로운 세계에 처음으로 입문하면서 두려움과 걱정에 휩싸이게 된다. 이러한 경험은 신임교사라면 누구나 겪게 되는 것이다. 주위에 있는 선배교사의 지원, 이해, 격려, 위로, 지도 등은 신임교사들이 생존기 단계에서 겪는 어려움을 극복하는 데 큰 힘이 될 수 있다. 그러나 무엇보다 중요한 것은 교사 스스로 학생과 교육환경을 이해하려는 노력, 그리고 다양한 수업방식을 알아보고 적용하려는 노력이다.

둘째, 강화기 단계는 교직생활 1년 말에서 3년 사이에 해당하며 교사로서 내게 부족한 것은 무엇인지, 새로 익혀야 할 것이 무엇인지를 찾게 된다. 교사들의 이러한 문제는 교사들 간의 상호 탐구를 통해서 가장 잘 해결될 수 있다. 예를 들면, 다른 교사가 비슷한 경우의 학생을 어떻게 다루고 있는지를 알아봄으로써 그리고 자신의 행동을 다른 교사에게 알림으로써 새로운 전략을 세울 수 있다. 특히 이 단계에서는 학생 일반이나 특별한 학생에 관한 정보를 수집하고 그러한 정보를 활용하는 훈련을 많이 해야 한다,

셋째, 갱신기 단계는 교직생활 3년에서 5년의 교사들에게 해당하는

시기로서 교사는 같은 일을 반복하는 것에 회의와 싫증을 느끼기 시작한다. 그리하여 자신이 하고 있는 교수활동을 새롭게 갱신하려는 힘든 작업을 고려하기 시작한다. 이 단계의 교사들에게는 학교 안에서의 도움보다는 학교 밖에서 다른 교육 프로그램을 운영하는 사람들의 도움이 필요하다. 예컨대, 청소년 교육 프로그램이나 박물관 견학 프로그램, 캠핑이나 여행 프로그램 등을 관찰함으로써 교육활동과 관련된 새로운 아이디어를 얻을 수 있다. 또 교육을 위한 연구모임에 참여함으로써, 그리고 독서나 영화감상 등의 폭넓은 취미활동을 통해서도 이러한 노력의 결실을 얻을 수 있다.

넷째, 성숙기 단계는 교직생활 5년 이상에 해당되며 교사로서 어느 정도 안정을 찾고 나름대로 자신을 갱신하려는 노력의 결실을 얻은 후에 비로소 스스로를 교사로 인정하는 성숙한 단계에 이르게 된다. 이 단계의 교사들은 교육개선을 위한 회의나 세미나에 참가할 수 있는 기회나 학위취득을 위한 기회를 필요로 하게 된다.

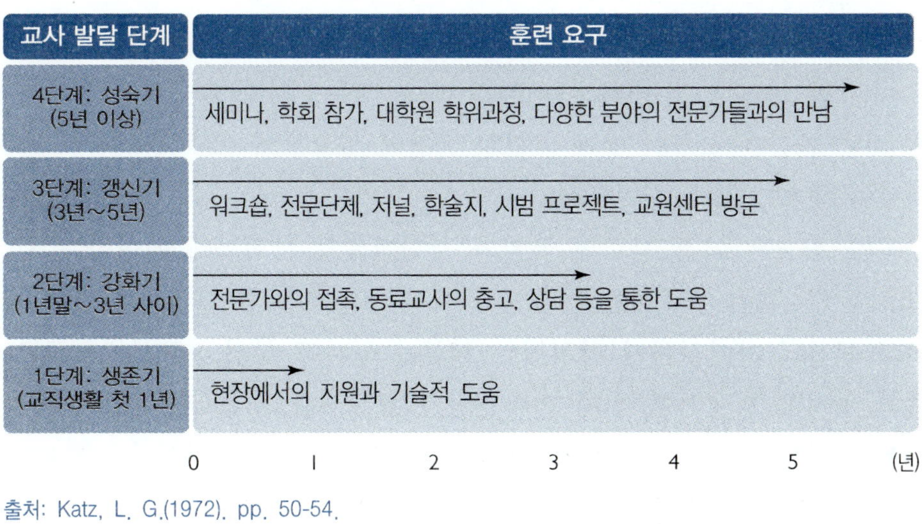

출처: Katz, L. G.(1972). pp. 50-54.

그림 11-2 카츠(Katz)의 교사발달단계와 훈련 요구

교사사회화단계는 교사들이 가르치는 일에 종사하면서 겪게 되는 경험을 단계로 구분하여 설명한 것이며, 모든 교사들은 각기 다른 모습으로 교직생활을 하게 된다(임부연 외, 2015). 즉, 교사자신의 개인적인 노력뿐만 아니라 사회적 차원에서의 포괄적인 지원 속에서 지속적으로 변화·발달되어 간다.

4 교사에 대한 교육사회학 이론들

1) 기능주의 교육사회학의 교사에 대한 이해

기능주의 이론에서 요구하는 교육의 역할은 학생들을 사회가 요구하는 규범과 가치들을 습득하게 하여 기존 사회에 잘 적응하게 하며, 유능하고 재능 있는 학생들을 분류·선발하여 사회적 이동을 촉진시켜 주며 사회평등화에 기여한다. 이와 같은 전달과 선발이라는 교육의 기능을 교사는 직접적으로 수행하는 역할을 한다. 기능주의 교육사회학의 교육에 대한 관점은 교사의 일과 밀접한 관련이 있으므로 이와 관련하여 살펴보면 다음과 같다(이종각, 2004).

첫째, 학교는 기존 사회의 유지와 사회적응의 사회화에 기여하는 기관으로서 사회가 요구하는 기술이나 지식 등을 가르치고 국가의 경제발전과 인간의 자기실현에 결정적인 역할을 한다고 본다. 이러한 학교교육의 목적을 달성하기 위한 역할담당자인 교사는 기존 사회의 유지와 적응을 위한 사회화의 대행자로서의 직무를 갖고 있는 것이다.

둘째, 학교교육의 기능은 재능 있는 인간을 분류하고 선발하는 공정하고 합리적인 방법을 제공하는 데 있다. 이것은 기능주의 사회의 근간이 되는 업적주의를 유지하는 것이다. 학교의 교육은 교사에 의해서 이루어지며 교사는 공정한 평가방법의 제시 및 시행을 통해 재능이 있는 학생들을 선발하고, 분류하는 역할을 한다.

셋째, 학교교육은 기능주의 사회관인 전문가 지배사회에 맞는 지식과 기술 및 가치규범을 함양하는 전문가를 양성한다. 학교는 지식과 전문적 소양을 중시하고 있는 현대 전문가 사회에서 제반 역할 수행에 필요한 각종 지식과 기술을 함양하여 전문가 사회에 적응해야 한다. 이런 상황을 대비하기 위해 교사는 전문가로서의 능력을 가지고 있어야 하며, 그 역할 또한 사회가 요구하는 전문가를 양성하는 것이다.

넷째, 학교교육은 전문가를 양성함으로써 직업의 분화와 사회적 지위 등의 분류와 선발에 대한 합리성을 제공한다. 학교교육을 담당하고 있는 교사가 전문가라는 점에서 그들에 의해 이루어지는 전달, 분류, 선발 등은 전문성을 지닌 직무로서 합리성을 보장받는다고 할 수 있다.

다섯째, 기능주의 관점에서 학교교육은 사회의 변화에 있어 점진적 개혁이나 보수적인 성향이 강하다고 할 수 있다. 급격한 교육개혁은 오히려 역기능을 초래한다고 판단하여서 사회의 요구와 학교의 여건을 고려하여 변혁을 수행한다. 학교교육이 기존 사회의 유지나 통합을 중시하기 때문에 사회변혁에 대한 교사의 역할은 상당히 낮다고 할 수 있다.

기능주의 관점에서 학교는 사회의 안정과 질서에 기여하는 제도이며 학교교육을 통해 각종 사회문제를 해결할 수 있다고 본다. 그러므로 교사의 역할인 교직업무를 잘 수행한다는 것은 기존의 사회체제, 교육체제에 잘 적응하는 것이다. 따라서 훌륭한 교사가 갖추어야 할 덕목을 강조하고 어떤 교사가 효과적인가에 관심을 가지며, 교직업무를 잘 수행하기 위해서 교사에게 전문직으로서의 교직관이 강조된다. 잘 가르치는 교사, 효율적인 교수, 학습의 효율성을 높일 수 있는 방법, 학생 통제능력, 진학률과 취업률 등을 강조하는 것은 기능주의 관점에서 이루어지는 교직풍토라고 할 수 있다(김병희 외, 2011).

2) 갈등주의 교육사회학의 교사에 대한 이해

갈등주의 교육사회학 패러다임에서 교육은 자본주의 사회의 모순을 비판하는 입장이다. 교사에 대한 관점 또한 자본주의 사회의 불평등을 재생산하는 학교교육의 담당자로서 역할을 비판하는 데 초점이 맞추어져 있다고 할 수 있다. 교직에 대한 관점 역시 노동직으로 본다. 갈등주의의 학교교육에 대한 관점을 교사와 관련지어 요약하면 다음과 같다(김경식 외, 2011).

첫째, 학교는 기존의 질서를 재생산함으로써 사회불평등을 지속시킨다. 학교에서 가르치는 내용은 지배계급의 문화와 이익에 관련되어 있다. 교사의 업무는 자본주의적 분업체계처럼 조직화된 규칙을 바탕으로 자본주의의 이념을 재생산하는 것이다. 그러므로 교사는 학교교육을 통해서 인간으로서의 자아형성보다는 기존의 사회에 도움을 줄 수 있는 노동자를 양성하는 것이 주목적이라고 비판한다.

둘째, 학교는 기존 지배계층의 이데올로기를 수용하고 순응하게 만드는 기관이다. 또한 학교는 중요한 지식전달보다는 지배층이 선호하는 가치관, 규범, 태도 등을 강요한다. 그러므로 학교에서 강조하는 능력주의 이념은 피지배층의 학생들에게 불리하게 적용된다. 상류층의 학생들에게는 창의성이나 지도성 등의 상위개념을 가르친다면 하류층의 학생들에게는 순종, 인내심, 청결, 질서 등의 규범을 가르침으로써 구조적 불평등을 영속화한다. 교사는 이러한 자본주의의 이데올로기를 학생들에게 전달하고 통제하며, 위계적 교육제도와 계층적 불평등을 합리화하는 역할을 한다.

셋째, 학교는 교사의 업무를 단순 사무직화하고 자신의 일로부터 소외시키고 있다. 무엇을 가르칠 것인가에 대한 교사들 스스로의 교육관을 상실하고 교육의 결과와 효율성만이 교사사회를 지배하고 있다는 것이다.

넷째, 학교에서 실시하는 검사나 시험제도에 의한 상생의 분류 및 선발과정은 불공평하다. 시험의 내용이나 검사지의 문항 등의 분석을 통해 학교는 상류계층의 선발과 분배과정을 정당화한다. 즉 기능주의 관점에서 주장하는 능력주의 이데올로기는 외형상 공정하게 보이나, 피지배계층의 아동을 효과적으로 탈락시키고, 지배질서의 정당성을 강조하기 위한 위장된 이념에 불과하다고 본다. 따라서 자본주의 모순을 은폐하는 데 주된 역할 담당자는 결국 교사가 되는 것이다.

갈등주의 관점에서 자본주의 사회의 교사는 그 자신의 역할이 어떤 것인지에 대한 반성보다는 고용된 노동자로, 기존의 교육구조에서 재생산된 대행자로서의 기능을 수행하고 있다고 비판하고 있다. 즉, 교육을 통하여 지적능력을 배양하거나 인간을 인간답게 하는 것이 아니라, 지배계층이 선호하는 가치관, 규범, 태도 등을 은밀히 강조함으로써 기존의 불평등 위계구조에 순응하도록 강요하고 있다. 학생들을 강요하고, 억압함으로써 타율적이고, 수동적인 존재로 전락시키고 있다(김병희 외, 2011).

3) 해석학적 교육사회학의 교사에 대한 이해

해석학적 교육사회학의 관점은 기능주의나 갈등주의의 거시적·구조적 접근을 벗어나서 실제 교사가 생활하는 모습과 내부세계에 대해 초점을 맞춘다. 즉, 해석학적 교육사회학의 여러 이론들은 거시적 관점의 기능주의나 갈등주의가 교육과정에서 행위자들의 상호작용이나 교육내용에 대해 피상적으로 다루거나 암흑상자로 취급한 것에 대해 비판하고 있다.

해석학적 이론은 학교현장에서 발생하는 학생이나 교사들의 작은 사건들을 포착하여 그 원인과 상황을 분석하고 현상을 이해하려고 노력한다. 따라서 학교를 정확하게 이해하기 위해서는 학교 현장에 직접 들어가 구체적으로 어떤 일이 일어나고 있고, 그것이 학생과 교사들에게 어떤 의미와 가치가 있는지 살피는 것이 더 중요하다는 관점이다. 이는 교사의 실제 모습을 정확하게 이해하며 새로운 교사문화 형성의 기초를 제공하는 데 큰 기여를 한다. 결국 교사를 단순한 지식의 전달자나 기능인으로 판단하는 사회적 전제를 넘어서 교육의 순수한 기능과 교직의 의미를 되새길 수 있는 가능성을 부여한다(김경식 외, 2011).

교직에 대한 외부의 단편적인 생각은 다른 직업에 비하여 휴가와 같은 방학이 길다거나, 잔업이라고 하는 노동시간이 없는 것, 영업직처럼 월마다 분기마다 목표달성에 대한 스트레스가 없는 것, 매월마다 제때 월급이 나온다는 것 등이다. 하지만 해석학적 교육사회학의 관점은 실제 교직에 종사하는 교사가 교직에 대해 어떻게 이해하고 어떤 의미를 두고 있는지를 잘 기술해주며 좀 더 구체적으로는 교직생활, 교사의 업무, 교사와 학생의 관계 등 교사의 삶을 이해하는 데 도움을 준다(김병희 외, 2011).

CHAPTER 12

Sociology of Education

평생학습사회와 교육

1 평생교육의 이해

1) 평생교육의 개념

평생교육(life-long education)은 유아에서 시작하여 노년에 이르기까지 평생에 걸친 교육이다. 학교교육과 사회교육을 동시에 포괄하는 개념으로, 오늘날 대부분의 국가가 평생교육 이념하에 교육체제를 재정립하는 과정에 있다. 평생교육이 세계적인 관점에서 논의되기 시작한 것은 제2차 세계대전 이후 유네스코를 중심으로 한 활동에서 연유되었다. 평생교육의 교육이념이 정식으로 유네스코에서 채택된 것은 제3차 성인교육 국제회의(1972년, 동경에서 개최)에서였다. 이 대회에서 33개 항목으로 구성된 건의서가 받아들여졌는데, 그중에는 "성인교육은 평생교육에 통합된 분야로 보아야 한다"는 항목이 포함되어 있다.

우리나라에서는 1973년 8월에 유네스코 한국위원회가 주최한 세미나에서 평생교육의 기본이념과 전략이 토의되고 건의서가 채택되었다. 평생교육의 어원은 프랑스어 éducation permanente에서 연유되었으며, 그 용어는 본래 의미가 충분히 표현되기 위해서는 통합의 의미를 고려하여 life-long integrated education으로 번역되어야 할 것이다.

평생교육의 기본철학은 전통적 학교교육에 대한 의문에서 제기되었고, 그 이론적 틀은 사회변동, 생의 주기(週期)와 그 질적 내용 및 계속 통합교육의 세 측면으로 구성되어 있다. 평생교육의 목적은 개인의 신체적 · 인격적인 성숙과 사회적 · 경제적 · 문화적인 성장 발달을 전생애를 통하여 계속시키는 데 있으며, 이러한 평생학습의 기회는 삶의 현장에서 언제, 어디서, 어떤 방법으로든지 이루어질 수 있다는 신념에 근거하고 있다.

2) 평생학습의 개념

평생학습(life-long learning)에 대한 정의는 평생교육 전문가들 사이에 어느 정도 합의가 이루어져 있다. 자비스(Jarvis, 2006)에 따르면 평생학습은 '인간의 학습은 일생동안 전인간(whole person), 즉 육체(유전적, 육체적, 생물적)와 정신(지식, 기술, 태도, 가치, 감정, 신념, 감각)이 사회적인 상황들을 경험하고, 인식된 내용을 인지적·정서적·실제적인 것으로 전환하며, 이를 개인적인 전기(轉機)로 삼아 변화하는 인간을 만들어내는 생애에 걸친 과정들의 조합'으로 정의하였다. 또한, 한숭희(2009)는 평생학습은 '학습자의 입장에서의 모든 경험의 변화가 내적으로 통일성과 전일성을 획득하는 전 생애적 과정'으로 정의내리고 있다.

평생교육에 대한 정의 역시 비교적 연구자들 간 합의가 이루어져 있다. 자비스(2010)는 평생교육을 '어떤 제도화되고 계획된 일련의 사건들'로 정의하고 있으며, 이는 '인본주의적 토대를 가지며, 참여자들의 학습과 이해를 지향하는 것'으로 설명하고 있다. 한숭희(2009)는 '학습사회를 배경으로 경험의 계속적이고 자기주도적인 성장을 유발하는 학습을 촉진하는 의도적이고 체계적인 활동 가운데 교육의 조건을 만족시키는 실천과 제도에 관한 조직 원리'로 평생교육을 정의하고 있다.

3) 평생학습의 분류

평생학습에 대한 분류는 대체로 형식교육, 비형식교육, 무형식학습으로 이루어진다. 한숭희(2009)에 따르면 형식교육은 '국가가 학력이나 학위를 공식적으로 인증하는 교육으로서 학교교육을 의미'하며, 비형식교육은 '교실, 교사, 학생, 교과서, 시간표 등을 갖추고 있지만 국가의 인증을 받지 않은 교육으로서 사설기관에서 이루어지는 학력보충교육, 연수원에서의 기업교육, 시민단체에서의 시민교육 등'을 의미한다. 또한, 무형식학습은 '활동의 주목적이 제도화된 교육에 의해 규정되지는 않았지만 자기주도적 활동 안에서 많은 가르침과 배움이 일어나는 과정'으로 정의하고 있다.

자비스(2010)는 평생학습의 유형을 상황의 종류와 학습의 종류로 구분하여 여섯 가지로 유형화하고 있다. 즉, 가능한 상황의 종류를 형식적 · 비형식 · 무형식적 상황으로 구분하고, 여기서 일어나는 학습의 종류가 의도적인지 아니면 우연적인지에 따라 학습의 상황을 다시 분류하였다. 그림 12-1은 자비스(2010)의 학습상황을 나타낸 것이며, 구체적인 설명은 표 12-1과 같다.

		학습의 종류	
		의도됨(intended)	우연적임(incidental)
상황의 종류	형식적 (formal)	A	D
	비형식적 (non-formal)	B	E
	무형식적 (informal)	C	F

출처: Javis(2010).

그림 12-1 가능한 학습상황들

표 12-1 자비스(Javis)의 학습상황 분류

학습상황	설 명
형식교육(A)	• 의도된 형식교육/훈련, 교육기관 및 관료조직에 발생 • 교육기관, 학위과정, 조직화된 학습 환경, 관료 조직, 전일제 학습 체제 등
비형식교육(B)	• 일터, 커뮤니티, 기타 등에서 비구조화된 학습 • 공식적인 학습과정에 의존하지 않는 학교교육, 일터, 커뮤니티 등에서의 학습 등
무형식학습(C)	• 일상의 삶에서 일어나는 계획적 학습 • 자기주도적 학습, 조직화되지 않는 개인적 학습, 성인 문해 교육, 원격교육, 멘토링 등
형식적 상황에서의 우연적 학습(D)	• 언제나 교육적이지는 않지만 학습경험에 대한 계획자들(planners)이 의도하지 않은 학습 경험
비형식 상황에서의 우연적 학습(E)	• 비형식/무형식 에피소드들에서의 우연적 학습
일상생활에서의 학습(F)	• 전의식적(pre-conscious) 및 전인식적(pre-cognitive) 학습 • 암묵적 지식(tacit knowledge)으로 오늘날 가장 일반적인 학습상황

출처: Jarvis(2009) 재구성.

한승희(2009)의 분류에서 형식교육은 '제도화된 교육'을 의미하는 반면, 자비스(2010)의 형식교육은 '구조화된 학습 환경'을 의미한다. 즉, 한승희(2009)의 정의에서는 국가가 공식적으로 학력을 인정하지 않는 대안학교나 일부 방계학제에 속한 학교들의 경우에도 형식교육이 아닌 비형식교육으로 분류될 수 있다. 반면, 형식교육을 구조화된 학습 환경으로 보고 있는 자비스(2009)의 정의를 따르면, 국가에 의해 공식적으로 인정되는 교육기관들 외에도 의도적인 형식과 과정, 시설 및 여건 등을 갖춘 모든 제도적/비제도적 기관들이 형식교육에 포함되며, 비형식교육은 일터나 커뮤니티 등에서의 비구조화된 학습으로 그 범위가 제한된다.

4) 평생교육과 유사개념

평생교육의 영역과 범위는 대단히 광대하고 포괄적 개념으로 정의되기 때문에, 가끔 평생교육과 관련된 다른 개념들이 혼돈되어 사용되기도 한다. 평생교육의 범주에 속하면서 개념상 비슷하거나 다른 의미를 가진 사회교육, 계속교육, 순환교육, 생애교육 또는 진로교육 등을 알아보면 다음과 같다(김병성, 2010).

(1) 사회교육

대개 교육이 실시되는 장소를 준거로 가정교육과 정규 학교교육 이외에서 실시하는 교육을 지칭하기도 한다. 또한 사회교육(social education)은 시간을 준거로 학교교육의 이전이나 다음에 오는 교육을 의미하기도 한다. 이와 같이 사회교육의 의미가 분명하게 규정되지 못하는 이유는 사회교육이 가정교육 및 학교교육과 상호 밀접한 연관 속에 실시되고 있으며, 사회에 효과적으로 참여할 수 있는 인간을 육성하는 데 목적을 두고 있기 때문이다.

서양 각국에서는 사회교육이라는 용어를 각기 특징있게 사용한다. 즉, 독일에서는 민중교육(民衆教育, volksbildung), 프랑스에서는 공중교육(公衆教育, éducation publique), 영국에서는 성인교육(成人教育, adult education)이라 한다. 사회교육의 방법 역시 국가에 따라 다양한 형태를 취하고 있다. 이를 종합해 보면 방송통신의 수단에 의한 방법, 시청각적 매체를 이용하는 방법, 신문·잡지·도서 등의 문자에 의한 방법, 강연·강의·강습 등의 언어에 의한 방법, 소년단·청년단 등을 이용한 방법 등을 주로 이용한다.

한국의 사회교육법은 1982년에 제정된 사회교육을 '다른 법률에 의한 학교교육을 제외하고 국민의 평생교육을 위한 모든 형태의 조직적인 교육활동'이라고 정의하고 있다. 한국의 교육관계 법령은 각종 사설 강습소에서 행하는 교육, 도서관 이용에 의한 사회교육, 유네스코(국제연합교육과학문화기구) 활동에 의한 사회교육, 스카우트 활동에 의한 사회교육, 한국청소년연맹 육성에 의한 사회교육, 방송통신교육에 의한 사회교육, 해외유학·재외국민교육·해외연구생 파견 등에 의한 사회교육 등을 사회교육의 범주에 넣고 있다.

그러나 사회교육은 교육부에서 관장하는 학교교육 이외의 교육으로 한정할 수는 없으며, 각급 정부기관 및 공공단체와 각 산업체 및 사회단체에서 실시하는 각종 교육사업을 통틀어서 사회교육 범주에 포함시킬 수 있다. 따라서 사회교육은 학교교육 다음으로 이어지는 평생교육을 지칭할 수도 있을 것이다. 물론 학교교육 이전의 유아교육도 사회교육의 범주에 들어간다.

(2) 계속교육

계속교육(continuing education)은 초등학교나 중등학교 의무교육 과정을 마친 후 상급학교에 진학하지 않고 놀고 있거나 직업 실무에 종사하고 있는 청소년에 대하여 행하여지는 교육이다. 일반적으로 초등교육의 보습(補習) 간이 직업교육 및 공민교육을 목적으로 한다. 이와 같은 계속교육은 청소년들이 일정한 연령에 이르기까지 계속적으로 실시되는 경향이 있으며, 성인에 대하여도 계속 교육이 인정되고 사회교육 연장교육(延長敎育) 등과 비슷한 말로도 쓰인다.

(3) 순환교육

순환교육(recurrent education)은 의무교육을 마치고 사회에 진출한 사람들이 언젠가 다시 학교에 돌아와 받는 교육이다. 이 개념은 성인교육 · 계속교육 · 현직교육 · 평생교육 등과 공통된 뜻을 내포하고 있으나, 개인의 욕구와 자율적 학습상황이 더욱 강조된다. 순환교육의 의도는 인간이 생활과정을 거쳐 가면서 직면하는 생애문제, 사회적 · 경제적 · 직업적 문제를 해결하고, 문화적 흥미를 가질 수 있는 융통성 있는 학습기회를 가지게 하는 데 있다.

(4) 생애교육

생애직업교육이라 하기도 한다. 학교교육과 사회교육에서의 일이나 직업준비를 위한 모든 진로교육을 말한다. 일본에서 쓰이는 '생애교육(life-long educatidn)'과는 구별된다. 처음 1970년대 미국에서 교육혁신프로그램으로 소개되었다. 교육목적으로 ① 모든 청소년들의 직업선택을 위한 기초를 개선, ② 직업상의 기능획득을 촉진, ③ 교육상의 성취를 증가시켜줌과 동시에 교육을 그들의 장래에 비추어 보다 뜻 있는 것이 되게 함, ④ 훈련기회의 폭을 넓히어 줌 등이 제시되었다.

2 우리나라 평생교육법의 목적과 법적 근거

「평생교육법」은 국민의 다양한 평생학습활동을 진흥하기 위해 법적인 기반을 보장함으로써 모든 국민이 전 생애에 걸친 기초적인 소양과 학습능력을 학습하게 함은 물론 지속적인 자기개발을 통하여 개인의 자아실현과 나아가 국가사회 발전에 이바지할 수 있다는 구상 아래 1982년 12월 「사회교육법」(법률 제3648호)으로 제정된 뒤 3차례 개정을 거쳐, 1999년 평생교육의 진흥을 국가의 의무로 규정한 「헌법」 및 「교육기본법」에 따라 전문 개정되었다. 우리나라 「헌법」 제31조에는 평생교육의 진흥을 국가의 의무로 규정하고 있다. 「헌법」 제31조 제1항의 교육을 받을 권리는, 국민이 능력에 따라 균등하게 교육받을 것을 공권력에 의하여 부당하게 침해받지 않을 권리와, 국민이 능력에 따라 균등하게 교육받을 수 있도록 국가가 적극적으로 배려하여 줄 것을 요구할 수 있는 권리로 구성되는바, 전자는 자유권적 기본권의 성격이, 후자는 사회권적 기본권의 성격이 강하다고 할 수 있다.

(1) 평생교육법

평생교육법

[시행 2017.5.30.] [법률 제14160호, 2016.5.29., 일부개정]

제1조(목적) 이 법은 「헌법」과 「교육기본법」에 규정된 평생교육의 진흥에 대한 국가 및 지방자치단체의 책임과 평생교육제도와 그 운영에 관한 기본적인 사항을 정함을 목적으로 한다.

제2조(정의) 이 법에서 사용하는 용어의 정의는 다음과 같다. 〈개정 2014.1.28.〉

1. "평생교육"이란 학교의 정규교육과정을 제외한 학력보완교육, 성인 문자해득교육, 직업능력 향상교육, 인문교양교육, 문화예술교육, 시민참여교육 등을 포함하는 모든 형태의 조직적인 교육활동을 말한다.
2. "평생교육기관"이란 다음 각 목의 어느 하나에 해당하는 시설·법인 또는 단체를 말한다.
   가. 이 법에 따라 인가·등록·신고된 시설·법인 또는 단체
   나. 「학원의 설립·운영 및 과외교습에 관한 법률」에 따른 학원 중 학교교과교습학원을 제외한 평생직업교육을 실시하는 학원
   다. 그 밖에 다른 법령에 따라 평생교육을 주된 목적으로 하는 시설·법인 또는 단체
3. "문자해득교육"(이하 "문해교육"이라 한다)이란 일상생활을 영위하는 데 필요한 문자해득(文字解得)능력을 포함한 사회적·문화적으로 요청되는 기초생활능력 등을 갖출 수 있도록 하는 조직화된 교육프로그램을 말한다.

제3조(다른 법률과의 관계) 평생교육에 관하여 다른 법률에 특별한 규정이 있는 경우를 제외하고는 이 법을 적용한다.

제4조(평생교육의 이념) ① 모든 국민은 평생교육의 기회를 균등하게 보장받는다.
② 평생교육은 학습자의 자유로운 참여와 자발적인 학습을 기초로 이루어져야 한다.
③ 평생교육은 정치적·개인적 편견의 선전을 위한 방편으로 이용되어서는 아니된다.
④ 일정한 평생교육과정을 이수한 자에게는 그에 상응하는 자격 및 학력인정 등 사회적 대우를 부여하여야 한다.

「평생교육법」은 우리나라 「헌법」과 「교육기본법」에서 명시한 평생교육의 이념구현을 위하여, 평생교육에 관한 기본적인 사항을 규정함으로써 평생교육에 관한 기본법으로서의 법적 지위를 부여하기 위함이다.

제2조 개념정의는 「평생교육법」의 모법인 「교육기본법」의 모든 이를 위한 교육의 이념과 학습권, 교육의 기회균등의 개념에 근거한 학습의 개념을 구체화한 것으로써, 평생교육의 이념 또한 모든 국민의 평생교육 기회를 균등하게 보장받을 수 있도록 하기 위함을 알 수 있다.

(2) 「헌법」 상의 평생교육의 정의

대한민국헌법

[시행 1988.2.25.] [헌법 제10호, 1987.10.29., 전부개정]

제31조
① 모든 국민은 능력에 따라 균등하게 교육을 받을 권리를 가진다.
② 모든 국민은 그 보호하는 자녀에게 적어도 초등교육과 법률이 정하는 교육을 받게 할 의무를 진다.
③ 의무교육은 무상으로 한다.
④ 교육의 자주성·전문성·정치적 중립성 및 대학의 자율성은 법률이 정하는 바에 의하여 보장된다.
⑤ 국가는 평생교육을 진흥하여야 한다.
⑥ 학교교육 및 평생교육을 포함한 교육제도와 그 운영, 교육재정 및 교원의 지위에 관한 기본적인 사항은 법률로 정한다.

「헌법」 제31조 ①항의 '모든 국민'의 '교육받을 권리'의 법적 성질은 현대국가에 의해 적극적으로 보장받아야 한다는 취지에서 자유권뿐만 아니라 사회권으로 받아들여지고 있다. 이때 '모든 국민'이란 인생 전체 시기를 통해 보장되어야 하며, 개인의 능력과 적성에 따라 모든 개인은 아동, 청소년, 성인, 노인, 남녀노소를 막론하고 능력과 적성에 따라 연령과 신분에 관계 없이 학습권을 보장받을 권리가 있다는 의미를 내포하고 있다. '교육을 받을 권리'에서 교육은 가정교육, 학교교육, 사회교육을 포함하는 모든 교육을 의미한다.

「헌법」 제 31조 ⑤항과 ⑥항은 평생교육이 절실한 시대적 요청에 부응하고 나아가 개인의 능력개발과 국가발전에 기여하도록 하기 위한 평생교육을 강조한 조항으로 볼 수 있다. 평생교육진흥을 국가의 의무로 규정한 것은 국민의 학습권을 평생 동안에 걸쳐 보장해야 함을 특별히 명시한 것이고, 평생교육의 진흥이 국가시책으로 추진되는 이상 평생교육의 제도화 내지 평생교육체제의 정립 여부를 규정한 것으로 해석된다.

3 평생교육 시대 '학습'의 비밀

교육은 인간의 본질과 성장을 최우선으로 하는 인간주의(humanism)의 실현과정이다. 인간주의의 실현은 모든 이의 경험이 지속적으로 성장하는 과정 속에서 정의로운 사회적 관계망 안에 위치하게 되는 과정을 통해서 가능한 것이다. 한 사회가 얼마나 개별 인간의 성장을 가능하도록 하는 교육 가치와 체제를 진화시켜 나가고 있는가에 따라 그 사회의 문명사적 발달 정도를 평가할 수 있다. 허친스(Hutchins, 1968; 한숭희, 2009 재인용)는 '교육이란 인력(manpower)을 만드는 것이 아니라 인간(manhood)을 만드는 것' 이라고 말했다. 인력이란 어떤 제3의 것을 생산할 동력으로 간주하는 것인 반면, 인간이란 그 자체가 최종 목적이며, 세상의 어떤 다른 목적에도 종속되지 않는 자유의지 자체이다.

그런데 우리 교육의 문제점은 여전히 전인교육의 이념을 당연한 것으로 받아들이면서도, 실제에서는 본질보다는 비본질이, 목적보다는 수단이 앞서는 교육이 보편적이라는 데 있다. 학교교육만 보더라도 교육의 과정은 시험이라는 것에 의해 주도된다고 해도 과언이 아니며, 교육은 삶과는 무관한 암기된 지식으로 높은 성적을 받아 대학입시를 성공적으로 완수하는 식의 본말전도 현상이 고쳐지지 않고 있다. 평생교육을 교육이라는 맥락에서 인식할 때 만약 학습자가 교육을 통해 자신이 살고 있는 세계를 새롭게 인식하고, 자기 삶을 개혁해나가는 주체로서 살아가지 못한다면, 교육받는다는 것의 기쁨과 성장보다는 그 교육을 통해 얻고자 하는 사회·경제적 효용 가치에 관심을 갖고서 지식을 축적하게 될 것이다.

교육이 인력이 아니라 인간을 만드는 것이라는 허친스(Hutchins)의 말은 피터스(Peters)가 강조하였던 교육의 '내재적 가치(intrinsic value)'에 대한 중요성을 환기시킨다. 내재적 가치란 교육을 교육 이외의 다른 무엇을 위한 수단으로 보는 관점과 대비되는 것으로서, 교육 그 자체를 말한다. 만약 교육을 개인의 사회적 신분상승이나 국가발전을 위해서 한다고 할 때의 관점은 교육이 무엇을 위한 수단이 되는 것이다. 교육이 외재적 목적에만 주목하는 것에 대한 문제점은 지식기반사회의 맥락 안에서 더욱 강조되어 가고 있다.

만약 인간을 인력 혹은 인적자원(human resources)으로 여기며, 인적자원개발(HRD)에 치중할 때, 표면적으로는 평생학습과 학습사회를 강조한다는 것에서 평생교육과 유사한 측면을 가지고 있는 것처럼 보이나, 본질상으로는 교육과는 엄연히 다른 활동이 전개된다고 할 수 있다. 왜냐하면 인적자원개발의 궁극적 목적은 인간이라는 자원을 개발하여 물리적 세계를 이롭게 하는 효용가치에 있기 때문이다. 이렇게 될 때 궁극적으로 평생교육이 지향하는 인간교육의 계속성이라는 과제는 현실에서 요원할 수 있음을 인식해야 한다.

평생교육은 교육의 개념이라는 기본적 맥락에서 고려되어야 하며, 평생에 걸친 학습이라는 것이 결국 배움의 기쁨을 맛보지 않고서는 가능하지 않다는 것을 인식해야 한다. 우리의 삶이란 것이 평생학습을 통한 즐거움은커녕 평생 배우는 것에서부터 오는 스트레스로 오히려 계속 고단해진다면, 개인의 삶이 나아질 수 없고, 개인의 삶이 나아지지 않는 국가발전을 기대한다는 것이 회의적일 수밖에 없다.

삶을 살아가면서 지식을 더 많이 소유함에서 오는 기쁨보다는 새로운 지식을 통해 삶의 가치나 의미가 새롭게 정립되는 것에서 오는 눈뜸과 발견이 더 중요하다. 학교제도 안에서 뿐 아니라 삶의 전 영역에서 가르치고 배운다는 활동이 계속된다는 것은 각자에게 단 한 번밖에 주어지지 않는 삶에 끊임없이 자신의 존재를 실현하기 위한 치열한 과정 속에서 자기만의 삶을 창조해가는 것이다. 이러한 자기성장을 모색함으로써 오는 발견의 기쁨과 창조의 순간은 그 자체로 무한한 의의가 있다고 할 것이다.

로스(Ross)와 케슬러(Kessler, 2006; 고요한, 2008 재인용)는 배움의 기쁨을 다음과 같이 말하고 있다. '배움을 얻는다는 것은 다른 사람이 아닌 자기 자신의 인생을 사는 것이다. 갑자기 더 행복해지거나 부자가 되거나 강해지는 것이 아니라 세상을 더 깊이 이해하고 자기 자신과 더 평화롭게 지내는 것을 의미한다.' 배움의 목적을 자신의 삶 안에 두지 않고, 삶 밖의 어떤 것을 얻고자 추구한다면 외적 목적 달성이 성취되는 순간 배움의 의미도 사라지게 된다. 물론 배움을 통해 자신의 내적 삶이 더욱 풍요로워지면서 외적 보상이 주어지는 것을 배제할 수는 없지만, 먼저 왜 배우고자 했는가 하는 근원적인 의도가 어디에 있는가에 따라 주어지는 결과의 간극은 클 수밖에 없다.

결국 일리치(Illich)와 라이머(Reimer)와 같이 학교의 교육제도를 비판하며 탈학교론을 주장했던 학자들의 의견은 급진적이고 현실적이지 못하다는 이유로 교육실천에서는 부분적 영향을 끼쳤을지는 모르지만, 모든 사람에게 주어져야 할 배움의 기회, 기쁨, 소통이라는 맥락에서는 큰 의미를 찾아볼 수 있다. 그들의 주장은 학교라는 제도의 문화가 인간의 삶이나 행동양식을 지배하는 것으로부터의 해방, 사회적 선발이나 선별을 위한 교육의 외재적 기능에 대한 반성으로부터 교육 본연의 내재적 가치를 회복하자는 목소리였다고 볼 수 있기 때문이다.

또한 학습은 학습 네트워크인 '관계'를 통해서 이루어진다. 교육자와 학습자, 학습자와 지식, 학습자와 환경 간의 관계 등 학습적 경험이 이루어지는 모든 관계 속에서 인격적 만남이 이루어져야 한다. 왜냐하면 교육은 궁극적으로 인간의 경험의 성장을 이루는 과정이며, 이것은 분명히 인격을 다루는 일이기 때문이다. 부버(Buber)에 의하면 인간이 가질 수 있는 관계를 두 가지로 제안하였다. '나-그것(It)'의 관계이냐, '나-너(Thou)'의 관계이냐가 그것이다(강선보, 2003). 만약 인간이 학습을 통해 만나는 세계가 '나-그것'과 같은 '목적-수단'의 관계라면 내가 너 혹은 지식 혹은 환경을 단순히 소유하고 이용하고자 하는 데 관계의 의미를 둔다. 따라서 이러한 관계 속에서는 내가 관계하는 네가, 지식이, 환경이 삶을 변화시키는 데까지 영향을 주지는 못할 것이다. 즉, 관계 속에서 발견하는 배움의 기쁨이란 목적적으로 인격적으로 소통할 때 가능하다. 끝으로 학교체제의 대안으로 '학습 네트워크(learning networking)'를 제안한 일리치(Illich, 2004)의 제안에 귀를 기울일 필요가 있다. 누구든 연령에 상관없이 학습하기를 희망하는 모든 사람들에게 그에 필요한 기회와 재료가 제공되고, 자신이 지식과 경험을 타인과 자유롭게 소통하고 공유할 수 있으며, 기존관념에 대한 문제제기를 할 수 있는 기회가 열려 있는 교육에 희망이 있다는 것이다. 이제 새로운 과제는 배움의 기회와 기쁨이 공동체 안에서 소통되고 공유하면서 다양한 학습양식의 창출과 의미 있는 학습 네트워크를 구축하는 방향으로 평생교육의 제도와 과정을 구체화하고 발전시켜 나가는 일이 되어야 할 것이다.

이것은 보다 정의로운 평생교육을 위한 함의를 위해서도 중요한 문제이다(Ralws, 1979; 나항진 외, 2014 재인용). 즉, 교육의 최소 수혜계층인 노인, 여성, 장애인 등이 교육 가치의 배분에 있어서 차별을 받아서는 안 된다. 이는 열린 학습사회를 위해 특히 최소 수혜계층이 학습할 수 있는 조건을 우선적으로 배려하고, 이들의 학습을 방해하는 요인을 적극적으로 해결해 주어야 한다는 것이다. 또한 우연성에 의해 우수한 능력을 가진 개인 혹은 세대는 자신들이 사회의 공동자산이라는 인식하에 그렇지 못한 사람들을 위해 봉사하여야 한다. 이를 위해 젊은 세대는 노인 세대와 교육자원을 공유함에 있어 인색해서는 안 되며, 우수한 능력을 지닌 노인들은 그렇지 못한 동 세대 노인들을 진정한 동료그룹(peer group)으로 대하고 배려하여야 한다. 따라서 평생교육은 개인의 삶의 질 보장 및 국가 경쟁력 제고라는 거대 담론과 정의로운 사회, 교육적 가치의 정의로운 분배라는 균형 잡인 시각에서 논의되어야 할 것이다.

4 평생학습사회의 개념

1990년대 이후 평생학습이 경제적 필요와 사회문화적 이유 등 다양한 원인에 의하여 글로벌 이슈로 자리매김하면서 자연스럽게 '학습사회' 또는 '평생학습사회'라는 용어가 대중화되었다. 평생학습사회의 특징은 세 가지 차원에서 살펴볼 수 있다(조대연 외, 2008).

첫째, 평생학습사회의 정의에는 초월성의 개념이 강조된다. 특히 학교를 중심으로 한 전통적인 교육기관을 넘어 다양한 장소에서 학습기회를 창출하는 사회를 의미한다. 즉, 학습이 기존 학교로 대표되던 특정한 교육기관에서만 발생하지 않는다는 점이다. 손유미(2005)도 학습과 교육이 학교나 공식적으로 부여된 특정 장소에서만 이루어지는 사회가 아니라, 살아가는 모든 삶의 공간에서 학습이 매개될 수 있는 사회를 평생학습사회로 정의하였다. 평생학습사회는 평생에 걸쳐 시간적 제약이 없이 학습에 참여할 수 있는 사회(최돈민 외, 1998), 평생 언제라도 자유롭게 학습기회를 선택할 수 있는 사회(이희수 외, 2000), 평생에 걸친 학습체제가 마련되는 사회(김장호, 2004)로 정의된다. 결국 초월성을 강조한 평생학습사회는 시간과 장소의 장애가 없이 자유롭게 학습할 수 있는 환경이 조성된 사회라고 할 수 있다.

둘째, 평생학습의 정의에는 평등을 기반으로 한 대중성의 개념이 강조된다. 학습기회에 있어서 차별성이 없으며 모든 국민의 전생애(lifelong) 학습권이 보장된 사회라고 할 수 있다. 평등에 기반한 대중성을 강조하기 위해서 많은 학자들은 '누구나', '모든 국민' 또는 '만인'이라는 표현을 주로 쓴다. 예를 들면, 누구나 다양한 방법으로 원하는 학습에 참여할 수 있는 사회(박세일 외, 2007), 모든 국민에게 평생학습의 기회를 보장해 주는 사회(권대봉, 2003), 만인을 위한 사회(이희수 외, 2000), 누구나 배울 수 있는 사회(최돈민 외, 1998), 모든 국민이 평생 동안 계속해서 새로운 지식을 학습하고 지식을 생성하는 사회(김신일 · 박부권, 2005) 등으로 설명된다. 이처럼 국민 모두가 평생 동안 학습기회를 자유로이 가질 수 있는 학습의 평등화와 대중화를 도모하는 사회를 평생학습사회라고 볼 수 있다.

셋째, 통합성에 기초한 다양한 학습 관리 및 평가가 평생학습사회의 정의에서 강조된다. 특히 통합성은 초월성과 대중성의 특징을 포함한다. 모든 국민을 대상으로 전생애를 통한 다양한 학습기회를 통합하고 장소와 시간에 구애됨 없이 범생애(life-wide) 차원에서 다양한 학습기회를 통합함으로써 수직적 · 수평적 통합을 강조한다. 김장호(2004)는 개인, 조직, 사회의 모든 구성체가 학습조직화되고 상호 학습네트워크가 구축되는 사회를 평생학습사회라고 하였다. 결국 다양한 주체의 통합을 통해 상호 네트워크 구축이 평생학습사회의 모습임을 알 수 있다. 통합성은 전생애 그리고 범생애 차원에서 발생하는 학습기회를 단순히 나열하여 교육과 학습의 영역을 넓히는 물리적 통합이 아닌 평생학습의 기본 정신에 입각하여 모든 교육과 학습활동을 유기적 · 화학적으로 통합하는 것을 의미한다.

5 평생학습도시의 이해

1) 평생학습도시의 정책 방향

평생학습도시는 1999년 3월 9일 광명시가 평생학습도시를 선언한 이래, 전국 19개 도시에서 이를 조성하고 운영하고 있다. 평생학습도시는 개인의 자아실현, 사회적 통합 증진, 경제적 경쟁력을 높여 궁극적으로 개인의 삶의 질을 제고하고 도시 전체의 경쟁력을 향상시킬 수 있도록, 언제, 어디서, 누구나 원하는 학습을 즐길 수 있는 학습공동체 건설을 도모하는 총체적 도시 재구조화 운동이다. 또한, 지역사회의 모든 교육 자원을 기관 간, 국가 간 연계시킴으로써 네트워킹 학습 공동체를 형성하려는 지역 시민에 의한, 시민을 위한, 시민의 지역사회교육 운동이라고 할 수 있다. 이 사업은 다음의 정책 방향하에 운영되고 있는데 이를 간단히 살펴보면 다음과 같다(손유미, 2005).

첫째, 평생학습의 주인공은 정부기간도, 민간기업도 아닌 그 마을에 거주하는 주민과 도시의 시민이라는 기본 전제에서 출발한다. 평생학습사회를 만들기 위해 각 개인은 유아기에서부터 노년기까지 다양한 분야에서 스스로 배우며 자신의 삶의 질을 높이고 자원 봉사 등을 통해 지역 발전에 공헌할 수 있다. 평생학습은 학습자 스스로 자기주도적 학습을 해 나가는 것으로 평생학습마을/도시 만들기는 이를 지원할 수 있는 환경을 조성할 수 있다.

둘째, 지역사회는 각 개인과 함께 배우고 나누며 성장한다. 지역 주민이 참여하는 삶과 괴리되지 않는 학습, 지역사회 내 실천운동과 별개가 아닌 학습활동을 위해 학습은 지역사회의 토양에서 성장하고 기여해야 한다. 지역의 자연환경, 역사, 문화 등의 학습 자원을 활용한 평생학습은 지역의 여러 과제와 연계하여 그 고장만의 특색 있는 마을/도시를 만들도록 해야 한다.

셋째, 평생학습의 환경 조성을 위한 종합적인 행정의 방향이다. 평생학습을 지원하기 위해 평생학습 거점 시설을 확충하고 관련 시설의 구축·정비·활용과 기존의 학교를 개방하여 평생교육 시설로 이용하고, 공공시설 설비 등을 평생학습과 자치 활동을 위해 활용하는 방향으로 나아가고 있다. 또한, 시청과 교육청 등이 연계 네트워크를 형성하여 평생학습사회를 지향하는 종합행정을 추진하는 것이 필요하다.

2) 평생학습도시 조성사업의 기대효과

평생학습도시 만들기 사업은 지역과 주민이 함께 배우고 성장하는 기회를 제공한다는 전제하에 학습경제 체제 구축을 통한 지역 경제 활성화, 붕괴된 지역 공동체 의식과 연대감을 되살리는 사회적 통합, 학습공동체의 실현 등을 기대하고 있다. 이를 구체적으로 살펴보면 다음과 같다(손유미, 2005).

첫째, 지역의 경제 발전을 기대할 수 있다. 지식기반경제에서 지식은 자원이 된다. 평생학습도시는 지역에 산재하고 있는 인적·물적 자원의 네트워크를 통해 기존에는 만들 수 없었던 새로운 지식과 가치를 창출해 낼 수 있다. 또한, 평생학습도시는 조직학습이 가능한 형태로, 지식을 외부로부터 받아들이기도 하고 내부의 상호작용을 통해 새로운 지식을 창출해 낼 수 있다. 개인의 차원에서는 평생학습을 통해 생산성을 제고하고, 도시 차원에서는 전체 주민의 인적 자원의 축적 및 공유로 경제적 경쟁력을 강화할 수 있다. 이는 지역 주민의 인적자원개발을 촉진함과 동시에 지역사회의 경제적·문화적·사회적 활성화를 통한 지역 개발을 촉진하는 것이다.

둘째, 평생학습도시 만들기를 통해 지역 공동체 의식을 함양하고 사회적 통합을 촉진시킬 수 있다. 누구에게나 열린 학습의 기회와 정보 접근의 기회를 제공하여 문제가 되고 있는 학습 격차, 지식 격차, 정보 격차 등을 해결해 나갈 것으로 기대된다. 평생학습마을/도시는 생산적 복지 구현 차원에서 사회적으로 소외받는 계층을 지역사회로 참여시키고 이들의 인적 자원 개발을 통해 자립 기반을 제공할 수 있다. 또한, 지역 전체가 학습의 장, 교육의 장이 되어 공동체 의식, 연대감, 민주시민 의식 증진에 기여한다.

셋째, 평생학습도시는 궁극적으로 진정한 학습공동체 실현을 목표로 한다. 기존 학습자원을 네트워크하고 이를 활용하여 학습의 효과를 최대화하고, 학습을 통해 평생에 걸친 배움과 성장을 멈추지 않는 학습자를 만들고자 한다. 학습의 결과를 이웃들과 나눌 수 있고 자신의 자아실현을 향해 나아가는 학습공동체는 교육복지 사회실현의 하나의 모습이 될 수 있다.

참고문헌

CHAPTER 01

강창동(2015). **교육사회학의 이해**. 서울: 학지사.

김병성(2005). **교육과 사회**. 서울: 학지사.

김병희, 김경식, 김형구, 박형진, 윤주국, 이현철(2010). **교육사회학**. 경기: 공동체.

김신일(2000). **교육사회학**. 서울: 교육과학사.

김청자(2011). **교육심리학의 이해**. 서울: 동문사.

석태종(1996). **교육사회학**. 서울: 교육과학사.

성낙돈, 안병환, 가영희, 노재화(2013). **교육사회학**. 서울: 동문사.

안병환(2012). **교육사회학의 이해**. 경기: 공동체.

이종철(2012). **교육심리학개설**. 경기: 정민사.

차경수, 최충옥, 이미나, 옹정근, 남기석(2001). **교육사회학의 이해**. 경기: 양서원.

한준상(1996). **새로운교육학**. 서울: 학지사.

Jensen, G. E.(1965). *Educational Sociology*. New Jersey: Prentice-Hal. Inc.

Morrow, R. L., & Torres, C. A.(1995). *Social Theory and Education*. New York: State University New York Press.

Parelius, A. P., & Parelius, R. J.(1978). *The Sociology of Education*. New Jersey: Prentice-Hal. Inc.

Sternberg, R. J.(1996). *Cognitive Psychology*. New York: Harcourt Brace College Publishers.

Auguste Comte

https://www.google.co.kr/search?biw=911&bih=425&tbm=isch&sa=1&ei=Oy0rWqj_DcTN0gTBz66QCQ&q=%EC%BD%A9%ED%8A%B8&oq=%

EC%BD%A9%ED%8A%B8&gs_l=psy-ab.1.0.0l2j0i24k1l7j0i7i30k1.2266.3360.0.5130.4.4.0.0.0.0.176.567.0j4.4.0....0...1c.1j4.64.psy-ab..0.4.563...0i13k1.0.443yL9SFN2I

Charles Wright Mills

https://www.google.co.kr/search?q=%EB%B0%80%EC%A6%88&source=lnms&tbm=isch&sa=X&ved=0ahUKEwinrYCj5vvXAhUMu7wKHWV8Bd4Q_AUICigB&biw=911&bih=425

Emile Durkheim

https://www.google.co.kr/search?q=%EB%92%A4%EB%A5%B4%EC%BC%90&source=lnms&tbm=isch&sa=X&ved=0ahUKEwihmraa3_7XAhWKm5QKHSP5BJ8Q_AUICigB&biw=1024&bih=472#imgrc=sc0qnxMFtlw_CM:

H. Suzzallo

https://www.google.co.kr/search?biw=1024&bih=472&tbm=isch&sa=1&ei=YN0sWtbXIcWX8gXR6p_oCg&q=H.+suzzallo&oq=H.+suzzallo&gs_l=psy-ab.12...82071.115284.0.118047.14.14.0.0.0.0.148.1483.0j13.14.0....0...1c.1j4.64.psy-ab..0.10.1111.0..0j0i24k1j0i30k1j0i10i30k1j0i13k1j0i13i30k1.100.YBMC1TqXcOo#imgrc=hwJa0A5sym0Y0M:

John Dewey

https://www.google.co.kr/search?biw=1024&bih=472&tbm=isch&sa=1&ei=190sWp2QBsSe8QWmhbG4Cg&q=%EB%93%80%EC%9D%B4&oq=%EB%93%80%EC%9D%B4&gs_l=psy-ab.3..0l10.2652289.2655138.0.2655730.15.9.0.0.0.0.216.897.0j3j2.6.0....0...1c.1j4.64.psy-ab..11.2.385.0...143._FfcWdzK-3Y#imgrc=UvvkVVnk8T8fdM:

CHAPTER 02

강창동(2015). **교육사회학의 이해**. 서울: 학지사.

김동위(2004). **교육사회학 신강**. 서울: 교육과학사.

김병성(2008). **교육과 사회**. 서울: 학지사.

김병욱(2009). **교육사회학**. 서울: 학지사.

김병희, 김경식, 김형구, 박형진, 윤주국, 이현철(2011). **교육사회학**. 경기: 공동체.

김신일(2009). **교육사회학**. 서울: 교육과학사.

김천기(2008). **교육의 사회학적 이해**. 서울: 학지사.

나항진, 김경수, 박성희, 박영미, 신정혜(2011). **교육사회학**. 경기: 양서원

성낙돈, 안병환, 가영희, 노재화(2010). **교육사회학**. 서울: 동문사.

송병순, 임종익, 안병환, 이영호, 우은복, 김철훈(2002). **교육사회학**. 서울: 문음사.

안병환(2012). **교육사회학의 이해**. 경기: 공동체.

윤옥한(2015). **삶은 교육사회학**. 경기: 양서원

이건만(2011). **교육사회학**. 경기: 양서원.

이병환(2014). **새로운 교육사회학**. 서울: 태영출판사.

이종각(1996). **교육사회학총론**. 서울: 동문사.

이종각(2012). **Basic+교육사회학**. 서울: 태영출판사.

이종각(2013). **Basic+교육사회학**. 서울: 태영출판사.

이훈병, 황성원(2014). **예비교사를 위한 교육사회**. 서울: 창지사.

장재천(2009). **교육사회학의 이론과 실천**. 경기: 교육과학사.

주동범, 김정희, 정일환(2015). **교육사회학**. 서울: 동문사.

차경수, 최충옥, 이미나(2006). **교육사회학의 이해**. 경기: 양서원.

한민석(2010). **일반교육학**. 서울: 에듀넷.

허은주, 유현정, 이수진, 안영화, 배석영(2015). **현대 교육사회학**. 경기: 양서원.

Bennett, K. P., & LeCompte, M. D.(1990). *The Way Schools work: A sociological analysis of education*. New York: Longman.

Blackledge, D., & Hunt, B.(1985). *Sociological Interpretations of Education*. London: Croom Helm.

Bowels, S., & Gintis, H.(1976). *Schooling in Capitalist America*. New York: Basic Books Inc.

Clark, B.(1962). *Educating the expert society*. San Francisco: Chandler.

Collins, R.(1971). Functional and conflict theories of educational stratification. *American Sociological Review, 36*, 1002-1019.

Collins, R.(1979). *The Credential Society*. New York: Academic Press.

Durkheim, E.(1956). *Educaion and sociology*. Glencoe, Ill: Free Press.

Hurn, C.(1978). *The Limits and possibilities of schooling: An introduction to the sociology of education*. Boston: Allyn and Bacon, Inc.

Inkeles, A., & Smith, D. H.(1974). *Becoming: Individual change in six developing countries*. Cambridge, MA: Harvard University Press.

Karabel, J., & Halsey, A. H.(1977). *Power and Ideology in Education*. Oxford University.

Karabel, J., & Halsey, A. H.(1985). **교육과 사회구조**(강순원 역). 서울: 한울.

Morrow, R. A., & Torres, C. A.(1995). *Social Theory and Education*. State University of New York Press.

Parelius, A. P., & Parelius, R. J.(1978). *The sociology of Education*. Englewood, N.J.: Prentice-Hall.

Ravitch, D.(2004). *The Language Police*. New York: Vintage Books.

Schultz, T. W.(1961). Investment in human capital. *American economic review, Vol. 51*.

CHAPTER 03

김경식, 박형진, 윤주국, 이병환, 이현철(2011). **제3판 교육사회학**. 경기: 교육과학사.

김동위(2004). **교육사회학 신강**. 서울: 교육과학사.

김병성(2008). **교육과 사회**. 서울: 학지사.

김병욱(2013). **교육사회학**. 서울: 학지사.

김병희, 김경식, 김형구, 박형진, 윤주국, 이현철(2011). **교육사회학**. 경기: 공동체.

김신일(2003). 교육사회학. 서울: 교육과학사.
김영화(2010). 교육사회학. 서울: 교육과학사.
김종두(2013). 교육사회학. 경기: 교육과학사.
백승대(1985). 해석적 패러다임으로서의 민속방법론. 현상과 인식, 9(3·4), 150-169.
오만록(2005). 교육학개론. 서울: 형설출판사.
오만록(2015). 교육사회학. 경기: 정민사.
이병환(2014). 새로운 교육사회학. 서울: 태영출판사.
이승수(2013). 민속 조사방법론 재고. 남도민속학회, 26, 231-264.
이종각(2013). Basic+교육사회학. 서울: 태영출판사.
윤덕중(1994). 현대사회학: 격동하는 사회의 이해와 대응과학. 서울: 형설출판사.
정용교(2001). 문화기술지의 의의와 교육적 함의. 대구교육대학교 초등교육연구논총, 17(2), 331-356.
주동범, 김정희, 정일환(2015). 교육사회학. 서울: 동문사.
차경수, 최충옥, 이미나(2006). 교육사회학의 이해. 경기: 양서원.
허은주, 유현정, 이수진, 안영화, 배석영(2015). 현대 교육사회학. 경기: 양서원.

Apple, M. W.(1982a). *Education and Power*. London: Rouledge & Kegan Paul.
Apple, M. W.(1982b). *Cultural and Economic Reproduction in Education*. London: Rouledge & Kegan Paul.
Bennett, K. P., & LeCompte, M. D.(1990). *The Way Schools work: A sociologicalanalysis of education*. New York: Longman.
Kneller, G. F.,(1987). 교육과 현대사조(전경갑, 이영주 공역). 서울: 성원사.
Wilson, J. C.(1983). *Social Theory*. New Jersey: Prentice-Hall, Inc.
Woods, P.(1998). 학교사회학(손직수 역). 서울 : 원미사.

CHAPTER 04

강창동(2015). 교육사회학의 이해. 서울: 학지사.
김병성(2005). 교육과 사회. 서울: 학지사.
김병희, 김경식, 김형구, 박형진, 윤주국, 이현철(2010). 교육사회학. 경기: 공동체.
김신일(2000). 교육사회학. 서울: 교육과학사.
김청자(2011). 교육심리학의 이해. 서울: 동문사.
석태종(1996). 교육사회학. 서울: 교육과학사.
성낙돈, 안병환, 가영희, 노재화(2013). 교육사회학. 서울: 동문사.
안병환(2012). 교육사회학의 이해. 경기: 공동체.
이종철(2012). 교육심리학개설. 경기: 정민사.
임창재(1994). 수업심리학. 서울: 동문사.
장선철(2009). 교육심리학. 서울: 태영출판사.
장휘숙(2000). 인간발달 전 생애 발달심리학. 서울: 박영사.
조용환(2004). 사회화와 교육. 서울: 교육과학사.
차경수, 최충옥, 이미나, 옹정근, 남기석(2001). 교육사회학의 이해. 경기: 양서원.

Ballantine, I. H.(1997). *Sociology of Education*. New Jersey: Princeton-Hall.
Erikson, E. H.(1980). *Identity and the life cycle*. New York: Norton.
Gardner, H.(1993b). *Multiple Intelligence: The theory in practice*. A Division of Harper Collins Publishers, Inc.
Golemann, D.(1995). *Emotional Intelligence*. New York: Scientific American Inc.
Guilford, J. P.(1967). *The Nature of Human Intelligence*. New York: MaGraw-Hill.
Javris, P.(2010). *Adult Education and Lifelong Education*, London: Routledge.
Kaplan, B.(1984). *Development and growth*. Hillsdale, New Jersey: Princeton-Hall.
Kohlberg, I.(1981). *The philosophy of moral development*. San Francisco: Harper & Row.
Piaget, J.(1974). *Understanding causality*. New York: Norton.
Skinner, B. F.(1968). *The technology of teaching*. New York: Appleton Century Crofts.
Sternberg, R. J.(1986). *The triachic mind: A new theory of human intelligence*. New York: Veking.
Sternberg, R. J.(1996). *Cognitive Psychology*. New York: Harcourt Brace College Publishers.

George Herbert Mead

https://www.google.co.kr/search?biw=1024&bih=472&tbm=isch&sa=1&ei=jfsuWqX3BcbS8QXy1bKoCg&q=%EC%82%AC%ED%9A%8C%ED%95%99%EC%9E%90+%EB%AF%B8%EB%93%9C&oq=%EC%82%AC%ED%9A%8C%ED%95%99%EC%9E%90+%EB%AF%B8%EB%93%9C&gs_l=psy-ab.12..0i24k1.5188.7226.0.9365.11.11.0.0.0.0.253.1328.0j9j1.10.0....0...1c.1j4.64.psy-ab..1.3.392...0i19k1j0i13k1j0i10i24k1.0.cw0Bc0U3DzY#imgrc=VFIQJ-tf8S1fBM:

Neal Postmann

https://www.google.co.kr/search?biw=1024&bih=472&tbm=isch&sa=1&ei=F9sxWunzCYLJ0gTll56wCA&q=Neal+postmann&oq=Neal+postmann&gs_l=psy-ab.12..0i13k1j0i13i30k1l3j0i8i13i30k1j0i13i30k1l2.3684.4659.0.8345.5.5.0.0.0.0.155.579.0j4.4.0....0...1c.1.64.psy-ab..1.3.442....0.CJmCexwWNWY#imgrc=ddKK55pB6Y2N-M:

Sigmund Freud

https://www.google.co.kr/search?q=%ED%94%84%EB%A1%9C%EC%9D%B4%ED%8A%B8&source=lnms&tbm=isch&sa=X&ved=0ahUKEwiXjtXrpIrYAhVHUbwKHXb5DJAQ_AUICigB&biw=1024&bih=472

Albert Bandura

https://www.google.co.kr/search?q=%EB%B0%98%EB%91%90%EB%9D%BC&source=lnms&tbm=isch&sa=X&ved=0ahUKEwi9gLnBsIrYAhXFHpQKHZbbBYIQ_AUICigB&biw=1024&bih=472

George D. Spindler

https://www.google.co.kr/imgres?imgurl=http://news.stanford.edu/news/2014/july/images/14081-spindler_news.jpg&imgrefurl=https://news.stanford.edu/news/2014/july/george-spindler-obit-071714.html&h=331&w=439&tbnid=3IQ2JZuhACtwKM:&tbnh=103&tbnw=136&usg=__JhSTpndGpKsjzCK

Ygp7b38sbPjw%3D&vet=10ahUKEwjvnu-GsI_YAhWFebwKHYnFDagQ_B0IfzAK..i&docid=x-zHgFfdakU89M&itg=1&sa=X&ved=0ahUKEwjvnu-GsI_YAhWFebwKHYnFDagQ_B0IfzAK

CHAPTER 05

김경식(2002). 수준별 편성과 일반 편성 학급의 학급풍토와 학업성취 비교. 교육학논총, 22(1), 1-20.

김규태, 이인학, 김도진, 이기영, 박지은, 류관열, 백경숙(2016). **교육사회학**. 경기: 공동체.

김병성(1995). **효과적인 학교 학습풍토의 이론과 실제**. 서울: 학지사.

김병성(2017). **교육사회학: 학교 사회-문화 분석**. 서울: 학지사.

김선미, 김영순(2008). **다문화교육의 이해**. 서울: 한국문화사.

김정효, 김정아(2000). 아동간의 또래 괴롭힘과 학급풍토와의 관계. 교육과학연구, 31(1), 53-74.

민상기(2007). 실업계 고등학교 학생의 학습몰입과 학급풍토의 관계. 서울대학교 석사학위논문.

민상기, 나승을(2007). 전문계 고등학교 학생의 학습몰입과 학급풍토의 관계. 농업교육과 인적자원개발, 39(3), 45-68.

박병량(2002). **학급경영-성공적인 교실운영 지침서**. 서울: 학지사.

배현주(2009). 미디어를 활용한 다문화교육의 가능성 모색. 교육문화연구, 15, 139-164.

서울대학교 교육연구소(2011). **교육학용어사전**. 서울: 하우동설.

원진숙, 김정원, 이인재, 남호엽, 박상철, 김광수, 류재만(2010). **글로벌 시대의 다문화교육**. 서울: ㈜사회평론.

유은주, 최명숙, 최성열(2010). 청소년이 지각한 학급풍토, 가정의 도전과 지원, 학습동기, 자기주도적 학습능력과 학습몰입간의 관계. 교육심리연구, 24(3), 707-732.

유의정, 전형진(2011). **다문화교육의 현황과 과제**. 서울: 국회입법조사처.

이성미(2012). **다문화정책론**. 서울: 박영사.

이정선, 최영순, 김정우, 이경학, 임철연, 최만, 유현석(2010). **초등학교 다문화**

교육의 이해: 이론과 실제. 서울: 동문사.
정의철(2013). 다문화 커뮤티케이션. 서울: 커뮤니케이션북스.
한국기업교육학회(2010). HRD 용어사전. 서울: 중앙경제.

Jarolimex, J., & Foster, C. D.(1997). *Teaching and learning in the elementary school*. New York: Macmillan.
Larrivee, B.(1992). *Strategies for effective classroom management: Creating collaborative climate*. Needham Heights, MA: Allyn & Bacon.

두산백과 http://www.doopedia.co.kr
한국민족문화대백과 http://encykorea.aks.ac.kr

CHAPTER 06

강창동(2015). 교육사회학의 이해. 서울: 학지사.
김병성(2008). 교육과 사회. 서울: 학지사.
김병희, 김경식, 김형구, 박형진, 윤주국, 이현철(2010). 교육사회학. 경기: 공동체.
김신일(2000). 교육사회학. 서울: 교육과학사.
김청자(2011). 교육심리학의 이해. 서울: 동문사.
석태종(1996). 교육사회학. 서울: 교육과학사.
성낙돈, 안병환, 가영희, 노재화(2013). 교육사회학. 서울: 동문사.
안병환(2012). 교육사회학의 이해. 경기: 공동체.
이진석(2017). 사회문화. 서울: 지학사
이종철(2012). 교육심리학개설. 경기: 정민사.
임창재(1994). 수업심리학. 서울: 동문사.
장선철(2009). 교육심리학. 서울: 태영출판사.
장휘숙(2000). 인간발달 전 생애 발달심리학. 서울: 박영사.
조용환(2004). 사회화와 교육. 서울: 교육과학사.
차경수, 최충옥, 이미나, 옹정근, 남기석(2001). 교육사회학의 이해. 경기: 양서원.

Ballantine, I. H.(1997). *Sociology of Education*. New Jersey: Princeton-Hall.

Erikson, E. H.(1980). *Identity and the life cycle*. New York: Norton.

Gardner, H.(1993b). *Multiple Intelligence: The theory in practice*. A Division of Harper Collins Publishers, Inc.

Golemann, D.(1995). *Emotional Intelligence*. New York: Scientific American Inc.

Guilford, J. P.(1967). *The Nature of Human Intelligence*. New York: MaGraw-Hill.

Javris, P.(2010). *Adult Education and Lifelong Education*, London: Routledge.

Kaplan, B.(1984). *Development and growth*. Hillsdale, New Jersey: Princeton-Hall.

Kohlberg, I.(1981). *The philosophy of moral development*. San Francisco: Harper & Row.

Maclver, R. M.(1942). *Social Causation*. Boston: Ginn and Company.

Piaget, J.(1974). *Understanding causality*. New York: Norton.

Skinner, B. F.(1968). *The technology of teaching*. New York: Appleton Century Crofts.

Sternberg, R. J.(1986). *The triachic mind: A new theory of human intelligence*. New York: Veking.

Sternberg, R. J.(1996). *Cognitive Psychology*. New York: Harcourt Brace College Publishers.

환경파괴

https://www.google.co.kr/search?q=%ED%99%98%EA%B2%BD%EB%B3%80%ED%99%94&source=lnms&tbm=isch&sa=X&ved=0ahUKEwiTl5HJjZbYAhXMVrwKHQCbAaUQ_AUICigB&biw=1024&bih=472#imgrc=HqzjNl16jB0t_M:

R. M. Maclver

https://www.google.co.kr/search?q=%EB%A1%9C%EB%B2%84%ED%8A%B8+%EB%AA%A8%EB%A6%AC%EC%8A%A8+%EB%A7%A4%ED%82%A4%EB%B2%84+%EC%A0%80%EC%84%9C&stick=H4sIAAA

AAAAAAONgFuLUz9U3MKqMNzFSQjC1pLKTrfST8vOz9RNLSzLyi6xA7GKF_LycSgA_LjOXNAAAAA&sa=X&ved=0ahUKEwj8tLvht5TYAhWIErwKHVkKBJYQzToIogEoATAR&biw=1024&bih=472

H. Spencer

https://www.google.co.kr/search?q=%EC%8A%A4%ED%8E%9C%EC%84%9C&source=lnms&tbm=isch&sa=X&ved=0ahUKEwjj5dacxpTYAhWDtpQKHVouCo0Q_AUICigB&biw=1024&bih=472

O. Spengler

https://www.google.co.kr/search?q=%EC%98%A4%EC%8A%A4%EB%B0%9C%ED%8A%B8+%EC%8A%88%ED%8E%AD%EA%B8%80%EB%9F%AC&source=lnms&tbm=isch&sa=X&ved=0ahUKEwiSgOjY1JTYAhVBS7wKHS7HD6UQ_AUICygC&biw=1024&bih=472

T. Parsons

https://www.google.co.kr/search?q=%EC%82%AC%ED%9A%8C%ED%95%99%EC%9E%90+Parsons&source=lnms&tbm=isch&sa=X&ved=0ahUKEwiu07Xf7pTYAhVGObwKHY23BKAQ_AUICigB&biw=1024&bih=472

T. Hobbes

https://www.google.co.kr/search?q=%ED%99%89%EC%8A%A4&source=lnms&tbm=isch&sa=X&ved=0ahUKEwinr-_s-JTYAhXClJQKHVhNDBcQ_AUICigB&biw=1024&bih=472

R. Dahrendorf

https://www.google.co.kr/search?q=R.+Dahrendorf&source=lnms&tbm=isch&sa=X&ved=0ahUKEwi7msGwt5XYAhXFq5QKHZCsBl4Q_AUICigB&biw=911&bih=425#imgrc=u_ugJnYcji3i7M:

W. F. Ogburn

https://www.google.co.kr/search?q=W.F.Ogburn&source=lnms&tbm=isch&sa=X&ved=0ahUKEwivzKjd9ZXYAhVGGJQKHVAnDosQ_AUICigB&biw=1024&bih=472

M. Luther

https://www.google.co.kr/search?q=%EB%A7%88%ED%8B%B4+%EB%A3%A8%ED%84%B0&source=lnms&tbm=isch&sa=X&ved=0ahUKEwij-Ka_hpbYAhVBvZQKHTJaBocQ_AUICigB&biw=1024&bih=472

J. S. Coleman

https://www.google.co.kr/search?q=J.S.Coleman&source=lnms&tbm=isch&sa=X&ved=0ahUKEwijjrD3kpfYAhXInZQKHe5iCSgQ_AUICigB&biw=1024&bih=472

D. McCleiland

https://www.google.co.kr/search?q=McClelland&source=lnms&tbm=isch&sa=X&ved=0ahUKEwiphISHmJfYAhWDmZQKHaL9AM0Q_AUICigB&biw=1024&bih=472

CHAPTER 07

김규태, 이인학, 김도진, 이기영, 박지은, 류관열, 백경숙(2016). **교육사회학**. 경기: 공동체.

김병성(2017). **교육사회학: 학교 사회-문화 분석**. 서울: 학지사.

서울대학교 교육연구소(2011). **교육학용어사전**. 서울: 하우동설.

신근섭(2006). **Basic 고교생을 위한 사회 용어사전**. 서울: 신원문화사.

장재천(2009). **교육사회학의 이론과 실천**. 서울: 교육과학사.

한림학사(2007). **사회탐구영역 개념어사전**. 경기: 청서출판.

허은주, 유현정, 이수진, 안영화, 배석영(2010). **현대 교육사회학**. 경기: 양서원.

CHAPTER 08

건강가정기본법(법률 제14440호, 2016.12.20., 일부개정)

고영복(2000). **사회학사전**. 서울: 사회문화연구소.

민윤희, 최성열, 장성화(2017). 보호관찰 청소년의 가족건강성, 학교적응, 자아탄력성, 문제행동 간의 구조적 관계 분석. 교정복지연구, 47, 21-46.

서울대학교 교육연구소(2011). **교육학용어사전**. 서울: 하우동설.

어은주, 유영주(1995). 가족의 건강도 측정을 위한 척도개발에 관한 연구. 한국가정관리학회지, 13(1), 145-156.

어은주, 유영주(1997). 한국 도시 가족의 건강성 및 관련 변인 연구: 자녀 교육기 가족의 주부를 대상으로. 한국가정관리학회지, 15(4), 269-285.

이경은(2003). 가족자원봉사경험과 가족의 건강성에 관한 연구. 한국사회복지학, 52, 63-87.

장성화, 최성열, 함성수(2014). 가족건강성과 학교적응 간의 관계에 대한 학업적 자기효능감의 매개효과. 아동교육, 23(2), 183-196.

최희진, 유영주(2003). 한국형 가족기능도 척도 개발 연구. 한국가정관리학회지, 21(3), 15-28.

황숙희(2017). 가정과교사의 창의·인성교육 교수역량 척도 개발. 중앙대학교 박사학위논문.

두산백과 http://www.doopedia.co.kr

Beavers, W. R., & Vollers, M. N.(1983). Family models: Comparing and contrasting the Olson Circumplex Model with the Beavers System Model. *Family Process, 22*(1), 85-98.

Belkin, G. S., & Nass, S.(1984). *Psychology of adjustment: The fully functioning family*. Boston: Allyn and Bacon.

Bloom, B. L.(1985). A factor analysis of self report measures of family functioning. *Family Process, 24*(2), 225-239.

Curran, D.(1983). *Traits of a healthy family*. Minneapolis, MN: Winston Press.

Epstein, N. B., Bishop, D. S., Ryan, C. E., Miller, I. W., & Keitner, G. I.(1981). The McMaster Model: View of healthy family functioning. In

F. Walsh (Ed.), *Normal family processes* (pp. 138-160). New York: Guilford Press.

Forgatch, M. S.(1989). Patterns and outcome in family problem solving: The disrupting effect of negative emotion. *Journal of Marriage and the Family, 51*, 115-124.

Lewis, J. M., Beavers, W. R., Gossett, J. T., & Phillips, V. A.(1976). *No single thread: Psychologocal health in family system*. New York: Brunner/Mazel.

Markman, H. J., & Notarius, C. L.(1987). Coding marital and family interaction: Current status. In T. Jacob (Ed.), *Family interaction and psychopathology: Theories, methods, and finding* (pp. 329-390). New York: Plenum.

Offer, D., & Sabshin, M.(1966). *Normality*. New York: Basic Books.

Olson, D. H.(1979). Circumplex model of marital and family systems: I cohesion and adaptability dimensions, family types, and clinical applications. *Family Process, 18*(1), 3-28.

Olson, D. H.(1993). Circumplex model of marital and family system. In F. Walsh (Ed.), *Normal family processes* (pp. 104-137). New York: Guilford Press.

Olson, D. H., Russell, C. S., & Sprenkle, D. H.(1989). *Circumplex model: Systemic assessment and treatment of families*. New York: Haworth Press.

Stinnett, N., & DeFrain, J.(1985). *Secrets of strong families*. Boston: Little, Brown.

Walsh, F. (2012). *Normal family processes*. New York: Guilford Press.

Wynne, L. C., Jones, J. E., & Al-Khayyal, M.(1982). Healthy family communication patterns: Observation in families at risk for psychopathology. In F. Walsh (Eds.), *Normal family processes* (pp. 245-264). New York: Guilford Press.

CHAPTER 09

김경식, 박형진, 윤주국, 이병환, 이현철(2011). **교육사회학**. 서울: 교육과학사.
김동위(2004). **교육사회학 신강**. 서울: 교육과학사.
김규태, 강유정, 강성복(2014). **교육행정 및 교육경영**. 경기: 양서원.
김병성(1991). **학교의 사회심리학**. 서울: 양서원.
김병성(2008). **교육과 사회**. 서울: 학지사.
김병욱(2013). **교육사회학**. 서울: 학지사.
김병희, 김경식, 김형구, 박형진, 윤주국, 이현철(2011). **교육사회학**. 경기: 공동체.
김신일(2009). **교육사회학**. 서울: 교육과학사.
김종두(2013). **교육사회학**. 경기: 교육과학사.
남정걸(2006). **교육행정 및 교육경영**. 서울: 교육과학사.
성낙돈, 안병환, 가영희, 노재화(2010). **교육사회학**. 서울: 동문사.
송병순(1987). **교육사회학**. 서울: 문음사.
안병환(2012). **교육사회학의 이해**. 경기: 공동체.
이군현(1999). **교육행정과 경영: 조직이론적 접근**. 서울: 형설출판사.
이병환(2014). **새로운 교육사회학**. 서울: 태영출판사.
이병환, 장기풍, 김규태(2012). **교육행정 및 교육경영**. 서울: 태영출판사.
이상기, 옥장흠(2007). **교육행정 및 교육경영 신강**. 서울: 형설출판사.
이종각(2005). **새로운 교육사회학 총론**. 서울: 동문사.
임연기, 최준열(2014). **교육행정 및 경영탐구**. 경기: 공동체.
장재천(2009). **교육사회학의 이론과 실천**. 경기: 교육과학사.
주동범, 김정희, 정일환(2015). **교육사회학**. 서울: 동문사.
주삼환, 천세영, 김택균, 신붕섭, 이석열, 김용남, 이미라, 이선호, 정일화, 김미정, 조성만(2009). **교육행정 및 교육경영**. 서울: 학지사.
차경수, 최충옥, 이미나(2006). **교육사회학의 이해**. 경기: 양서원.
차경수, 최충옥, 이미나, 옹정근, 남기석(2010). **교육사회학의 이해**. 경기: 양서원.
홍영란(2003). 국가 인적자원개발 정책, 왜 사회통합을 지향해야 하는가?, 한국교육개발원 교육정책포럼, 52, 22-28.

Ballantine, J. H.(2001). *The sociology of education: A systematic analysis*(fifth ed.). Prentice Hall.

Brophy, J. E., & Good, T. L.(1970). Teacher's Communication of Differential Expectations for Children's Classroom Performance: Some Behavioral Data. *Joural of Educational Psychology, 60*, 365-374.

Campbell, R. F., Corbally, J. E., & Nystrand, R. O.(1983). *Introduction to Educational Administration*. Boston : Allyn and Bacon.

Etzioni, A.(1961). *A Comparative Analysis of Complex Organizations*. New York: Free Press.

Fangerlin, L., & Saha, L. J.(1983). 교육과 사회발전(윤정일 외 역). 서울: 대영문화사.

Griffithe, D. E.(1956). *Human Relations in School Administration*. New York: Appleton Century-Crofts, Inc.

Hoy, W. K., & Miskel, C. G.(1996). *Educational Administration: Theory, Research, and Practice*(5th ed.). New York: McGraw-Hill, Inc.

Hoy, W. K., & Miskel, C. G.(2001). *Educational Administration: Theory, Research, and Practice*(6th ed.). New York: McGraw-Hill, Inc.

Immergart, G. L., & Pilecki, F. J.(1973). *An introduction to system for the education administrator*. Reading, Massachusetts: Addison-Wisley Publishing Company, Inc.

Nash, R.(1976). *Teacher expectations and pupil learning*. London: Routledge & Kegan Paul.

Owens, R. G.(1987). *Organizational Behavior in Education*(3rd ed.). Englewood Cliffs, New Jersey: Owens, R. G. (2004). *Organizational behavior in education*(8th ed.). Boston: Allyn and Bacon.Prentice-Hall. 248-249.

Parson, T.(1959). The School Class as a Social System : Some of Its Functions in American Society. *Harvard Education Review, 29*, 297-318.

Weick, K. E.(1976). Educational organizations as loosely coupled systems. *Administrative Science quarterly, 21*(5).

CHAPTER 10

강창동(2015). 교육사회학의 이해. 서울: 학지사.
김병성(2005). 교육과 사회. 서울: 학지사.
김병희, 김경식, 김형구, 박형진, 윤주국, 이현철(2010). 교육사회학. 경기: 공동체.
김신일(2000). 교육사회학. 서울: 교육과학사.
김진화(2002). 청소년문제행동론. 서울: 학지사.
김청자(2011). 교육심리학의 이해. 서울: 동문사.
법무연수연(2015). 2015년 범죄백서.
석태종(1996). 교육사회학. 서울: 교육과학사.
성낙돈, 안병환, 가영희, 노재화(2013). 교육사회학. 서울: 동문사.
한국청소년정책연구원(2007). 청소년학개론. 서울: 교육과학사.
안병환(2012). 교육사회학의 이해. 경기: 공동체.
이종철(2012). 교육심리학개설. 경기: 정민사.
임창재(1994). 수업심리학. 서울: 동문사.
장선철(2009). 교육심리학. 서울: 태영출판사.
장휘숙(2000). 인간발달 전 생애 발달심리학. 서울: 박영사.
정옥분(1998). 청년발달의 이해. 서울: 학지사.
조용환(2004). 사회화와 교육. 서울: 교육과학사.
조화태, 김계현, 전용오(2002). 인간과 교육. 서울: 한국방송통신대학출판부.
차경수, 최충옥, 이미나, 옹정근, 남기석(2001). 교육사회학의 이해. 경기: 양서원.
여성가족부(2016). 청소년 인구통계자료.

Atwater. E.(1992). *Adolescence*. New Jersey: Princeton-Hall.
Ballantine, I. H.(1997). *Sociology of Education*. New Jersey: Princeton-Hall.
Erikson, E. H.(1980). *Identity and the life cycle*. New York: Norton.
Gardner, H.(1993b). *Multiple Intelligence: The theory in practice*. A Division of Harper Collins Publishers, Inc.
Golemann, D.(1995). *Emotional Intelligence*. New York: Scientific American Inc.
Guilford, J. P.(1967). *The Nature of Human Intelligence*. New York: MaGraw-Hill.

Javris, P.(2010). *Adult Education and Lifelong Education*. London: Routledge.

Kaplan, B.(1984). *Development and growth*. Hillsdale, New Jersey: Princeton-Hall.

Kohlberg, I.(1981). *The philosophy of moral development*. San Francisco: Harper & Row.

Piaget, J.(1974). *Understanding causality*. New York: Norton.

Skinner, B. F.(1968). *The technology of teaching*. New York: Appleton Century Crofts.

Sternberg, L.(1993). *Adolescence*. New York: McGraw-Hill, Inc.

Sternberg, R. J.(1986). *The triachic mind: A new theory of human intelligence*. New York: Veking.

Sternberg, R. J.(1996). *Cognitive Psychology*. New York: Harcourt Brace College Publishers.

아동

두산백과사전

http://terms.naver.com/entry.nhn?docId=1120449&cid=40942&categoryId=31630

청소년

위키백과

https://ko.wikipedia.org/wiki/%EC%B2%AD%EC%86%8C%EB%85%84

청소년 비행(delinquency)

위키백과

https://ko.wikipedia.org/wiki/%EC%86%8C%EB%85%84_%EB%B9%84%ED%96%89

인간의 성격구조

https://www.google.co.kr/search?q=%EC%9D%B4%EB%93%9C+%EC%9E%90%EC%95%84+%EC%B4%88%EC%9E%90%EC%95%84&source=lnms&tbm=isch&sa=X&ved=0ahUKEwjv_ZXUzZHYAhXBgbwKHQcpDK

cQ_AUICigB&biw=1024&bih=472

청소년범죄발생현황

http://www.kgdm.co.kr/news/articleView.html?idxno=488736#07Pm

Jean Piaget

https://www.google.co.kr/search?q=%ED%94%BC%EC%95%84%EC%A0%9C&source=lnms&tbm=isch&sa=X&ved=0ahUKEwja05r0gJDYAhUGo5QKHfcvBGQQ_AUICigB&biw=1024&bih=472#imgrc=LNGC8LzsEJUDWM:

Charles Darwin

https://www.google.co.kr/search?q=%EB%8B%A4%EC%9C%88&source=lnms&tbm=isch&sa=X&ved=0ahUKEwi7mbHShZDYAhXFoZQKHWfKBDYQ_AUICigB&biw=1024&bih=472#imgrc=44wXDxFA6B4M3M:

Granville Stanley Hall

https://www.google.co.kr/search?q=G.+Stanley+Hall&source=lnms&tbm=isch&sa=X&ved=0ahUKEwixuOGWiJDYAhVDXbwKHRdGCaEQ_AUICigB&biw=1024&bih=472#imgrc=PTwuon6ib_ADzM:

Pavlov

https://www.google.co.kr/search?q=%ED%8C%8C%EB%B8%94%EB%A1%9C%ED%94%84&source=lnms&tbm=isch&sa=X&ved=0ahUKEwjtiozst5DYAhUMnZQKHWE0A9MQ_AUICigB&biw=1024&bih=472

Robert K. Merton

https://www.google.co.kr/search?q=%EB%A8%B8%ED%8A%BC(Robert+Merton)&source=lnms&tbm=isch&sa=X&ved=0ahUKEwiyzu7y15HYAhUMWrwKHeSEDKoQ_AUICygC&biw=1024&bih=472#imgrc=1rG7E9yrpRQVHM:

E. H. Sutherland

https://www.google.co.kr/search?q=e.h.+sutherland&source=lnms&tbm=isch&sa=X&ved=0ahUKEwiC1dzj4ZHYAhXFspQKHQeeCB4Q_AUICygC&biw=1024&bih=472

H. S. Becker

https://www.google.co.kr/search?q=H.+S.+Becker&source=lnms&tbm=isch&sa=X&ved=0ahUKEwiWlOuy5ZHYAhWLxrwKHVE_BagQ_AUICigB&biw=1024&bih=472#imgrc=qVBpuGVMw_lnXM:

E. Goffman

https://www.google.co.kr/search?q=E.+Goffman&source=lnms&tbm=isch&sa=X&ved=0ahUKEwi_2NeH6pHYAhWKvrwKHWdsC6EQ_AUICigB&biw=1024&bih=472

CHAPTER 11

강유정, 박진희, 정동희(2017). **영유아교사 인성교육의 이론과 실제**. 서울: 동문사.

권건일(2004). **교육학개론**. 서울: 양서원.

김경식, 박형진, 윤주국, 이병환, 이현철(2011). **제3판 교육사회학**. 경기: 교육과학사.

김규태, 강유정, 강성복(2014). **교육행정 및 교육경영**. 경기: 양서원.

김규태, 이석열, 강유정, 신지승(2014). **교직의 사회학적 이해**. 서울: 강현출판사.

김병희, 김경식, 김형구, 박형진, 윤주국, 이현철(2011). **교육사회학**. 경기: 교육사회학.

김영봉, 김경수, 강병재, 나항진, 박선미, 박영래, 박혜경, 이덕산, 이명숙(2008). **신교육학개론**. 서울: 서현사.

김진한(2009). **교사를 위한 교직실무**. 서울: 학지사.

문종철, 김도진, 박현숙, 변호걸, 신강탁, 심의보, 장봉석, 최규일, 최선일, 최철용(2016). **알시 쉬운 교육학개론**. 경기: 양서원.

서정화(1989). **교육인사행정**. 서울: 세영사.

염지숙, 이명순, 조형숙, 김현주(2011). **유아교사론**. 서울: 정민사.

이병환, 박미란(2012). **제2판 예비교사를 위한 지침서 교직실무**. 서울: 교육과학사.

이종각(2004). **새로운 교육사회학 총론**. 서울: 동문사.

이형행, 고전(1999). **교육행정론 –이론, 법제, 실제–**. 경기: 양서원

임부연, 김성숙, 송진영(2015). **유아교사론**. 경기: 양서원.

조동섭(2005). 교원양성대학의 기능과 역량 강화 방안. 교육행정학연구, 23(2), 399-419.

차경수, 최충옥, 이미나(2006). **교육사회학의 이해**. 경기: 양서원.

최윤아(2015). 공립유치원 교사의 발달단계에 따른 직무스트레스와 심리적 소진의 차이에 관한 연구. 석사학위논문, 중앙대학교 대학원.

Corwin, R. G.(1965). *A Sociology of Education*. New York: Appleton Century Crafts.

Doyle, W.(1990). Themes in teacher education reaserch, In W. R. Houston(ed)., *Handbook of Reaserch on Teacher Education*(pp.3-24). New York: Macmillan Publishing Co.

Katz, L. G.(1972). Developmental stages of preschool teachers. *Elementary school Journal, 73*(1), 50-54.

CHAPTER 12

강선보(2003). **마르틴 부버의 만남의 교육철학**. 서울: 원미사.

고요한(2008). **몸과 배움의 철학**. 서울: 학지사.

권대봉(2003). **평생교육의 다섯 마당**. 서울: 학지사.

김규태, 이인학, 김도진, 이기영, 박지은, 류관열, 백경숙(2016). **교육사회학**. 경기: 공동체.

김신일, 박부권(2005). **학습사회의 교육학**. 서울: 학지사.

김장호(2004). 인적자원개발의 새로운 패러다임: 총체적 학습사회론. 직업능력개발연구, 7(2), 103-129.

나항진, 김경수, 박성희, 박영미, 신정혜(2014). **교육사회학**. 경기: 양서원.

박성호, 강영혜, 엄문영, 김진희, 조미영, 전주성, 이미라(2014). 국가평생학습체제 구축을 위한 평생교육통계 분석 연구. 서울: 한국교육개발원.

박세일, 김승보, 박정수(2007). **평생학습사회 만들기: 교육에서 학습으로**. 서울: 한국직업능력개발원.

서울대학교 교육연구소(2011). **교육학용어사전**. 서울: 하우동설.

손유미(2005). **평생학습의 새 패러다임과 지역사회**. 서울: 한국직업능력개발원.

이희수, 박인종, 백은순, 서현애, 유균상, 최돈민, 홍영란(2000). **평생학습지원체제 종합 발전 방안연구**. 서울: 한국교육개발원.

조대연, 김희규, 김한별(2008). **미래의 평생학습사회에서 요구하는 핵심 역량 연구**. 서울: 한국교육과정평가원.

최돈민, 이해주, 윤여각(1998). **평생학습실현을 위한 열린교육체제 연구**. 서울: 한국교육개발원.

한숭희(2009). **학습사회를 위한 평생교육론**. 서울: 학지사.

Illich, I.(2004). **학교없는 사회**(심성보 역). 서울: 미토(원서 1971년 발행).

평생교육법(법률 제14160호, 2016.5.29., 일부개정)

헌법(헌법 제10호, 1987.10.29., 전부개정)

두산백과 http://www.doopedia.co.kr

Jarvis, P.(2006). *Towards a comprehensive theory of human learning*. New York: Routledge.

Jarvis, P.(2009). *The routledge international handbook of lifelong learning*. New York: Routledge.

Jarvis, P.(2010). *Adult education and lifelong learningL Theory and learning*. London: Routledge.

찾아보기

ㄴ

ㄷ

ㄹ

ㅁ

ㅂ

ㅇ

ㅈ

ㅊ

저자소개

강유정

계명대학교 교육학박사(교육이론 및 정책 전공)

현 대구공업대학교 유아교육과 조교수

김영훈

고려대학교 교육학박사(교육철학 및 교육사 전공)

현 동양대학교 교양교직 외래교수

최성열

계명대학교 교육학박사(교육심리 및 공학 전공)

현 경북과학대학교 유아교육과 교수

교육사회학

초판 1쇄 발행 / 2018년 2월 25일
초판 2쇄 발행 / 2020년 1월 30일

•

공저자 / 강유정 · 김영훈 · 최성열
발행인 / 이 중 수
발행처 / **동 문 사**

•

서울특별시 서대문구 홍제원 1길 12
(홍제동 137-8)
Tel: 02)736-3718(대), 736-3710, 3720
Fax: 02)736-3719
등록번호: 제9-17호
가격: 18,000원

•

ISBN: 978-89-8251-972-7(93370)
E-mail: dong736@naver.com
www.dongmunsa.com